国際開発協力レジーム論

The International Development Aid Regime

制度・規範とその政治過程

Institutions, Norms and Political Process

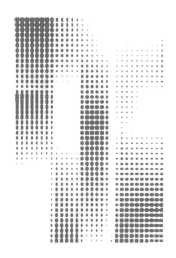

稲田十一 ［著］

INADA Juichi

有信堂

序　国際支援・開発援助をめぐる国際制度

　開発援助や国際支援は学際的な政策分野であり、関連する学問分野も幅広い。経済開発を経済学のツールで分析する開発経済学はこうした分野の分析の主流を担ってきたが、開発途上国における開発のプロセスは、その国の政治社会のあり方と密接に関連しており、社会学や政治学的な分析も不可欠で、そうした切り口の研究も少なくない。

　他方、第二次世界大戦後に設立された国際連合や世界銀行・IMF（ブレトンウッズ機関）は、第二次大戦後の国際社会の公共的な制度の代表的なものであり、国際機構論でなどでの研究対象としても多くの蓄積がある。また、開発援助を「国際公共財」としてとらえる見方は、戦後の国際システム論の議論として定着しており、さらに 1990 年前後の冷戦の終焉後は、グローバルイシューへの国際社会の対応を「グローバル・ガバナンス」の一側面ととらえる見方は、国際関係論や国際政治経済学の主要なテーマであり続けてきた。

　しかしながら、グローバル・ガバナンスに関する近年の国際政治経済学の進展は顕著であるものの、国際協力の枠組みや国際援助協調の分野に焦点をあてた分析は、必ずしも体系的な形でなされてこなかった。実際、国際政治経済学の研究対象として、国際貿易や国際金融については数多くの研究業績があるが、開発援助分野の国際的仕組みやその調整のメカニズムを分析対象としたものは数少ない。

　開発援助の実務家には国際関係論の一分野である国際制度論や国際政治経済学を体系的に学んだ者が多くはなく、他方、国際関係論の専門家は、開発援助の実務や現実を必ずしも熟知しているわけではないといったことも影響していたと考えられる。また、それ以上に、貿易の分野では GATT（関税と貿易に関する一般協定）や WTO（世界貿易機関）があり、国際金融の分野では IMF（国際通

貨基金）やブレトンウッズ体制があるように、貿易・金融の分野ではかなり明確な「国際制度」が過去 70 年以上にわたり存在していたのに対し、開発援助の分野では長らくそうした明確な国際的枠組みがあったわけではないという現実を反映していたともいえる。

しかし、1990 年代以降における開発援助分野の国際的な制度化の進展は顕著である。また、国際組織という明瞭な制度ではなくとも、国際社会の主要アクター間のある種の合意や目的や価値の共有によって形成される「ソフトな規範」も、国際関係論では国際制度の一形態として研究分析の対象とするようになっている。そのため、特に冷戦終了後の過去四半世紀の国際社会の現実を踏まえて、このあたりで全体を整理しておく作業が必要であろうと考えたことが前書の『国際協力のレジーム分析』を執筆した主たる動機であった。

その後、前書を出版した 2013 年以降の過去 10 年間に、新興国の台頭、とりわけ中国の急速な台頭によって、国際開発でこれまで当然のごとく存在していた OECD／DAC（経済協力開発機構／開発援助委員会）の共有ルールやブレトンウッズ体制（世界銀行／IMF）で常識とされていた開発の進め方の枠組み（いわゆるワシントン・コンセンサス）と異なる開発アプローチや考え方の存在が高まり、既存の伝統的な国際ルール・規範を掘り崩しつつあるようにみえる。そのため、この 10 年の国際開発援助をめぐる変化を踏まえた上で、『国際開発協力レジーム論』として新たに前書を刷新して書き直すことにした次第である。

また、グローバル・ガバナンス論を講義科目として設置する大学院・学部のコースが増え、過去 30 数年間に制度化が進んできた国際開発援助の歴史的展開やその現状・課題について学ぶ重要性も増している。本書は、筆者がいくつかの大学・大学院でこうした要望に対応して講義やゼミを実施する中で、講義内容を整理しながら、テキストとしても使えるように編集し直したものでもある。

その意味で、本書はできるだけわかりやすく基礎的な事項の説明から議論を紹介するような形式をとっている。また、この分野で今後、学問的な論文を書こうとする大学院生のニーズや、開発援助の援助協調に具体的に関わっている実務家や将来関わろうとする若手や学生のニーズにも対応するため、国際支援の政治過程の実態や具体的な事例分析を各章でできるだけ取り上げることにも力を入れた。本書の具体的事例は、いくつかは前書の事例を踏襲しているが、

いくつかは過去 10 年ほどの間の新たな事例やテーマを取り上げた。

　本書で取り上げる国際制度は、分野としては、国際支援や開発援助の分野を中心に民主化や平和構築などの関連領域を含んでおり、またグローバル、リージョナルな枠組みのいずれをも視野にいれている。また、国際制度を国際機構・国際組織という狭義の国際制度に限定して考えるのではなく、国際的な政策対話や政策調整のような緩やかな枠組みや共通ルール（ソフトな国際規範）も含めて考えている。また、開発思想や開発潮流、広まりつつある国際的な規範意識といった面も取り上げている。そのため、本書が取り扱っている分野・領域・アジェンダはかなり広く、実質的には、近年「国際公共政策」と呼ばれている分野全般に広がっている。

　その一方、本書であえて取り上げなかったテーマもある。例えば貿易や食糧・エネルギーといったテーマや、それらに関連する WTO、IAEA（国際原子力機関）などの国際機関、あるいは教育・保健衛生などの開発の個別分野における現状や取組みである。そうしたテーマや課題については個々に数多くの文献・資料があるので、本書ではあえて詳細には取り上げていない。

　全体は 7 章立てであり、前書からは「第 6 章　台頭するドナーとしての中国と国際規範」を追加した。上述のように、過去 10 年の新たな動向として、中国の台頭による国際開発援助体制の変容は、新たに取り上げる必要のあるテーマと考えたからである。合計 7 章であるが、読者の必要と関心に応じてどの章から目を通していただいてもかまわない。

　各章の前半部分では、開発と援助に関わる様々な国際制度に関する基礎的事項・概念・政策について概説しており、すでに基礎的知識をもっている大学院学生や実務家の方は、さっと目を通して読みとばしていただいてもかまわない。他方、各章の後半（テーマ研究）では、それぞれの国際制度・組織の制度化や国際規範形成の政治過程のある側面に焦点をあてた分析を、比較的コンパクトな形で紹介した。

　また、章末に特に本書を関連講義での参考文献として活用する大学生を念頭に置いて「章の論点」を掲載し、さらに一般の読者が比較的入手しやすい主要参考文献リストを掲載した。その上で、本文中の引用文献の表記については、章末の参考文献リストにあるものは略記し、その他の個別事項に関する関連・引用文献は脚注で詳細を記載することとした。

　本書が、国際支援・開発援助をめぐる国際制度を包括的に整理分析した基本文献として、大学・大学院の学生や実務家をはじめ多くの読者に広く活用され、有益な文献であると感じていただければ、著者としては大きな喜びである。

国際開発協力レジーム論―制度・規範とその政治過程／目　次

図表・コラム一覧

英略語・組織名略称一覧

略語	正式名称	日本語訳
ACC	ASEAN Coordinating Council	ASEAN 調整理事会
ACU	Asian Currency Unit	アジア通貨単位
ADB	Asian Development Bank	アジア開発銀行
AEC	ASEAN Economic Community	ASEAN 経済共同体
AfDB	African Development Bank	アフリカ開発銀行
AFT	ASEAN Free Trade Area	ASEAN 自由貿易地域
AIIB	Asian Infrastructure Investment Bank	アジアインフラ投資銀行
AMF	Asian Monetary Fund	アジア通貨基金
AMRO	ASEAN+3 Macro Research Office	ASEAN ＋ 3 マクロ経済リサーチ・オフィス
ANDS	Afghanistan National Development strategy	アフガニスタン国家開発戦略
APEC	Asia Pacific Economic Cooperation	アジア太平洋経済協力 (会議)
ARF	ASEAN Regional Forum:	ASEAN 地域フォーラム
ARTF	Afghanistan Reconstruction Trust Fund	アフガニスタン復興信託基金
ASEAN	Association of Southeast Asian Nations	東南アジア諸国連合
ASEM	Asia Europe Meting	アジア欧州会合
BHN	Basic Human Needs	人間の基本的ニーズ
BRICs	Brazil, Russia, India and China	ブラジル、ロシア、インド、中国
BRI	Belt and Road Initiative	一帯一路構想
CAP	Consolidated Appeal	統一アピール
CAS	Country Assistance Strategy	国別支援戦略
CBO	Community Based Organization	コミュニティ組織
CDC	Cambodia Development Council	カンボジア開発評議会
CDF	Comprehensive Development Framework	包括的開発組枠組み
CG	Consultative Group	諮問グループ
CIDCA	China International Development Cooperation Agency	中国国際開発協力機構
CMDGs	Cambodian Millennium Development Goals	カンボジア・ミレニアム開発目標
CMI	Chiang Mai Initiative	チェンマイ・イニシアティブ
CPIA	Country Policy and Institutional Assessment	国別政策・制度アセスメント
CPTTP	Comprehensive and Progressive Agreement for Trans-Pacific Partnership	包括的・先進的な環太平洋パートナーシップ
CSO	Civil Society Organization	市民社会組織
CTDL	Currency Transaction Development Levy	通貨取引開発税
DAC	Development Assistance Committee	開発援助委員会
DAG	Development Assistance Group	開発援助グループ
DDR	Demilitarization, Demobilization, Reintegration	武装解除、動員解除、社会復帰
DFID	Department for International Development	(英国) 国際開発省
DIAG	Disbandment of Illegal Armed Groups	違法武装集団解体
DPA	Department for Political Affairs	国連政務局
DPKO	Department of Peacekeeping Operations	平和維持活動局
DPO	Department of Peace Operations	平和活動局

略語	正式名称	日本語訳
EAEC	East Asian Economic Caucus	東アジア経済協議体
EAS	East Asia Community	東アジア共同体
EBRD	European Bank for Reconstruction and Development	欧州復興開発銀行
ECOWAS	Economic Community of West African States	西アフリカ諸国経済共同体
ECSC	European Coal and Steel Community	欧州石炭鉄鋼共同体
EPA	Economic Partnership Agreement	経済連携協定
ESAF	Extended Structural Adjustment Facility	拡大構造調整ファシリティ
EU	European Union	欧州連合
FAO	Food and Agriculture Organization	食糧農業機関
FOCAC	Forum on China-Africa Cooperation	中国・アフリカ協力フォーラム
FTA	Free Trade Agreemen	自由貿易協定
FTT	Financial Transaction Tax	金融取引税
GATT	General Agreement for Tariff and Trade	関税と貿易に関する一般協定
GNP	Gross National Product	国民総生産
GSSI	Debt Service Suspension Initiative	債務支払猶予イニシアティブ
HC	Humanitarian Coordinator	人道調整官
HDI	Human Development Index	人間開発指数
HIPCs	Heavily Indebted Poor Countries	重債務貧困国
HSF	Human Security Fund	人間の安全保障基金
IAEA	International Atomic Energy Agency	国際原子力機関
IATA	International Air Transport Association	国際航空運送協会
IBRD	International Bank for Reconstruction and Development	国際復興開発銀行（世界銀行）
ICISS	International Commission on Intervention and Sovereignty	干渉（介入）と国家主権に関する国際委員会
ICRC	International Committee of the Red Cross	赤十字国際委員会
IDA	International Development Association	国際開発協会（第2世銀）
IDB	Inter-American Development Bank	米州開発銀行
IDPF	International Drug Purchase Facility	国際医薬品購入ファシリティ
IFC	International Financial Corporation	国際金融公社
IFF	International Financial Facility	国際金融ファシリティ
IFFIm	International Financial Facility for Immunization	予防接種のための国際金融ファシリティ
IFM	Innovative Financing Mechanism	革新的資金調達メカニズム
IG	Implementation Group	実施グループ
IMF	International Monetary Fund	国際通貨基金
IOM	International Organization for Migration	国際移住機関
IPEF	Indo-Pacific Economic Framework for Prosperity	インド太平洋経済枠組み
I-PRSP	Interim PRSP	暫定版 PRSP
ISAF	International Security Assistance Force	国際治安支援部隊
ISBs	International Sovereign Bonds	国際ソブリン債

略語	正式名称	日本語訳
JBIC	Japan Bank for International Cooperation	国際協力銀行
JICA	Japan International Cooperation Agency	国際協力機構
JPF	Japan Platform	ジャパン・プラットフォーム
LICUS	Low Income Countries Under Stress	逼迫した低所得国
MDBs	Multilateral Development Banks	国際開発金融機関
MDGs	Millenium Development Goals	ミレニアム開発目標
MIGA	Multilateral Investment Guarantee Agency	多数国間投資保証機関
MONUC	United Nations Organization Mission in DR Congo	国連コンゴ民主共和国ミッション
MTEF	Mid-Term Expenditure Framework	中期公共支出枠組
NAFTA	North America Free Trade Agreement	北米自由貿易協定
NATO	North Atlantic Treaty Organizatio	北大西洋条約機構
NIEO	New International Economic Order	新国際経済秩序
NDF	National Development Framework	国家開発フレームワーク
NGO	Non-Governmental Organization	非政府組織
NPO	Non-Profit Organizations	非営利団体
NPRS	National Poverty Reduction Strategy	国家貧困削減戦略
ODA	Official Development Assistance	政府開発援助
ODF	Official Development Finance	政府開発金融
OECD	Organization of Economic Cooperation and Development	経済協力開発機構
OEEC	Organization of European Economic Cooperation	欧州経済協力機構
OHCHR	Office of High Commissioner for Human Rights	国連人権高等弁務官事務所
OOF	Other Official Flow	その他政府資金
PBC	Peacebuilding Commission	平和構築委員会
PBF	Peacebuilding Fund	平和構築基金
PECC	Pacific Economic Cooperation Committee	太平洋経済協力委員会
PF	Private Flow	民間資金の流れ
PKO	Peace Keeping Operations	平和維持活動
PPP	Public Private Partnership	官民連携
PRGF	Poverty Reduction Growth Fund	貧困削減成長基金
PRS	Poverty Reduction Strategy	貧困削減戦略
PRSP	Poverty Reduction Strategy Paper	貧困削減戦略報告書
PRT	Provincial Reconstruction Team	地方復興チーム
RC	Resident Coordinator	現地調整官
RCEP	Regional Comprehensive Economic Partnership	東アジア地域包括的経済連携
SADC	South Africa Development Community	南アフリカ開発共同体
SAF	Structural Adjustment Facility	構造調整ファシリティ
SAL	Structural Adjustment Lending	構造調整融資
STEP	Special Terms for Economic Partnership	本邦技術活用条件

略語	正式名称	日本語訳
SDGs	Sustainable Development Goals	持続可能な開発目標
SECAL	Sector Adjustment Lending	セクター構造調整融資
SEDP	Social Economic Development Plan	社会経済開発計画
SRSG	Special Representative of Secretary General	国連事務総長特別代表
SSR	Security Sector Reform	治安部門改革
SWAP	Sector-Wide Approach	セクター・ワイド・アプローチ
SWIM	Sector-Wide Management	セクターワイド・マネジメント
TAC	Treaty of Amity and Cooperation in Southeast Asia	東南アジア友好協力条約
TPP	Trans Pacific partnership	環太平洋パートナーシップ
TRM	Transitional Results Matrix	移行成果マトリックス
UNAMA	United Nations Assistance Mission in Afghanistan	国連アフガニスタン支援ミッション
UNCED	United Nations Conference for Environment and Development	国連環境開発会議（地球サミット）
UNCTAD	United Nations Conference on Trade and Development	国連貿易開発会議
UNDAF	United Nations Development assistance Framework	国連開発支援枠組み
UNDG	United Nations Development Group	国連開発グループ
UNDP	United Nations Development Programme	国連開発計画
UNHCR	United Nations High Commissioner for Refugees	国連難民高等弁務官事務所
UNICEF	United Nations Children's Fund	国連児童基金
UNMIK	United Nations Mission in Kosovo	国連コソヴォ・ミッション
UNMISET	United Nations Mission of Support in East Timor	国連東ティモール支援ミッション
UNOCHA	United Nations Office for the Coordination of Humanitarian Affairs	国連人道問題調整部
UNODC	United Nations Office of Drug and Crime	国連薬物犯罪事務所
UNPRO-FOR	United Nations Protection Force	国連保護軍
UNOSOM II	United Nations Operation in Somalia II	第二次国連ソマリア活動
UNTAC	United Nations Transitional Authority in Cambodia	国連カンボジア暫定統治機構
UNTAET	United Nations Transitional Administration in East Timor	国連東ティモール暫定行政機構
UNTAG	UN Transition Assistance Group	国連暫定支援グループ
USMCA	Agreement between the United States of America, the United Mexican States, and Canada	米国・メキシコ・カナダ協定
WFP	United Nations World Food Programme	国連世界食糧計画

略語	正式名称	日本語訳
WHO	World Health Organization	世界保健機関
WTO	World Trade Organization	世界貿易機関

国際開発協力レジーム論

―制度・規範とその政治過程―

第1章　国際開発支援の制度化

◆キーワード◆

グローバル・ガバナンス、レジーム、国際公共財、国際開発援助体制、制度化

1　「国際開発援助体制」の分析枠組み

　以下ではまず、国際開発援助体制について論じる前に、本書における「体制（制度）」「レジーム」「グローバル・ガバナンス」の定義について説明しておくことが必要であろう。

　本書では、「国際開発援助体制」を、「ある問題領域における秩序および規範やルールの体系」という意味で、「レジーム」ととらえる。一方、「グローバル・ガバナンス」は、一つの問題領域にとどまらず、「地球規模の課題に様々な主体が協調して対処するフォーマルおよびインフォーマルな枠組み」でありいくつかの問題領域を横断して存在するものとして考える。国際開発援助体制は、開発援助のアジェンダとして地球規模の課題に焦点があてられるようになり、また各国が共通の方針で共同して対処する「パートナーシップ」を形成する側面が増大しているという意味で、グローバル・ガバナンスの方向への動きの一部を構成している。

(1)　「グローバル・ガバナンス」論の台頭

　国際社会では近年、「グローバル・ガバナンス」という言葉が頻繁に使われる。この言葉は地球環境の保全、大量破壊兵器の拡散防止や管理、地域紛争への対処、民主化や人権の尊重など、いわゆるグローバル・イシューズと呼ばれる地球全体にとっての課題に関して、国際社会全体による規制や管理や政策協

4

調が進展してきている現象を指して使われることが多い。

　冷戦が終焉した 1990 年代以降における国際開発の課題は、市場経済への移行、民主化、地域の安定・復興、地球環境の保全等に限られるものではないが、これらいずれの課題においても、世界銀行や国際連合（国連）に代表される国際機関を中心に、国際社会が共同して対処しようとする動きが強まってきている。1990 年代以降に、グローバルな課題への共同対処に国際社会の主要国がより熱心になった背景には、冷戦が終わったことによる国際的な戦略的関心および利害の変化と、グローバルな課題により効果的に対処するためにはより緊密に協力することが不可欠であるとする認識が広まってきたことがある。グローバルな課題への共同対処は地球全体の公的な利益の観点に基づく「国際公共財」の議論の進展につながり、各国の協調行動の進展は「グローバル・ガバナンス」への動きとして、熱心な研究対象にもなっている。

(2)　「レジーム」とは何か

　「グローバル・ガバナンス」の議論を理解するためには、その前身となる「国際レジーム」の議論を踏まえておく必要があろう[1]。1970 年代から 1980 年代にかけて、「国際レジーム」という概念が広く使われるようになった。その背景には、貿易・通貨・エネルギー・食料・環境など、地球規模の課題（グローバル・イシューズ）が顕在化し、それらの問題領域を取り扱うことができる新しい分析枠組みが求められたことがある。

　1970 年代の「国際レジーム」論は、ロバート・クーパー、ジョン・ラギー、リチャード・コヘインらによって議論が開始されたが、これらの議論を踏まえてその合意された定義を整理したのが、ステファン・クラスナーである。それによれば、レジームは次のように定義された。すなわち、「レジームとは、国際関係の特定の分野における明示的あるいは暗黙の原理・規範・ルール・意思決定の手続きのセットであり、それを中心として行為主体の期待が収斂していくもの」である[2]。

---

1)　国際レジームやグローバル・ガバナンスの概念について、包括的に整理した代表的な先行文献として山本吉宣による『国際レジームとガバナンス』があり、本書のレジームやグローバル・ガバナンスの定義も、山本による整理に負うところが大きい。山本（2008）特に第 1 章および第 6 章。

2)　Stephan D. Krasner (ed.) (1983), *International Regimes*, Cornell University Press.

こうした「国際レジーム」論は 1990 年代には、「グローバル・ガバナンス」論に取り込まれていく。1990 年代の「グローバル・ガバナンス」の論者には、フィンケルスタイン、ローズノウ、ワイスとゴーデンカーなどがいるが、最も包括的で代表的な定義は、グローバル・ガバナンス委員会によるもので、次のように定義された[3]。

すなわち、「グローバル・ガバナンスは、公私を問わず個人および組織が、彼らの共通の事項を管理する多くの方法の全体であり、対立するあるいは多様な利益を取りまとめ、協力的な行為がとられる継続的な過程である。それは、ルールの遵守を強制するフォーマルな機構やレジームを含むとともに、人々や機構が共通利益となると考えたインフォーマルな枠組みを含むものである。」

その後の議論の進展の中で、近年では以下のように短い定義に収斂していている。すなわち、「地球規模の課題に様々な主体が協調して対処するフォーマルおよびインフォーマルな枠組み」であり、広義のグローバル・ガバナンスは「国際秩序」の概念とほぼ同義で用いられることもある[4]。また、「グローバル・ガバナンス」は、いくつかの問題領域を横断して存在するものである。例えば貿易や国際金融・エネルギーなどにとどまらず、地球環境やデジタル・ネットワークなど問題領域ごとに「グローバル・ガバナンス」の態様と課題が議論されているが、理論的には、問題領域ごとの制度のあり方や利益・価値・規範の共有は、かつて「レジーム」として分析したものとほとんど同じである。

「レジーム」と「グローバル・ガバナンス」との違いは、主体に関して、前者が主として国家を主要主体として考えているのに対し、後者は NGO・多国籍企業など様々な非国家主体を取り込み、また、前者は分野ごとのレジームを分析するのに対し、後者はより多くのアジェンダを含むものを検討しているという点であり、より広範囲な概念である。こうした概念の広がりの背景には、1990 年代以降、解決すべきグローバルな共通課題がより多く生起し、関わる主体も方法も多様化したことがあるといえよう。特に、第 7 章で取り上げるような、非国家主体がイニシアティブをとって形成に至った国際的なルールは、既存の国家主体を中心に考えるレジームという概念では収まり切れず、「トラ

3) 国連グローバルガバナンス委員会（1995）『地球リーダーシップ』日本放送出版協会。
4) グローバル・ガバナンス論については，近年様々なアジェンダ（イシュー）ごとの具体例を含め，包括的に整理したいくつかの文献が出ている（本章の章末の参考文献参照）。

6

表1-1　グローバル・ガバナンスとレジームとの違い

	主体	アジェンダ	議論の焦点
レジーム論	国家	分野ごとに存在	分析概念（利害の収斂）
グローバル・ガバナンス	国家＋非国家主体も含む	多くのアジェンダを含む	規範的な議論を含む（国際規範形成のプロセス）

（注）筆者作成。

ンスナショナル・ガバナンス」という言い方をすることもある。

　一方で、「グローバル・ガバナンス」をめぐる議論には、まだ実現には至っていないが、緊密な協力と規範形成・国際ルールづくりに向けて国際社会は努力すべきだという規範的な議論として使われることも多く、そうした場合は分析概念としては限定的だという指摘もある。また、グローバル・ガバナンスという用語を使いながら、実際には個別の課題分野を取り上げた事例研究も少なくない。本書は、国際開発援助に関わる制度（すなわちレジーム）に焦点をあてるものであるが、近年の用語では国際開発をめぐるグローバル・ガバナンスの制度や規範、その政治過程や動態に焦点あてるものである。

(3)　「国際公共財」の議論と「協力」の理論

　「グローバル・ガバナンス」や「レジーム」の生成を説明する議論と密接に関連するのが「国際公共財（international public goods）」の議論である。

　「公共財（public goods）」は、もともとは経済学で使われてきた概念である。「社会全体の公共的な利益に資するものでありながら、市場原理の元では供給されないか、不十分な量しか供給されない財」のことであり、国内社会においては警察や消防といった社会サービスがその例としてあげられてきた。「国際公共財」とは、国際社会においてもそうした公共財が存在すると考えるものであり、具体的には、国際政治における秩序や平和、国際経済における自由貿易体制や基軸通貨の存在などがその例として議論されてきた。

　公共財は、定義上、「便益を受けようとする者を排除できず（排除不可能性）、便益を受ける者が増えても追加的な費用がかからない（使用の同時性）ような財」を指し、いったん供給されると誰でも自由に使うことができるため、コストを負担しないでそれを使うただ乗り（フリーライド）ができる一方で、誰（どの国）がそのコストを負担するのかということが問題となる。

　そうした議論の中で、世界経済に占める比重が大きく経済的余力のある主要

先進国が負担すべきだという議論（所得の高いものが支出すべきという議論）や、そうした公共財の存在によって便益を受けている主体が応分の負担をなすべきだという議論（受益者負担の原則）など、様々な議論がある。国際開発はこうした公共財の一種なのか（どのような開発援助が公共財的なものと考えられるのか）、援助というコストを国際社会に政府がない中で誰がどのように供給するのか、という問題もある。

　他方、国家の管轄内で供給されてきた治安、金融の安定、保健・教育などの公共サービス、市場の効率、人権保障などは、20世紀末のグローバル化の進展とともに一国の政府のみでは供給しきれない公共財となってきており、そうした側面をとらえて、こうした公共財を「地球公共財（global public goods）」と呼ぶこともある[5]。

　一方、「レジーム」は複数の行為主体（アクター）による協力が持続的な形で制度化したものである。なぜこうした「レジーム」が成立するかの説明は、行為主体は自己の利益を追求する上で計算に基づき合理的な選択をするという人間行動論が大前提である。こうした行動論や合理的選択理論は、ゲームの理論の成果を取り入れながら政治学で過去50年間に蓄積を重ねてきた。

　「レジーム形成」は、その共通ルールの枠内に入った主体（アクター）にとって相互の利益があり、協力することにそれぞれが利益を見いだすからだと説明される。各主体は個別に利益を追求していると対立と競争の状況になるため、協力関係が成立すれば互いに利益になるということであるが、すべての状況でそうした共通利益が発生するわけではない。そうした各主体間の利益構造の複雑さの中で、どのような場合に共通の利益が存在し協調行動がとられるかについては、「ゲームの理論」で興味深い議論がなされてきた[6]。

　例えば、短期的には互いに裏切ることによって自己の利益を最大化できるようにみえても、結局は協力することが合理的な選択であることを示した「囚人のジレンマ」状況や、各自が自己利益を追求すると全員が死に至る中で、一部の利益を犠牲にすることによって一部は救われることになる「救命艇状況」などの議論は、国際関係論で頻繁に取り上げられる例である。また、1回限りの

5)　インゲカールほか（2005）『地球公共財の政治経済学』国際書院、など。国連と関係の深い研究者が「地球公共財」という用語を多用する傾向がある。
6)　中山幹夫・船木由喜彦・武藤滋夫（2008）『協力ゲーム理論』勁草書房、盛山和夫（2021）『協力の条件—ゲーム理論とともに考えるジレンマの構図』有斐閣、等。

ゲーム（相互の行動のやりとり）では裏切りで自己利益を最大化できるが、それは裏切りの応酬（相互報復）につながり、長期的な利得計算では協力関係を築いたほうが互いに得策であることを示した「繰り返しゲーム」の議論などもある。また、そうした相互報復の結果ようやく協力が得策であることを学ぶ「学習プロセス」についての研究も興味深い。また、いったん成立した「協力の制度」は多少不具合があってもこわれにくいことを説明する「制度の惰性」についての議論もある。

(4) 「国際規範」の成立をどう説明するか──いくつかの異なる視角
──リベラリズム・リアリズム・コンストラクティビズム

「国際規範」とは「適切な行動に関する共通の期待を示すようなアイデア・行動基準」と定義できる。「国際規範」には、国際法や条約・協定などの形で明文化されたものもあれば、明文化されていないが関係主体の行動を実質的に拘束する力をもついわゆる「ソフト・ロー」なども含む。こうした「国際規範」はどのようにつくられるのであろうか。

「行為主体は与えられた制約条件のもとで効用最大化行動をとる」という合理主義は、なぜ国際規範・共通ルールが成立するかを説明する前提となるものの、合理主義に基づく利得計算を中核に置く「リベラリズム」と、「パワー」を中核に置く「リアリズム」の二つの異なる考え方ができる。すなわち、協力することによる相互の利得の拡大を目指すことを合理的と考えるのが「リベラリズム」である一方、そうした利得は双方にあるものの、その利得の度合いは異なるために、より多くの利得の取り合いの側面を重視するのが「リアリズム」である。また、「リアリズム」では、その利得を追求するにあたって、その行為主体の有する「パワー」によってその実現や交渉が左右されると考える。なお、「パワー」の内容は、ハードな軍事力や経済力を想定する場合と説得力や文化や評判などの「ソフト・パワー」を含む場合の両方がありうる。後者を重視する場合は、「リベラリズム」の見方に近くなる。また、西谷は「交渉の次元では物質的パワーがものをいうかもしれないが、アジェンダ設定の次元では知識力の重要性が高まるだろうし、問題認識やアイデンティティ形成の次元では規範力も大きな力を持つだろう。（中略）権力が作用する次元と論理によって、多様な性質の権力が作用する」と指摘している（西谷・山田、2021：

7）。

　一方、上記の「リベラリズム」も「リアリズム」もいずれも合理的な利得計算を前提とするのに対し、行為主体は「利益」ではなく「価値」の実現のために行動すると考えるのが「構成主義（コンストラクティビズム）」である。これは、「社会の構成員間において間主観的（相互主観的）に共有する価値などの観念的な要素がアクターの行動を説明する」とみるもので、近年、利害計算だけでは説明できない国際規範形成の事例が増えてきていることを背景に広まってきた分析の切り口である。例えば、人権の擁護を求める国際規範形成や対人地雷禁止条約のように人道の観点からルールづくりを目指す運動、あるいは資源保護といった目的だけからは説明できない国際捕鯨取締条約の規定の一部などが、その典型的な事例である。国際社会が共有するアイデアや国際規範などの役割・影響力に着目する切り口として、近年、その重要性を増しているとみることができる。

　また、「国際規範」とは所与のアイデンティティをもつアクターのための「適切な行動に関する共通の期待を示すようなアイデア・行動基準」と定義されるが、こうした議論では、それが国際社会を構成する国家や非国家主体に浸透する過程を「社会化（socialization）」と呼び、それが急激に変化するメカニズムを「規範カスケード」と呼んだ（第7章第3節参照）。いずれもレジームの「制度化」のプロセスである。また、そうした規範形成を主導する主体を「規範起業家（norm entrepreneur）」と呼ぶこともある。

⑸　レジーム・コンプレックス（レジームの林立）

　一方、近年の世界経済を特徴づける代表的な概念である「グローバル化」は、「ヒト・モノ・カネの国境を越えた活動量の拡大」といった経済領域だけではなく、「様々な分野における地球規模の価値規範の形成」を指すこともある。実際、人権・民主化や地球環境保全、あるいは核管理・軍縮といったそれぞれのイシューにおいて、とりわけ1990年代以降、国際社会にある種の共通の価値規範が形成され、国際開発援助体制にも影響を与えている。

　すなわち、全体としては、多くの地球規模の課題が国際社会全体として協調しながら取り組まれるようになってきたという意味で、「グローバル・ガバナンス」の方向への動きがある一方、個々のイシューごとに、より具体的な「国

際レジーム」が形成されてきている。近年では、新たな国際的課題が次々に取り上げられるようになるに従って、サブカテゴリーの増大や、異なる分野間の競合や複合関係によって問題領域がさらに複雑化していると考えられる（西谷・山田、2021：序章）。

　例えば、「気候変動枠組条約締約国会議」での様々な合意、人権・民主化や反汚職・腐敗といったことを「共通の価値規範」として各国の援助政策を調整しようとする動き、あるいは（第7章で言及するように）対人地雷やクラスター爆弾などの非人道的な兵器を国際的に規制しようとする動き（いわゆるオタワ・プロセスやオスロ・プロセスの進展）など、国際機関をはじめ多くの国家主体やNGO が関与しながら、それぞれが重要なイシューごとの「国際レジーム」を形成している。また、ICT（情報通信技術）分野やジェンダーをめぐる国際規範やルールづくりなど、近年重要性を増してきた分野で急速に規範づくりが進んできた事例もある。一方で、こうしたグローバルな課題の顕在化と、それに対する国際社会の共同対処に伴って形成されてきた国際的規範が、個々の国際開発レジーム形成と連動して影響力を増してきているといった現象もみられる。

　その意味で、国際開発をめぐるグローバル・ガバナンスは、個別のイシューごとにレジーム（サブ・レジーム）が林立する分権的なガバナンスである。グローバル・ガバナンスは「国際開発援助レジーム」を含むいくつかのレジームからなる総体であり、また「国際開発援助レジーム」の中にも、地球環境保全、人権・民主化、ジェンダー、核管理・軍縮等に関するいくつかの「サブ・レジーム」が存在していると理解できる。あるいは、他のイシューと国際開発援助とを縦断ないし横断するレジームも存在するであろう。

　そのようにとらえると、本書で取り上げている「国際開発援助レジーム」は、必ずしも全体が一つの自己完結型のレジームとしてとらえられるわけではなく、関連するいくつかのサブ・レジームとも重なる部分が存在することになる。レジーム間の複雑な関係性を「レジーム・コンプレックス」と称し、西谷は「レジーム・コンプレックスには、主権尊重や人道主義などの大原則に埋め込まれた『埋め込まれ』型、制度間に階層性のある『入れ子』型、多様な制度が水平的に集合した『クラスター』型、異分野の複合である『重複』型の4タイプがあり、今日のレジーム・コンプレックスは、これらの2つ以上の要素を含んだ複雑なものが多い。」と指摘している（西谷・山田、2021：9-10）。

2　「国際開発援助体制」の展開過程

　最大の問題の一つは、そうした「国際レジーム」、すなわち対途上国援助や開発支援の分野で、多くの国際機関や二国間ドナーを全体として拘束する「規範とルール」や「協調して対処する枠組み」が本当に成立しているのか、その規範・ルールや協調の枠組みの影響力や拘束が及ぶのはどの範囲なのか、例えばすべての二国間ドナー（各国政府）がそれに従うのか、多くの主体の中には異なる規範・ルールに基づいて援助・融資を行う主体があるのではないか、といった点である。

　まずは、本書で「国際開発援助体制」と呼称する分野が、具体的に何を対象としているかについて整理しておこう。

⑴　開発援助・開発金融の定義と範囲
　国際開発の世界では、そのリソース（資金）について、長らく ODA（政府開発援助）、OOF（その他政府資金）、PF（民間資金の流れ）という分類がなされてきた。

　「政府開発援助（ODA）」は、「開発途上国の経済や社会の発展、国民の福祉向上や民生の安定に協力するために行われる、先進国などの政府ベースの経済協力の中心をなすもの」である。OECD／DAC の定義では、ODA の基準は、⑴政府もしくは政府実施機関によって供与される資金の流れ、⑵開発途上国の経済開発や福祉の向上に寄与することを目的、⑶譲許的性格を有する（グラント・エレメントが一定基準以上）[7]、となっている。また ODA は、供与条件で分類すると、二国間で実施される、返済や金利支払い義務を伴わない贈与（無償資金協力および技術協力）、および返済義務を伴う借款（融資・貸付）と、国際機関に対する出資・拠出に大別される。

　上記の ODA の条件をみたさない政府ベースの協力は「その他の政府資金の

---

　7)　ODA に入るためのグラント・エレメントの基準は、国や機関によって異なる。グラント・エレメントとは、貸付条件の緩和度合いを示す指標で、金利が低く返済期間が長いほど、グラント・エレメントは高くなる。例えば、日本の場合 2018 年以降、低所得国に対する ODA のグラント・エレメントの設定基準は 45％以上、低中所得国に対する設定基準は 15％以上、高所得国に対する設定基準は 10％以上とされている。

流れ（OOF）」と呼ばれ、ODA に含まれない政府系金融機関の優遇借款や政府
による輸出信用供与などの多くがこれに含まれる。また、民間の企業・金融機
関によって行われる直接投資・間接（証券）投資などは、「民間資金の流れ
（PF）」と分類される。近年は、国際開発における民間資金の流れの金額が膨大
であり、国際開発に占める民間資金の役割が重視され、政府資金と民間資金と
の混合による官民連携の事業方式（PPP: Public Private Partnership）を視野に入
れた議論は不可欠となっている。また、政府供与の資金についても、以前は譲
許的資金である ODA に焦点があてられることが多かったが、近年は特に中国
の途上国への資金供与の多くが ODA ではない（中国輸出入銀行や中国開発銀行な
どによる）非譲許的資金であることから、より広い枠組みで「経済協力」を視
野に入れる必要があり、政府による資金についても「政府開発金融（ODF: Offi-
cial Development Finance）」という用語が使われることが多い。

　このように、本書で取り上げる開発援助や開発金融（development finance）に
は、政府によって提供されるグラントによる無償の援助と譲許的な融資（金利
が低く返済期間が長く援助的色彩の強いもの）および民間非営利団体による贈与で
ある ODA と、非譲許的な資金である OOF、さらに民間（金融機関や企業）に
よる資金の流れである PF のすべてを含む。本書で「国際開発援助体制（レジー
ム）」と称するのは、このうち、特に政府によって供与される ODF に焦点をあ
てているが、開発に関連する国際規範が資金的なものだけではない場合や、国
家主体が主導したもの以外も含んでいる。ODF の供与主体（これをドナーと称
する）としては、世界銀行や国連関係組織のような国際機関による支援（マル
チの支援）と、二国間のドナーによる支援（バイの支援）に分けられるが、この
両者のほか、近年は伝統的なキリスト教団体の資金提供のほか、（ビル＆メリン
ダ・ゲイツ財団などの）民間財団や NGO（非政府組織）や市民社会などの途上国
への無償ないし譲許的資金供与の金額も大きく、本書でいう「国際開発援助レ
ジーム」は、これらの様々な主体を含んだレジームとしてとらえている。

(2)　国際開発援助の制度化の進展

　国際開発援助の分野においては、世界銀行や IMF（国際通貨基金）あるいは
国連開発機関などの国際機関の組織や役割・活動を国際制度論の視点から分析
した文献は少なくない。しかし、国際開発のアジェンダにおいて、実質的な国

際規範や国際的なルール・方針づくりに影響を与えてきたのは、こうした国際
機関ばかりではない。特に、明文化されていない開発に関する国際的な規範づ
くりに関しての分析が積み重ねられるようになったのは、比較的最近になって
からのことである。

　国際関係論の切り口からの初期の議論としては、米国のラムスデインによる
議論が最も包括的なものの一つである[8]。ラムスデインは、1949 年から 1989
年までの対外援助レジームを整理し、様々な援助供与国・国際機関（ドナー）、
援助計画、援助のあり方をめぐる議論がある中で、「モラル」についてのビ
ジョン（ラムスデインはこのように表現しているが今日的な用語では「規範」とされる
もの）が対外援助の国際的な方向性を決める上で（すなわち援助レジームを形成す
る上で）果たしてきた役割について、様々な具体例をあげながら分析した。

　ラムスデインの分析は、冷戦期の国際開発援助を対象としており、その時代
は、個々のドナーがそれぞれの利害（国益）に基づき援助政策を行っていた面
が強い。その時代においてもラムスデインは、ある種の「モラル（規範）」が
影響力をもっていたと主張するのであるが、後述するように、20 世紀後半の
（冷戦期の）開発援助の枠組みと、21 世紀にはいってからの国際開発援助の枠
組みは、国際援助協調を重視する方向に大きく変わってきたという点でかなり
異なる様相を呈している。また、冷戦後における国際開発規範の変容を踏まえ
て、米国の対外援助規範が国際規範と相互に影響を与えながら変容してきた過
程を分析した研究として小川による業績がある（小川、2011）。

　第二次世界大戦後の過去 70 年以上にわたる開発の歴史的展開過程について
は次節で詳述するが、あらかじめ要約しておくと、以下のように整理すること
ができる。
　第二次世界大戦後初期は、米国が圧倒的に大きなドナーとして独自の外交
的・戦略的観点から単独で援助を行っており、世界銀行や地域開発金融機関や
OECD／DAC などの国際機関も、その独自の影響力は大きいとはいえず、あ
るいは米国の影響力がこれらの国際機関にも色濃く及んでいた。その後、日本
をはじめ先進各国は二国間ドナーとしてその援助を拡大し、世界銀行や国連や

8)　David Halloran Lumsdaine (1993), *Moral Vision in International Politics: The Foreign Aid Regime 1949–1989*, Princeton University Press.

OECD／DAC 等を舞台に途上国援助に関する協調を深めていったが、基本的にはそれぞれの「国益」を重視しながら途上国への援助を行う時代が続いてきた。

　国際社会で、例えば世界銀行・IMF を中心とする「構造調整融資」の枠組みのように、ある種の共通の規範・ルールに基づいて援助・融資が行われるようになるのは、主として 1980 年代以降である。それも、最初から、すべてのドナーがその規範・ルールを共有したわけではなく、その影響の及ぶ範囲は徐々に拡大して今日に至っているというべきである。

　その意味で、第二次世界大戦後の貿易に関する「GATT レジーム」や国際通貨に関する IMF を中心とする「ブレトンウッズ体制」が、当初から西側世界全体を規定する本格的なレジームとして成立し、その内容が時代に応じて変容してきたのとは異なり、「国際開発援助レジーム」はかなり緩やかなシステムから始まり、徐々に強力なレジームが形成されてきたものととらえることができよう。

　実際、国際貿易や国際通貨をめぐるレジームと異なり、「国際開発援助」に関しては、それがアジェンダとして登場すること自体が、第二次世界大戦後のことである。

　第二次大戦前は、現在の開発途上国の大部分は欧米列強の植民地であり、今日いわゆる「南北問題」ととらえられるものは、当時は宗主国と植民地との関係であった。第二次大戦前において、そうした開発途上国地域に対して経済的・財政的支援を与えることは当時の欧米列強の活動に見いだされるが、それは植民地経営のためであったり、商業的な性格のものであったりして、いわゆる途上国援助とは異質であった。

　例えば、18 世紀の英国と西インド諸島・西アフリカの英国植民地との間の貿易と資金と労働力の流れは、いわゆる「三角貿易システム」としてとらえられ、また、19 世紀の西欧列強によるアジア・アフリカの植民地への投資と貿易関係は、いわゆる「帝国主義システム」としてとらえられる。これらが今日の開発援助体制とは大きく異なるシステムであることに、説明の必要はないだろう。

　第二次大戦終了後、やがてそれらの国々は独立していき、そこで初めて「国際開発援助」の歴史が始まる。その歴史を振り返ると、それは開発途上国が先

進国の植民地から脱して独立していった第二次大戦後に始まり、その後の歴史は、一般にほぼ10年ごとに次の七つの時期に区分される⁹⁾。すなわち、

①　第二次大戦後から1960年頃まで。東西冷戦下で第三世界を自陣営に取り込むための米ソの援助競争が激化した時期。

②　1960年代。アジア・アフリカで多くの新興独立国が誕生し、東西問題に代わって「南北問題」が注目され、第一次「国連開発の10年」と位置づけられた時期。

③　1970年代。二度の石油危機に代表されるように、資源を有する第三世界の発言力が高まり、「新国際経済秩序（NIEO）」の樹立要求など、南北の対立が激化した時期。

④　1980年代。中南米をはじめ途上国の累積債務問題が顕在化し、世界銀行やIMFの「構造調整」が本格化した時期。

⑤　1990年代。冷戦が終了し、旧社会主義国の市場経済への移行、民主化・人権、地域紛争や難民問題、地球環境問題など、いわゆる「グローバル・イシューズ」が重視されてきた時代。

⑥　2000年代。HIPCs（重債務貧困国）の債務帳消しが唱えられ、その対応としてPRSP（貧困削減戦略文書）が義務づけられるようになった。他方でMDGs（ミレニアム開発目標）が設定され、MDGsとPRSPを中核として、開発をめぐるパートナーシップ体制が強化されてきた時期。

⑦　2010年代以降。MDGsに代わり、2015年にSDGsが国際開発の目標として掲げられた。SDGsには、教育・保健などの貧困削減だけではなく、環境や工業化、ガバナンスや平和などの多様な目標が取り込まれた。他方、中国などの新興ドナーが急速に台頭し、中国が主導する「北京コンセンサス」の影響力が高まるようになる時期。

　このように、第二次大戦後成立した国際開発援助レジームは、次第に「制度化」が進んできた。表1-2は、これまでの国際開発援助レジームの前史から今日のパートナーシップ体制が強化される時期に至るまでの展開の要点を、レジーム形成の度合い、主たるアクター、理念および規範・ルールのそれぞれに

9)　稲田十一（2000）「国際開発援助の歴史的展開」稲田・大橋・孤崎・室井著『国際開発の地域比較』中央経済社、第1章。

表 1-2　国際開発援助レジームの展開

	レジーム形成の度合い	主たるアクター	理念および規範・ルール
1945—60 年	国際開発援助レジームの成立	米国、世銀	西側資本主義世界の復興
1960 年代	途上国世界の拡大、各ドナー・国際機関の体制整備	米国、国連、世銀、DAC、他の二国間ドナー	南北問題の認識と先進国の責務の意識
1970 年代	世界経済システムの変動、国際開発援助レジームのあり方の模索	米国、国連、世銀、DAC、G77（途上国グループ）	南北対立（NIEO の要求）、BHN の重視
1980 年代	構造調整レジームの成立	世銀・IMF、国連、主要な二国間ドナー（特に G7）	自由主義的構造改革コンディショナリティ
1990 年代	構造調整レジームの世界的拡大、地球的課題への共同対処	世銀・IMF、国連、主要な二国間ドナー（特に G7）	構造改革（市場原理と開放体制）、コンディショナリティ、共通の価値（民主化・環境等）
2000 年代	MDGs の設定と PRSP 制度の普及拡大、地球的課題への共同対処（パートナーシップ体制）	世銀・国連を中心とするパートナーシップ、主要な二国間ドナー（G7 から G20 へ）、途上国政府、NGO	貧困削減とガバナンスの重要性、改革努力と援助のリンケージ、共通の価値と手続き（パートナーシップ体制）
2010 年代	伝統的ドナーを中心とする国際援助協調（SDGs の策定、等）の継続、中国の一帯一路の拡大による価値規範の対抗状況	欧米の伝統的ドナー、台頭するドナーとしての中国、国際機関（国連・世銀等）	共通目標としての SDGs、欧米主導の人権規範の限界、中国の影響力拡大（北京コンセンサス）、米の一国主義傾向

（注）筆者作成。

ついて整理したものである。

3　各時代の「国際開発援助体制」の特徴

　本書での議論・分析は、1980 年代後半以降の時期が中心となるが、「国際開発援助体制」の歴史的展開を理解するための基礎的な知識として、まずは以下で、第二次世界大戦後に成立した国際開発援助の枠組みの展開過程について、概観しておくことにしよう。

⑴　戦後の援助の開始とブレトンウッズ組織の設立（1945 − 60 年）

　国際復興開発銀行（IBRD、通称「世界銀行」）の起源は、1944 年 7 月に、米国をはじめ連合国 44 カ国が集まったブレトンウッズ会議である。この会議で、国際通貨安定のための IMF（国際通貨基金）の設立と並んで、戦後の経済復興

と開発のための資金を供給する国際機関として世界銀行を設立することで合意した（1945年12月に実際に設立、翌1946年から活動を開始）。当初は西欧の復興への支援が中心であったが、その後、日本やインドなどアジアの国々も融資の大口借入国になっていった。

　しかし、第二次大戦後の世界で、最大の援助ドナーとして登場したのはそうした国際機関ではなくむしろ米国であった。第二次大戦の結果、米国が経済的余力のある唯一最大の国になり、その米国がまず手をつけたのが「マーシャル・プラン」であった[10]。米国がマーシャル・プランを欧州に供与したのは、戦後、ソ連の影響下で共産主義勢力が拡大しつつあったため、戦争で疲弊した西欧諸国の経済を早急に立て直すことは、共産主義の拡張を抑える上でも急務と考えられたからである。米国はマーシャル・プラン以外にも、共産主義に対抗する意図から、全世界の開発途上国への援助を拡大していった（1947年3月の「トルーマン宣言」や1949年1月の「ポイント・フォア」）。

　続く1950年代は、アジア・アフリカの多くの国々が植民地から独立していった時期である。米ソの冷戦下で、米ソ双方の陣営がこれらの新興独立国を自国陣営に取り込むためのいわゆる「援助競争」の側面も顕在化してきた。こうして、米国を中心とする西側諸国の開発途上国への援助は、1950年代前半に比べて後半は倍増する。

　言い換えれば、「開発途上国」ないし「第三世界」への開発支援の国際的枠組みが成立したのは、第二次大戦後から1950年代にかけてである。この時期に、米国の援助をはじめとする二国間援助（バイ）の枠組みと世界銀行等の国際機関による多国間援助（マルチ）の枠組みが、ともに米国を中心に成立し、いずれも、東西冷戦の中で米国の主導する自由主義的資本主義世界を形成することが主たる目的であった。そのため、この時期、西側世界と新興独立国地域を包含する国際開発援助体制が米国中心に形成されたが、それは他国の政策を拘束する「国際レジーム」としての側面はまだ緩く、米国を中心とする一方的な支援の枠組みというべきものであった。

---

[10]　1947年に、米国のマーシャル国務長官によって発表されたもので、1948年から52年までの間に、131.5億ドルという巨額の資金（当時の米国のGNP比で2%に達する）が投入された。永野実（1990）『マーシャル・プラン―自由世界の命綱』中公新書。

(2) 国際援助体制の基盤整備と「規範」形成—1960 年代

　1950 年代を通じて援助は次第に拡大されてきたが、それが本格化するのは 1960 年代にはいってからである。援助の性格も、それまでの東西冷戦と結びついた援助競争から、1960 年代になると、開発途上国に対する支援それ自体の重要性が次第に認識されるようになり、途上国援助は「先進国の責務」であるとのより一般的な規範が形成されてきたと解釈できる。

　国連関係機関では、1958 年に UNSF（後の UNDP: 国連開発計画）が設立され、1964 年には、第 1 回 UNCTAD（国連貿易開発会議）が開催されている。各国の ODA をそれぞれの GNP の 0.7％を目標とすることも国連総会決議（1970 年の「第二次国連開発の 10 年」）において謳われた [11]。世界銀行グループでは、IBRD に次いでより譲許的な支援の枠組みである IDA（国際開発協会）が 1960 年に設立された。

　また、米国も、発展途上国地域の貧困そのものを緩和することが、広い意味で自由主義を擁護し共産主義を防ぐことになると考え、反共的な外交政策の一環としての援助から、よりリベラルな援助理念へと変化し、「平和部隊」の創設や中南米諸国の貧困対策のために「進歩のための同盟」等が結ばれた（いずれも 1961 年）。また、西側諸国が主導する援助実施体制も、1960 年前後に一斉に整備されていった。例えば、日本の OECF（海外経済協力基金）設立は 1961 年、JICA の前身 OCTA（海外技術協力事業団）設立は 1962 年である。

　このように、1960 年代には、米国を中心とする二国間援助の理念は、開発と貧困削減をより志向するようになり、米国以外でも、二国間援助の体制整備が進められた。また、国連関係機関、世界銀行グループの二大国際機関も、互いの開発方針は異なるものの、発展途上国の開発と貧困削減のための体制整備を行い、その活動を本格化させていった。いまだ、各ドナーの政策は各国、各機関のそれぞれの思惑に左右されてはいたが、世界的な開発論争の中で、共通の規範やルールづくりが進んでいった時期であり、その意味で、開発援助の分野における国際レジーム形成の萌芽期といえるだろう。

11）　1961 年には、パリに経済協力開発機構（OECD）が設立され、その中に援助に関する先進国の協議機関として DAC（開発援助委員会）を設置した。ODA（政府開発援助）という言葉が、共通の定義をもった言葉として使われるようになるのは、この DAC の設置によってである。

(3)　戦後国際経済秩序の激動と新たな制度の模索—1970 年代

　1970 年代は、第二次大戦後に形成された世界経済の枠組み全体が大きく変動した時期であり、先進国と途上国の関係も大きく変化していった。主要先進国は、国際的な通貨や貿易体制の維持のために緊密に政策協議を行うようになり、1975 年からは主要先進 7 カ国（G7）によるいわゆる先進国サミットが開催されるようになった。これを称して、「パクス・アメリカーナ（Pax Americana、すなわち米国による平和）」から「パクス・コンソルティス（Pax Consortis、すなわち主要国協調による平和）」への移行ととらえる議論もある [12]。

　こうした世界経済体制全体の変容の中で、南北関係も大きく変動した。1973 年の石油危機以降、多くの資源価格が高騰して途上国側の発言力が高まることとなった。また、開発論に関しても、開発途上国を中心に「従属論」が唱えられ、こうした議論を受けて、途上国側は国連などの場で NIEO（新国際経済秩序）の樹立を要求し、中には急進的要求が出される場合もあって南北の対立が深まった。

　西側の主要先進国や世界銀行も、こうした状況の中でその開発方針を変化させていった。世界銀行をみると、1968 年にロバート・マクナマラが総裁になり（1981 年まで）、世界銀行の活動は量的にも質的にも大きく拡大していった。マクナマラ総裁の時代、世界銀行は、インフラの建設だけでなく貧困対策や社会開発にも重点を置き、1970 年代には「BHN（Basic Human Needs: 人間の基本的ニーズ）アプローチ」も唱えられた [13]。

　要するに、1970 年代に国際開発援助のレジームは大きく揺れ動いた。まず途上国の発言力が高まり、特にそれは国連関係機関に反映された。一方、米国をはじめとする西側先進国は、G7 の枠組み形成などを通して共同運営体制づくりを目指し、また世界銀行も含めて、途上国の開発と貧困対策にさらに力をいれることによって、こうした世界経済全体の危機に対処しようとしたのである。規範と枠組みの両面において、いくつかの異なる思想と潮流が併存し、それらの間の力関係が揺れ動いた時期といえよう。

---

12)　例えば、Robert O. Keohane (1984), *After Hegemony: Cooperation and Discord in the World Political Economy*, Princeton University Press.

13)　BHN 戦略のエッセンスは、社会資本、すなわち、教育、医療保健、住居などの基盤を整備することで、低所得層の生活改善を進めるというアプローチである。

(4) 構造調整レジームの成立——1980 年代

　1980 年代は、世界銀行が新古典派アプローチを重視し、「構造調整」の枠組みを定着させていった時期である。後述するように、ここに至って、世界銀行および IMF を中心とする国際開発援助（とりわけ融資）の規範やルールが、その他の二国間ドナーや民間資金の流れを強く拘束し、レジームとしての性格を強めていくことになる。

　その背景には、1980 年代に多くの途上国が直面した累積債務問題がある [14]。それが最初に顕在化した事件が、1982 年のメキシコの「モラトリアム宣言」（事実上の債務不履行）であり、メキシコの債務危機は、中南米をはじめ他の多くの途上国の債務問題を連鎖的に顕在化させていった。メキシコをはじめとする債務問題の解決に米国政府は注力し、世界銀行・IMF などの国際機関や日本など他の先進国と協力しながら、様々な対策を打ち出していくことになる [15]。

　一方、世界銀行や IMF は、こうした累積債務問題に対応していわゆる「構造調整融資」を開始する。構造調整とは、マクロ経済の運営から経済諸制度にわたる包括的な経済改革プログラムのことである。累積債務問題の長期的あるいは根本的解決のためには、単なる新規融資や債務の繰り延べ等の短期的な対応だけでは不十分であり、途上国自身の経済構造の改善が必要である、との認識に基づくものであった [16]。

　世界銀行の場合、1980 年に「構造調整融資（Structural Adjustment Lending: SAL）」を開始した。一方、IMF は伝統的には国際金融、特に為替や通貨をめぐる調整が主たる任務であったが、1980 年代に途上国地域の累積債務問題が国際金融の重要な課題になったのに対応して、途上国への融資に業務の重点がシフトしていった [17]。

14）　1980 年代の途上国の累積債務問題の原因としては，①石油危機後の先進国の景気低迷による途上国の輸出の伸び悩み、②途上国自身の行き過ぎた国内開発計画や、国営企業の非効率な運営などによる財政赤字の拡大、輸入の急増や安易な対外借り入れ依存、③ 80 年代前半の世界的な高金利による債務国の利払いの増加、等があげられる。

15）　日本や西欧の主要国は、1982 年のメキシコ危機の際は、それが米国の裏庭であることから支援には消極的であったが、1985 年の G5 によるプラザ合意以降、これらの西側主要国の関与、とりわけ日本の貢献は拡大していった。

16）　構造調整融資の歴史については、次を参照。Moha, Brown, Milward, Zack-Williams (eds.) (2000), *Structural Adjustment: Theory, Practice and Impacts*, Routledge.

17）　その後、世界銀行は「セクター構造調整融資（SECAL）」、IMF は「拡大構造調整ファシリ

　こうした状況下、国連の開発専門機関は、経済生産性の増強を重視した開発よりはむしろ、人間を中心としたミクロな社会開発に重点的に取り組んでいくようになる。その意味で、世界銀行・IMF を中心とする構造調整のレジームは、いまだ世界のすべてのドナーを拘束するものではなく、例えば、国連機関や北欧諸国のグラント（無償資金）を中心とする援助までも拘束するものではなかった。しかし、西側諸国の公的融資や民間資金の流れを規定するものとして大きな意味をもつようになるのである。

(5)　冷戦後のグローバルな課題への共同対処—1990 年代

　1990 年前後に冷戦が終わると、国際社会は、様々な国際的な課題（いわゆるグローバル・イシューズ）に以前にも増して関心を向けるようになり、先述のように、こうした国際的な課題に国際社会全体で対処する機運が高まった。開発思想の面でも様々な新しい考え方が台頭した。

　1990 年代に広まってきた考えたの一つは「人間開発」である。1990 代に入ると国連開発計画（UNDP）が精力的な発信活動を開始し、1990 年に最初の『人間開発報告書』で「人間開発（human development）」の概念を提示し、さらに 1994 年の『人間開発報告書』で「人間の安全保障（human security）」の概念を提示した。この二つの概念は、その後の国際開発の論議において重要な役割を果たしてきている。

　「人間開発」とともに、1990 年代以降の国際社会で強調されるようになったのは、途上国の人々の生活条件の改善には人々の「参加」が不可欠であるという認識であり、広範な関係者（ステークホルダー）の参画が貧困削減の効果につながるという認識が広まった。こうしたアプローチを「参加型開発（participatory development）」と称するが、この理念を最初に発信し強調したのは、OECD の DAC が発表した「1990 年代の開発協力」（1989 年）であった。1990 年代にグローバル・イシューズとして重視されるようになった国際的課題の一つは民主化や人権の尊重であり、「参加型開発」はこうした民主化・人権の規範を開発の世界に持ち込む理念でもあった。また、「参加型開発」の重視とと

ティ（ESAF）」の枠組みもつくり、こうしたプログラム融資はその重要性を増していくことになる。また、ESAF は HIPCs イニシアティブの導入に伴って、「貧困削減成長基金（PRGF）」と改称された。

もに、とりわけ女性などの社会的弱者の「エンパワーメント（empowerment）」
も重視されるようになった。

　さらに、1990 年代になって急速に高まった開発概念の一つに「ガバナンス」
の重視がある。特に世界銀行は 1989 年のアフリカ開発に関する報告書の中
で、なぜ 1980 年代の構造調整がうまくいかなかったかを論じ、非経済的な要
因、すなわち「ガバナンス（governance）」が開発を左右するとして、今日に至
るまで、ガバナンスの改善を開発の中心課題とするようになった。「ガバナン
ス」は今や現代社会のキーワードの一つであり、地球規模での規範やルール
（グローバル・ガバナンス）、国や地方自治体のあり方（パブリック・ガバナンス）、
企業活動のあり方（コーポレート・ガバナンス）など、様々な領域で使用される
ようになると同時に、国際協力の世界でも重要な位置を占めるようになった。

⑹　援助協調と PRS（貧困削減戦略）レジームの成立―2000 年代

　従来の支援アプローチの限界に対する反省から、国際社会では援助効果に関
する論議が盛んになり、様々な形で援助効果を高める方策が論じられるように
なった。代表的な例が「援助効果にかかるパリ宣言」（2005 年）である。援助
協調に関する近年の論議では「パートナーシップ（partnership）」と「オーナー
シップ（ownership）」が強調されるようになった。

　上記の議論と並行して、個別事業を中心とする「プロジェクト中心の援助」
から、途上国の政策プログラムを多数のドナーが協調して支援する援助手法に
移行すべきであるとする主張が、イギリス・北欧などを中心に提唱された。具
体的には、「セクターワイド・アプローチ」「コモン・バスケット」「一般財政
支援」などの援助手法が強調されるようになった（第 4 章第 4 節参照）。

　そうした援助潮流の中で、途上国政府が PRSP（貧困削減戦略文書）を作成
し、世界銀行などの承認を得て主要ドナーがそれに足並みを揃える（align）す
るという仕組みをつくった [18]。この PRS（貧困削減戦略）の枠組みは、マクロ経
済運営に関する改革の条件だけでなく、貧困対策や社会開発政策も含むもので
ある。こうした援助協調の枠組みにおいて、各ドナーを含めた現地でのワーキ
ング・グループ会合が頻繁に開催され、分野ごとにさらに現地でルーティン化

---

18)　IDA and IMF (2002), *Review of the Poverty Reduction Strategy Paper (PRSP) Approach: Early Experience with Interim PRSPs and Full PRSPs,* March. 等。

されてきた（セクターワイド・アプローチとかセクター・プログラム化と称される）。

　また、国際社会は貧困削減のための共通目標として「ミレニアム開発目標」（Millennium Development Goals: MDGs）を掲げた。ミレニアム開発目標は、2000年9月にニューヨークで開催された国連ミレニアム・サミットで採択された「国連ミレニアム宣言」に基づいている。これは、21世紀の国連の開発における役割に関する方向性を提示したものである。ミレニアム開発目標は8項目の「目標」とそれを細分化した「ターゲット」に分割されている。社会開発に焦点があてられているが、貧困削減に関する広範な目標を掲げて国際協調で達成しようとするアプローチは、21世紀の新しい潮流を体現しているともいえよう。

(7)　新興ドナーの挑戦—2010年代

　2012年に世界銀行のチーフ・エコノミストであったリン（Justin Lin［林毅夫］）は、近年の開発援助の潮流を取り上げて「Beyond Aid」の時代と称した。その新しい特徴として、国際協力アクターの多様化と支援ニーズの変化という二つの要素を指摘している。

　まず国際協力の「出し手」の多様化について言えば、途上国への様々な民間資金フローの流れの拡大である。その大半は民間直接投資（foreign direct investment: FDI）を代表とする利潤動機に基づく活動であるが、「BOP（Base of the Pyramid）」ビジネスのように、所得階層のピラミッドの底辺にいる貧困層を顧客・パートナーとして、企業利益と社会利益を同時に実現しようとするビジネス活動や、ビル・ゲイツ財団のような多様な市民団体の活動の広がりである。民間資金フローの規模は2008年のリーマン・ショックの影響で一時的に激しい落ち込みを経験したが、基本的に急速な拡大基調にあり、途上国向けの資金フローの中で圧倒的な比重を占めるようになった。

　また途上国向けの資金フローの中で、中国やインドやアラブ・ドナーなど、DACの外側で活動する新興国の台頭が目立つようになった。中国やインドのような新興ドナーの開発協力のモデル、すなわち公的資金と民間資金の二つの資金フローを一体的に組み合わせた経済支援モデルの広がりは、特にサブサハラ・アフリカ（サハラ以南のアフリカ）では、途上国側のニーズを充足するものとしてむしろ歓迎されている面もある。

アクターの多様化と支援ニーズの変化が互いに相乗し合って変化を加速し、公的資金（ODAやOOF）と民間資金（直接投資）との連携など、従来の国際開発規範とは異質の論理の包摂が進んでいる。

　すなわち、「国際開発援助体制」というグローバル・ガバナンスの変化に関しては、2000年代に広まった世界銀行・国連開発機関や欧米の伝統的ドナーを中心とする国際協調体制が衰退をみせる中で、中国をはじめインドやタイなどの新興国の開発分野での影響力の拡大、それに伴う伝統的ドナーの間で共有されてきた規範の浸食、などの変化が指摘されている。また、2015年のSDGsの合意による新たな規範意識の強化も見逃せない大きな要素である。

　すなわち、国際開発援助体制の近年の変化の様相として、世界銀行を中心に形成されたPRS（貧困削減戦略）体制は引き続き存続しているものの、中国の急速な台頭や新興国の台頭が既存の国際開発体制や国際金融制度との間できしみをみせるようになる一方、SDGsの成立による開発に関する国際規範が一定の広がりをもつようになっていること、逆に、OECD／DACの伝統的な国際規範形成への影響力の低下、などの状況が生じてきているとみることができる。言い換えれば、①（欧米などの）伝統的ドナーと（中国などの）新興ドナーの競争・協調、②多国間主義の林立（伝統ドナーが形成したものと中国などが形成したもの）、③国際開発援助規範の変容、などが近年の国際開発援助・体制の新たな状況ないし課題となっていると整理できよう。

4　「国際規範」に影響を与える開発思想

(1)　伝統的な開発思想

　これまでの開発援助の歴史をみると、全体的な国際開発の枠組みや開発思想に影響を与えてきたいくつかの主要な柱（すなわち「規範起業家」）が併存していることがわかる。たとえて言えば、数本の流れがぐるぐるまわりながら進化してきた。以下では、国際開発援助体制の実質的な開発援助潮流を規定してきた、伝統的な開発思想の概要と変遷についてまとめてこう。

　国際開発援助潮流に関するこれまでの研究で最も焦点があてられてきたのは、各時代の開発思想の変遷である。実際、開発途上国の経済成長または貧困克服のために様々な開発アプローチがとられてきたが、そこにはいくつかの主

要な開発思想とその変遷がみられる。

　第二次世界大戦後の開発思想を、開発経済学を基礎としながら政治経済学的視点から整理した代表的な業績として、絵所秀紀の『開発の政治経済学』がある。絵所は、第二次世界大戦後から 1990 年代に至る開発論の主要なアプローチを、「構造主義」「改良主義」「新古典派」の三つに整理し、この三つの開発思想の現在に至る潮流と近年の新制度学派の台頭をわかりやすく整理している[19]。構造主義から改良主義および新古典派に至る開発思想の変遷は、国際開発戦略の潮流でもある。

　国全体の所得の不均衡と貧困の社会的要因に焦点をあてる「構造主義」は、1960 年代から 1970 年代前半に広まった。しかし、1970 年代半ばには BHN（人間の基本的ニーズ）の不足とその対策を重視する「改良主義」のアプローチが強調されるようになり、さらに 1980 年代には市場自由化・輸出志向工業化を主張する「新古典派」アプローチにとって代わられていった。構造主義は議論の表舞台からは退き、改良主義と新古典派のアプローチは部分的には融合し、今日では貧困削減のためには経済開発と社会開発の両面からの政策が必要と考えられている。

　一方、新古典派経済学では市場メカニズムを重視し政府の市場への介入を限定的なものとみなし、世界銀行などの開発アプローチに大きな影響を与えてきた。こうした開発アプローチを一般に「ワシントン・コンセンサス（Washington Consensus）」と称する。近年では、新古典派の中から市場経済の前提としての社会制度や情報の重要性を指摘する議論（「新制度学派」）が台頭し、例えば、スティグリッツは新古典派の教義を重視する国際通貨基金（IMF）を批判したほか（Stiglitz, 2002）、彼らが中心となって取りまとめた『世界開発報告1997—開発における国家の役割』では政府の役割を再評価した。社会制度の要素を取り込んだその後の議論は「ポスト・ワシントン・コンセンサス」とも呼ばれる。

　他方、国際政治経済学では、第二次大戦後の国際経済システムのとらえ方として「従属論」と「リベラリズム」という異なる議論があったと整理する。上記の「構造主義」は、国際経済体制を「中心国—周辺国」間の構造的問題とと

---

19)　「構造主義、新古典派、改良主義」については、絵所（1997：2-12）、絵所秀紀・山崎幸治編（1998）『開発と貧困—貧困の経済分析に向けて』アジア経済研究所、4-33 頁、等を参照。

らえるプレビッシュ（Raúl Prebisch、アルゼンチンの経済学者）やアミン（Samir Amin、エジプト生まれの経済学者）などのマルクス主義の影響を受けた「従属論」の議論と重なる。また、新古典派アプローチは（その修正論としての新制度学派も含め）「リベラリズム」の思想の中核とされ、貿易・投資の自由化などの自由主義的な政策によるグローバル経済の進展に焦点をあててきた。

　しかし、国際政治経済学に特徴的なのは、国際経済体制が決して経済原理だけで形成・運営されているわけではなく、そこに国家が介入し各国の利害が絡んでいるとみることであり、その中である種の利害の収斂の結果、国際経済体制が形成・持続され、時に変革されるとみて、そのメカニズムや政治過程を分析してきた（ギルピン、1990）。

(2)　世界銀行と国連開発機関

　国際開発の領域でこうした国際規範形成を主導してきたアクターとして代表的なものは、国連や世界銀行といった国際機関である。こうした国際開発機関は、それぞれの組織の性格に基づく開発思想を提起し、それらの間には重複もあるが、基本的アプローチと具体的政策の方向性において違いもあり、またそれらは時代によって変遷もしてきた。

　1990 年代初頭以降、冷戦構造が崩壊し、一方で経済のグローバル化が一層進展する状況の中で、国際開発の世界でもその目標や枠組みの再構築に向かって様々な動きが活発化していった。国際開発金融機関の中心的存在である世界銀行、国連援助機関の統括調整役の UNDP、二国間援助の政策調整機関である DAC は、1990 年前後にそれぞれ「世界開発報告 1990—貧困」、「人間開発報告 1990」、「1990 年代の開発協力」を発表した。世界銀行の報告書は資源・労働力の生産的な活用と基礎的社会サービスの改善を提示し、UNDP 報告書はマクロ経済成長重視の開発から人間中心の開発概念への転換を提起し、DAC 報告書は市場経済の拡大と幅広い民衆の開発過程への参加（「参加型開発」）に基づく持続的な経済成長を提言した。

　世界銀行と国連開発機関の開発思想は、国際社会の開発アプローチに大きな影響を与えており「国際規範」としての意味をもっている。その内容を最も典型的に表しているのは、両機関によって毎年編集・発行されている開発報告書である。『世界開発報告（World Development Report）』では、世界銀行を中心と

表 1-3　『世界開発報告』と『人間開発報告書』の各年のテーマ

年度	『世界開発報告』	『人間開発報告書』
1990	貧困	人間開発の概念と測定
1991	開発の課題	人間開発の財源
1992	開発と環境	人間開発のグローバルな次元
1993	人々の健康に対する投資	人々の参加
1994	開発とインフラストラクチュア	「人間の安全保障」の新しい側面
1995	統合を深める世界における労働者	ジェンダーと人間開発
1996	計画から市場へ	経済成長と人間開発
1997	開発における国家の役割	貧困と人間開発
1998	開発における知識と情報	消費パターンと人間開発
1999	21 世紀を迎えて	グローバリゼーションと人間開発
2000	貧困との闘い（2000／2001 統合版）	人権と人間開発
2001		新技術と人間開発
2002	市場制度の構築	ガバナンスと人間開発
2003	ダイナミックな世界における持続的開発	MDGs 達成に向けて
2004	貧困層向けにサービスを機能させる	この多様な世界で文化の自由を
2005	投資環境の改善	岐路に立つ国際協力：不平等な世界での援助・貿易・安全保障
2006	経済開発と成長における公平性の役割	水危機神話を超えて：水資源をめぐる権力闘争と貧困、グローバルな課題
2007	経済開発と次世代	気候変動との戦い：分断された世界で試される人類の団結
2008	開発のための農業	
2009	変わりつつある世界経済地理	障壁を乗り越えて：人の移動と開発
2010	開発と気候変動	国家の真の豊かさ：人間開発への道筋
2011	紛争・安全保障と開発	持続可能性と公平性：より良い未来をすべての人に
2012	ジェンダーの平等と開発	食糧安全保障の未来に向けて
2013	仕事を中心に据える	南の台頭：多様な世界における人間開発
2014	リスクと機会—開発のためのリスク管理	人々が進歩し続けるために：脆弱を脱し強靭な社会をつくる
2015	心・社会・行動	人間開発のための仕事
2016	デジタル化がもたらす恩恵	すべての人のための人間開発
2017	ガバナンスと法	（なし）
2018	教育と学び	人間開発指数・指標：2018 年新統計
2019	仕事の本質の変化	所得を越えて、平均を越えて、現在を越えて：21 世紀の人間開発格差
2020	グローバル・バリューチェーン時代の貿易による開発促進	新しいフロンティアへ：人間開発と人新世
2021	生活向上のためのデータ活用	不確実な時代の不安定な暮らし：激動の世界で未来を形づくる
2022	公平な回復のための金融	
2023	移民、難民と社会	

（出所）世界銀行『世界開発報告』および UNDP『人間開発報告書』のウェブサイトの情報をもとに作成。

する開発活動の課題が取り上げられており、また UNDP が 1990 年以降、毎年編集・発行している『人間開発報告書（Human Development Report）』では、世界銀行とはまた異なった観点から開発の課題をとらえている。その両者の各年のテーマを一覧表にしたのが、表 1-3 である。

『世界開発報告』のテーマをみると、開発における国家の役割や貧困といった伝統的に重要なテーマが近年再び取り上げられており、一方、『人間開発報告書』のテーマをみると、参加、ジェンダー、貧困、グローバリゼーション、といったやはり伝統的に重要なテーマを新しい切り口でとらえ直している。ただし、『人間開発報告書』は、国連開発機関としての開発の考え方や研究や事業実施に伴う教訓などを取りまとめてきたが、2017 年以降、それまでの個別の開発テーマに焦点をあてる形をとらなくなっている。これは、国連開発機関としての考え方が定着し新たな成果や教訓のとりまとめが困難になっていることを示すものかもしれない。

第 1 章の論点

(1) 開発途上国の開発を進めることが国際社会にとっての「国際公共財」だとすると、誰がどのようにその財を提供するコストを負担すべきだと思うか？理由をあげて自分の考えを述べよ。

(2) 21 世紀にはいって、「国際開発援助レジーム」は強化されたと思うか、むしろ弱体化しているか、自分の考えを、その理由とともに述べよ。

第 1 章の主要参考文献
・絵所秀紀（1997）『開発の政治経済学』日本評論社。
・大芝亮・秋山信将・大林一広・山田敦編（2018）『パワーから読み取るグローバル・ガバナンス論』有斐閣。
・小川裕子（2011）『国際開発協力の政治過程—国際規範の制度化とアメリカ対外援助政策の変容』東信堂。
・ギルピン、ロバート（佐藤誠三郎他監修／大蔵省世界システム研究会訳）（1990）『世界システムの政治経済学—国際関係の新段階』東洋経済新報社。
・グローバル・ガバナンス学会編（2018）『グローバルガバナンス学Ⅰ—理論・歴史・規範』法律文化社。

・滝田賢治・大芝亮・都留康子編（2021）『国際関係学——地球社会を理解するために［第 3 版］』有信堂。

・スティグリッツ、ジョセフ・E.（鈴木主税訳）（2006）『世界を不幸にしたグローバリズムの正体』徳間書店（Joseph E. Stiglitz (2002), *Globalization and Its Discontents*, W. W. Norton & Company.）

・西谷真規子（2017）『国際規範はどう実現されるか——複合化するグローバル・ガバナンスの動態』ミネルヴァ書房。

・西谷真規子・山田高敬編（2021）『新時代のグローバル・ガバナンス論——制度・過程・行為主体』ミネルヴァ書房、特に序章、第 6 章、第 11 章。

・浜名弘明（2017）『持続可能な開発目標（SDGs）と開発資金——開発援助レジームの変容の中で』文眞堂。

・ハルパー、ステファン（園田茂人・加茂具樹訳）（2011）『北京コンセンサス－中国流が世界を動かす』岩波書店（Stefan Halper (2010), *The Beijing Consensus: How China's Authoritarian Model Will Dominate the Twenty-first Century*, Basic Books.）

・ヒューム、デイビッド（佐藤寛監訳）（2017）『貧しい人を助ける理由』日本評論社（David Hume (2016), *Should Rich Nation Help the Poor?*, Polity.）

・山本吉宣（2008）『国際レジームとガバナンス』有斐閣、特に第 1 章、第 6 章。

・リン、ジャスティン（小浜裕久訳）（2016）『貧困なき世界——途上国初の世銀チーフ・エコノミストの挑戦』東洋経済新報社（Justin Yifu Lin (2012), *The Quest for Prosperity: How Developing Economies Can Take Off*, Princeton University Press.）

・Keohane, Robert O., Joseph S. Nye (1977), *Power and Interdependence: World Politics in Transition*, Little Brown (Boston). ロバート・O・コヘイン、ジョセフ・S・ナイ（滝田賢治訳）（2012）『パワーと相互依存』ミネルヴァ書房。

・Zürn, Michael (2018), *A Theory of Global Governance: Authority, Legitimacy, and Contestation*, Oxford University Press.

第**2**章　国連システムを中心とする国際支援体制

◆キーワード◆

安全保障理事会、平和構築、保護する責任、PKO、政治ミッション、
UNDG、UNDAF、SDGs

1　国連システムとその課題

⑴　国連システムと安全保障理事会

　国際連合は、第二次世界大戦時の「連合国（United Nations）」を母体として、戦後国際秩序形成に向けた国際協調の基盤とするために新たに再編された国際機関である。ニューヨークに本部を置き、1945 年 10 月に設立され、原加盟国は 51 カ国、2024 年 3 月時点では 193 カ国に拡大している。

　国連の組織構造については、すでに多くの文献があるので、ここでは基本的な枠組みについて要約しておくにとどめよう[1]。

　国連の主要機関は、総会、安全保障理事会、経済社会理事会、国際司法裁判所、事務局の五つであり、事務局には、政務局（DPA）、PKO 局（DPKO）など 10 あまりの局がある[2]。DPKO はその後 DPO（Department of Peace Operations：平和活動局）に再編された。また、国連の本体以外に、UNICEF や UNDP など、独自の役割をもつ計画（Programme）と基金（Fund）があり、さらに様々な専門機関があり、それらの多くが様々な開発分野に関わっている。

　国連事務局は、事務総長と国連職員から構成されている。国連事務総長は、

---

1)　例えば、明石（2006）、北岡（2007）、国際連合広報局（2018）『国際連合の基礎知識』関西学院大学出版会、等。

2)　事務局の役割については次でよく整理されている。内田孟男（2004）「グローバル・ガバナンスと国連—国連事務局の役割を中心に」内田・川原編『グローバル・ガバナンスの理論と政策』中央大学出版会、第 1 章。

表 2-1　歴代国連事務総長

	事務総長名	任期	国籍（経歴・前職）
1	トリグブ・リー	1945—1953	ノルウェー（亡命政府外務大臣等）
2	ダグ・ハマーショルド	1953—1961	スウェーデン（外務次官、副大臣等）
3	ウ・タント	1961—1971	ミャンマー（国連ビルマ代表）
4	クルト・ワルトハイム	1972—1981	オーストリア（外務大臣等）
5	ハビエル・ペレス・デクエヤル	1982—1991	ペルー（国連事務次長等）
6	ブトロス・ガリ	1992—1996	エジプト（外務大臣）
7	コフィ・アナン	1997—2006	ガーナ（国連職員）
8	バン・キムン	2007—2016	韓国（外交通商部長官）
9	アントニオ・マヌエル・デ・オリヴェイラ・グテーレス	2017—	ポルトガル（UNHCR 代表）

安全保障理事会の勧告に基づいて総会が任命する。国連がその設立以来果たしてきた国際的役割をみる場合、その時々の事務総長の意思決定はそれなりの重みをもっており、歴代国連事務総長は、その時代の国連の政策を代表するものでもあった。表 2-1 は、歴代国連事務総長の一覧である。

　国連の中枢となる政策決定の場は、安全保障理事会である。安全保障理事会はいわゆる「拒否権」をもつ常任理事国 5 カ国（米国、英国、フランス、ロシア、中国）と、非常任理事国 10 カ国で構成され、非常任理事国は任期 2 年で連続再選は不可である。

　近年、安全保障理事会の見直しを求める動きが活発化しており、その背景には、第二次世界大戦の戦勝国の主導権を組み込んだ国連の基本構造と、戦後 70 年以上たって創設時とは大きく変わった国連を取り巻く世界情勢との矛盾がある。特に、国連加盟国の 3 分の 2 以上を占める多数の開発途上国の登場や、旧敗戦国である日本やドイツの経済的興隆は、大きな変化である。そのため、安保理の見直しの焦点は、常任理事国のメンバー拡大とその拒否権の問題である。

　また、国連憲章第 7 章・42 条では「国連軍」の創設を想定していたが、その後の東西対立でこの構想は実現せず、とはいえ、世界各地で頻発する地域紛争への対処のメカニズムを構築する必要に迫られ、国連平和維持活動（PKO）という形で対応することになった。PKO の根拠は憲章に明文が存在するわけではなく、第 6 章に関連して設置されたことから「6 章半の規定」ともいわれる。

　国連が世界の平和維持のために軍事的役割を果たすことを想定した国連平和維持活動（PKO）は、東西冷戦下では必ずしも積極的な役割を果たしえなかったが、冷戦の終焉後、質的にも量的にも大きな役割を果たすようになった。後述するように、PKO の数が拡大し、その役割も停戦監視から地域紛争に介入することも許容される事例が増えた。

　PKO の展開には国連安全保障理事会の決議が必要とされるが、冷戦後、特に 1994 年のルワンダ虐殺を止められなかった教訓もあって、その後、当事者の同意なしに PKO が展開されることも可能となった。こうした新たな PKO に関しては、伝統的な主権の概念を脅かし、国連が公平な第三者的な立場を失うことになるという批判もある一方で、後述する「平和構築」における国連のより大きな役割を期待する声も大きい。

(2)　国連予算と財政改革

　国連という組織は、それなりに膨大な予算を必要とする。国連事務局（本部）と世界各地の現地事務所の行政経費を賄う「通常予算」と、平和維持活動（PKO）の資金を賄う「平和維持活動（PKO）予算」の、大別して 2 種類の予算がある。この 2 種類の国連予算に対して国連加盟国はすべて分担拠出する義務を負う。この分担の割合は、各国の支払い能力、国民所得、および人口に基づいて決定され、3 年ごとに見直される。

　日本の拠出金分担率は、表 2-2 で示したように、2000 年の 20.6％をピークに、2004-06 年期以降次第に低下し、2022-24 年期には 8.0％にまで低下している。それと入れ代わるように急速に分担比率を上昇させてきたのが中国であり、中国の分担比率は、2010 年には 1.5％にすぎなかったが、2022-24 年期には 15.3％にまで引き上げられ、米国の 22％に次ぐ第 2 位の拠出国となっている。日本は米国・中国に次ぐ第 3 位の拠出国である。

　また、主要国の PKO 予算分担率も、基本的には通常予算分担率と同じ分担率に基づき計算される。表 2-3 は PKO 予算分担金の主要国の比率の推移をまとめた表である。PKO 予算については、安保理常任理事国は国際の平和と安全に特別の責任を有する国として、通常予算分担率から割増しされ、逆に途上国はその所得水準に応じて割り引かれている。近年の大きな問題の一つは、冷戦後、PKO の数の増加と質的な役割の拡大によって国連の PKO 予算が急拡大

表2-2　主要国の通常予算分担比率の推移（%）

	米	英	仏	露	中	日	独
2000－03	22.0	5.5	6.4	1.2	1.5	20.6	9.8
2004－06	22.0	6.1	6.0	1.1	2.1	19.5	8.7
2007－09	22.0	6.6	6.3	1.2	2.7	16.6	8.6
2010－12	22.0	6.6	6.1	1.6	3.2	12.5	8.0
2013－15	22.0	5.2	5.6	2.4	5.2	10.8	7.1
2016－18	22.0	4.5	4.9	3.1	7.9	9.7	6.4
2019－21	22.0	4.6	4.4	2.4	12.0	8.6	6.1
2022－24	22.0	4.4	4.3	1.9	15.3	8.0	6.1

（注）国連資料より作成。

表2-3　主要国のPKO予算分担比率（%）

	米	英	仏	露	中	日	独
2013－15	28.4	6.7	7.2	3.1	6.6	10.8	7.1
2016－18	28.4	5.8	6.3	4.0	10.2	9.7	6.4
2019－21	27.9	5.8	5.6	3.0	15.2	8.6	6.1
2022－24	26.9	5.4	5.3	2.3	18.7	8.0	6.1

（注）表2-2と同様。

していることであり、2000年以降は国連通常予算を上回るようになっている。

　日本は通常の国連分担金と同様の比率の分担金を支払っており、2019年に中国が上回るようになったが、依然として他の常任理事国である英国・フランス・ロシアを大きく上回っている。多くの分担金を支払っているのであるから、支払いに応じた発言力を与えられるべき、また、PKOの派遣は国連安保理の決議に基づくものであり、多額の分担金を支払う日本はその決定に際して予算分担に応じた発言力をもつべきである（その一つの手段は常任理事国に加わること）という議論は根拠のないものではない。日本の常任理事国入りや国連憲章の「旧敵国条項」の削除など、70年以上前にできた国連の基本的枠組みを、今日の新しい状況に合わせて抜本的に改革すべきであるとの見解はたびたび発せられてきたが、国連安全保障理事会の改革は遅々として進んでいない。また、国連事務局および関係機関における日本人職員の比率は、日本の分担金の比率と比較してかなり低く、そのことも課題としてあげられている[3]。

　一方、国連関係機関・専門機関における拠出金額は、各国の政策的判断に基

3）　国連関係機関で働く日本人の回想録や談話等は、様々な媒体で紹介されている。まとまったものとして例えば次の文献がある。松浦晃一郎（2004）『ユネスコ事務局長奮闘記』講談社、緒方貞子（2006）『紛争と難民―緒方貞子の回想』集英社、内海善雄（2008）『国連という錯覚』日本経済新聞社、原田勝広編（2006）『国連機関でグローバルに生きる』現代人文社、等。

表 2-4　国連専門機関の拠出国上位リスト（2022 年）

	1 位	2 位	3 位
FAO 国連食糧農業機関	米国	日本	ドイツ
IAEA 国際原子力機関	米国	中国	日本
ICAO 国際民間航空機関	パナマ	米国	カナダ
IFAD 国際農業開発基金	スウェーデン	ドイツ	米国
ILO 国際労働機構	米国	ドイツ	中国
ITU 国際電気通信連合	日本	米国	ドイツ
UNDP 国連開発基金	ドイツ	日本	アルゼンチン
UNEP 国連環境計画	ドイツ	米国	ノルウェー
UNESCO 国連教育科学文化機関	中国	イタリア	日本
UNHCR 国連難民高等弁務官事務所	米国	ドイツ	日本
UNICEF 国連児童基金	米国	ドイツ	カナダ
UNIDO 国連工業開発機関	日本	中国	ドイツ
WFP 世界食糧計画	米国	ドイツ	カナダ
WHO 世界保健機関	米国	ドイツ	英国
WTO 世界貿易機関	米国	中国	ドイツ

（注）UNSCEB (UN System Chief Executives Board for Coordination), Revenue by Government donor のデータより筆者作成。（https://unsceb.org/fs-revenue-government-donor）

づく自発的拠出が大半を占めるが、2022 年における拠出国上位 3 カ国を示したのが表 2-4 である。米国が多くの国際機関で最大拠出国である一方、ドイツは UNDP や UNEP の最大拠出国であるほか、多くの国際機関で主要な拠出国となっている。日本は米国・ドイツに次ぐ主要な拠出国である。

(3)　国連安全保障理事会の改革

　国連改革についてはいくつかの側面があり、一つは、上述のような安保理改革の問題であり、今日の国際状況に合わせて新規にどのように常任理事国を追加するか、およびその場合の拒否権のあり方をどうするか、といった点が議論の焦点である。

　日本やドイツの国連分担金比率が高かった 2000 年代に、安保理改革の機運は高まり、いくつかの改革案が考案された。その中で、特に有力な改革案となったのは、常任理事国ではないものの国際社会あるいは地域で大きな影響力を有すると考えられたドイツ・日本・インド・ブラジルの共同によるいわゆる「4 カ国案」である。この案についても各国との協議の段階で様々な案が検討されたが、やがて収斂してきた改革案として、①常任理事国を 6 カ国追加して合計 11 カ国とする、②拒否権の有無については当面はなしでもよい、との案

が示され、総会の投票にかけられることになった。なお、その他の草案として
は、コンセンサス連合案（常任理事国を増やさない）、アフリカ連合案（追加する
常任理事国に拒否権をもたせる）という案もあった[4]。

　安保理改革のためには、国連憲章23条の規定を変える必要があり、総会の
加盟国の3分の2以上の賛成と全常任理事国を含む全加盟国の3分の2以上の
批准が必要とされる。上記の4カ国が各地域を代表する常任理事国となること
が想定されたが、それぞれの地域でイタリア・韓国・パキスタン・アルゼンチ
ンなどのライバル国による反対意見があったほか、アフリカ地域からどの国を
常任理事国とするかという点が大きなネックとなった。アフリカでは、人口で
はナイジェリア、経済規模では南アフリカ、政治・外交的な影響力ではエジプ
トが候補国として考えられ、それぞれが立候補の意志を表明した。しかし、50
カ国を超えるアフリカの国々の意見は分かれ、多くのアフリカの国々が総会で
の投票で不賛成に回った。おそらくはこれが最大の要因となって、上記の「4
カ国案」は実現しなかった。

　その後も、国連安保理改革の必要性は繰り返し主張されてはきたものの、具
体的な改革を目指す動きとしては一時の熱気は冷め、近年は具体的な進展がな
い状態が続いている。

⑷　国連機関の行財政改革

　もう一つは、国連の行財政改革であり、国連組織の無駄をなくし効率化すべ
しという要請である。国連の組織と業務は大きな無駄を抱えており、大幅なマ
ネジメントの改革が必要だということは長年指摘されてきたことである。実
際、国連の計画・基金や専門機関は、その設立以来、新たな組織が新設される
ことによって数が増え続け、その一方で、重複した業務をもつ計画・基金や専
門機関が多々設立されてきたにもかかわらず、廃止されたものは皆無である
という事実が、その非効率で業務の重複が拡大している事実を如実に物語ってい
る（古森、2004）。

　平和維持活動以外の国連の活動を実質的に担っているのは、様々な専門機関

　4）　このあたりの国連安保理改革の動向は、当時、日本の国連次席大使となった北岡伸一による
以下の文献に書かれている。北岡（2007）、北岡伸一（2005）「国連大使、現場からの提言─常
任理事国入りは日本が果たすべき責任である」『中央公論』1月号。

である[5]。しかし、こうした専門機関の問題点として、全体の統制がなく、どの機関も独自の憲章のもとに独自に活動しているため、他の機関と活動が重複したり、無駄が生じたり、縄張り争いが生じたりしており、機関間の重複の防止、優先順位の決定、外部からの評価などが必要不可欠とされている。国連関係機関の重複を避け、その間の調整を効率的に行うべきだとの議論は、近年ますます高まりをみせている。

　国連関連機関の効率化論議はかなり以前からあるが、近年その改革の機運は高まっており、いくつかの具体的な改革も進められてきた。1997 年には「国連の改革」報告書が出され、UNDG（国連開発グループ）の設立が合意され、それら機関の共通の開発フレームワークとしての UNDAF（国連開発支援枠組み）の導入・形成がなされた。

　国連関係機関に関する効率化論議を方向づける国連事務総長の諮問機関の代表的なものが、「一貫性ハイレベル・パネル」である。このハイレベル・パネルは、2004 年に、国連改革に向けた議論のたたき台として「脅威・課題・変化に関する国連事務総長ハイレベル・パネル」報告書を提出した[6]。この報告書を受けて、国連事務総長は 2005 年に *In Larger Freedom* を刊行し、そこで「平和構築委員会（PBC）」の意義とそれが紛争終結後に果たすべき活動について言及している[7]。

　また、国連改革をめぐるハイレベル・パネルの議論の最終版とでもいうべきものが、2006 年に出された *Delivering as One* 報告書である。この報告書は、国連関係機関の重複をできるだけ避け、その間の調整を効率的に行うことによって、「一つのリーダー、一つのプログラム、一つの予算、一つの事務所」の方向にもっていくことを提案している[8]。現実にはそのような構想は実現していないが、UNDG（国連開発グループ）の現地での中核的な役割を UNDP が常駐調整官（RC）として果たし、また UNDG の各機関の現地事務所を UN House と呼ぶ一つの事務所ビルに統合する方向で、効率化が次第に進んでき

5)　国連の様々な専門機関について、それぞれの活動を整理し評価したものとして、次の文献が詳細である。田所・城山（2004）。

6)　The Secretary General's High Level Panel, *A More Secure World: Our Shared Responsibility*, United Nations, 2004.

7)　*In Larger Freedom,* United Nations, 2005（特に paragraph 114-119）.

8)　The Secretary General's High Level Panel, *Delivering as One,* United Nations, 2005.

ている面もある。また、近年では、国連関係機関の間では、UNDAF（国連開発支援枠組み）や人道支援に関するCAP（統一アピール）といった共通の支援の枠組みを土台とする現地の国連組織間のパートナーシップは強化の方向にある。

　また、このハイレベル・パネル報告書の中に、紛争後の脱PKOフェーズに国連がより効果的に対応する新たな組織として「平和構築委員会」の設立と、この移行期の支援を行う「平和構築基金（PBF）」の設置が提言され、2005年に実現に至ったという経緯がある。

　平和維持から平和構築への移行、すなわちPKOからより包括的な平和構築活動への移行は、いずれも国連事務局が中心的役割を担うことが多い。そのため、国連事務局（PKO局と政務局）を中心に、国連ミッションのマンデートの内容や実施状況、そのために必要なPKO部隊の派遣規模や派遣・撤退の時期など、平和維持から平和構築への移行に関する議論が行われ、その間の連携は比較的スムーズであるとされる（国連政治ミッションとなるケースもある）[9]。それと比較すると、平和構築から開発への移行に際しては、国連開発計画（UNDP）等多くの機関が関係しており、連携にはより多くの工夫が必要である[10]。

2　国連の主導する国際支援の枠組みと規範

(1)　MDGs（ミレニアム開発目標）

　ミレニアム開発目標（MDGs）は、2000年に開催された国連ミレニアム・サミットで採択されたミレニアム宣言を契機に、この国連ミレニアム宣言と1990年代に開催された主要な国際会議やサミットで採択された国際開発目標を統合して、一つの共通の枠組みとしてまとめられたものであり、2001年の国連事務総長報告書で登場した。その意味で、MDGsは、1990年代半ば以来の開発における数値目標の議論の集大成ともいえる。

　このMDGsは2015年までに達成すべき開発途上国の貧困削減の八つの目標として提示されたものである。8項目として、貧困撲滅、初等教育普及、ジェンダー平等、乳幼児死亡率の削減、妊産婦の健康改善、感染症の防止、持続可

9)　日本国際問題研究所（2010）『PKO以外の国連現地ミッションの調査』日本国際問題研究所、3月（HPより入手可能）。
10)　日本国際問題研究所編（2007）『平和構築における諸アクター間の調整』日本国際問題研究所（HPより入手可能）。

能な環境づくり、グローバルな開発パートナーシップが掲げられており、さらに具体的に細分化された 21 のターゲットと 56 の個別の目標項目が設定された。

　MDGs は、最終目標（2015 年）だけでなく毎年のモニタリング指標でもあった。また MDGs は援助協調メカニズムの中核としての役割も担い、国ごとの MDGs が設定され、それ自体がモニタリング指標であるとともに、UNDG が各国の開発計画に関与していく際の取っかかりともなり、ドナー支援の努力目標ともなった。

　一方で、MDGs には多くの批判も寄せられた。MDGs は、コフィ・アナン事務総長特別アドバイザーを務めていたジョン・ラギーによって草案が書かれ、国連・世界銀行・IMF・DAC の上層部スタッフが結集して具体化された。これは、MDGs が一部の伝統的ドナーのエリートにより作成されたこと、その政治過程が不透明であったとの批判もあった。また、MDGs では保健衛生・教育分野などの社会開発が重視され、工業化などの経済開発やガバナンス関連の目標がない、などの制約も指摘された[11]。

　また、MDGs の達成のためには開発資金が必要である。そのため、2002 年 3 月には、国連主催で「開発資金に関する国際会議」（モンテレー会議）が開催された。この会議の目的は、MDGs 達成のための開発資金調達をどのように行うかを議論し結論を出すことであり、2015 年までの MDGs 達成のために開発途上国で必要とされる資金の不足が指摘された。

　その後、MDGs を含む国連ミレニアム宣言をレビューする首脳会合が 2005 年 9 月にニューヨークで開催され、MDGs 達成のためには、さらに追加的な開発資金が必要であることが再度確認された。開発資金の推計に関しては必ずしも国際的な合意があるわけではなく、その後も、「開発資金に関する国際会議」は、2008 年にドーハ（カタール）で開催され、2015 年 7 月にはアディスアベバで開催された。

⑵　MDGs から SDGs（持続可能な開発目標）へ

MDGs は 2000 年につくられた 2015 年を最終目標年とする開発目標であっ

---

11)　小川裕子「国際開発—新興国の台頭とガバナンス構造の変動」（西谷、2021 ［第 1 章参考文献、29 頁］第 11 章、172 頁）。

たが、2015 年以降の新たな開発目標としてどのような目標をどのような形で策定するのかということは、2010 年を超えるあたりから国際社会が取り組まなくてはならない大きな課題となっていた。

　MDGs は援助協調メカニズムの中核としての役割も担ってきたが、達成年度の 2015 年が間近に迫る中で、その後の中長期目標としていかなるものをつくるのかについて、様々なイニシアティブが動いた。SDGs（Sustainable Development Goals: 持続可能な開発目標）作成のプロセスについては、小川により以下のように整理されている [12]。

　MDGs の後継目標としての「ポスト 2015 開発アジェンダ」の策定に向けた主な動きの一つは、開発業務に従事する国連機関から生じた。2011 年冬、UNDP と国連経済社会局が主導する国連タスクチームが発足し、100 以上の国別コンサルテーションや、11 のテーマ別コンサルテーションが世界各地で行われ、多様な関係者からの意見収集を図った。この動きを吸い上げる形で、2012 年、潘基文国連事務総長（当時）が少数の有識者からなるハイレベル・パネルを立ち上げ、MDGs の後継目標を作成した（図 2-1 の右側）。

　ポスト 2015 開発アジェンダの策定に向けた別の動きが環境領域において生じた。2012 年の国連持続可能な開発会議（リオ + 20）において外交手腕を発揮したいコロンビアは、持続可能な開発目標（Sustainable Development Goals: SDGs）を提案した。MDGs が社会開発領域に特化した目標であったのに対し、SDGs は経済、環境、社会領域をカバーする複合的な目標にすべきであるというものであった。そして、SDGs はリオ + 20 の成果文書「私たちの望む未来」（The Future We Want）に挿入され、SDGs の具体化に向けて始動することが合意された。

　こうして、「ポスト 2015 開発アジェンダ」の策定に向けた開発領域における動きと環境領域における動きは、環境領域における動きに統合される形となる。SDGs 構想会議であるオープン・ワーキング・グループは、公開性と透明性を原則とし、その原則のもと、多数の新興国や途上国が積極的に議論に参加し、17 の目標と 169 のターゲットの中に彼らの要求を最大限詰め込んだ。こうして、2015 年には新たな開発目標として SDGs が策定された（図 2-1 の中央の流れ）。

---

12)　同上、小川、172-173 頁より引用。

図 2-1　SDGs 形成に至るプロセス

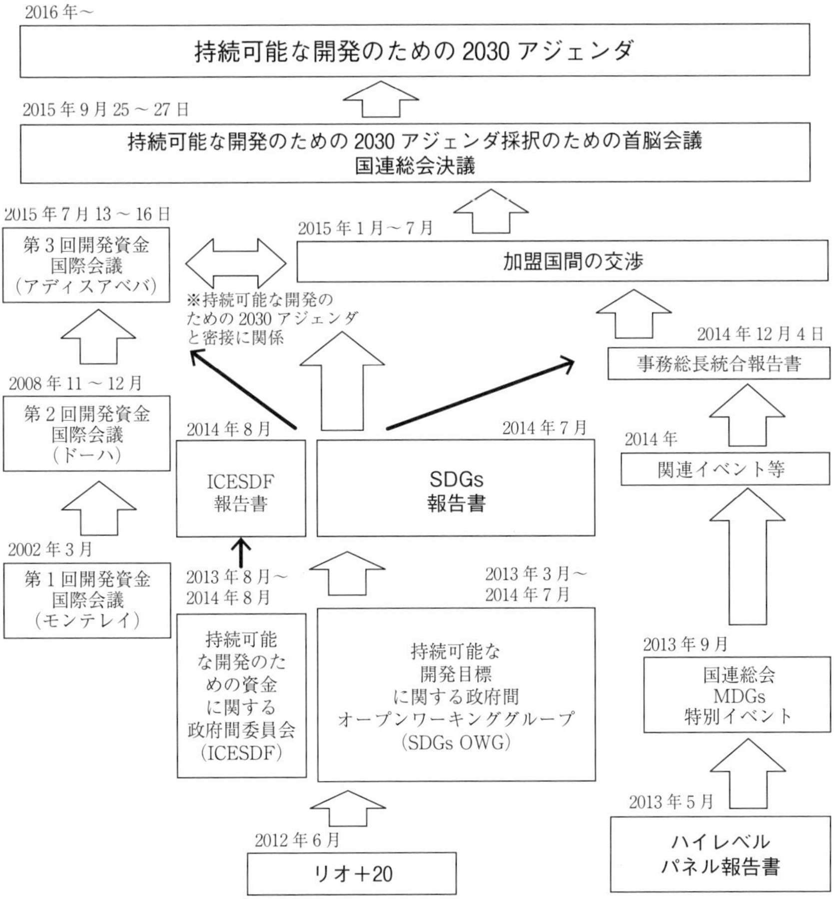

（注）国際開発学会・共通論題配布資料（2017 年）より。

　7 回に及ぶ政府間交渉を経て、2015 年 8 月に実質合意され、9 月、潘基文国連事務総長主催の「持続可能な開発のための 2030 アジェンダ」を採択する国連サミットがニューヨーク・国連本部で開催され、150 を超える加盟国首脳の参加のもと、SDGs は全会一致で採択された。

　SDGs は、貧困や飢餓、環境問題、経済成長など、17 のゴールと 169 のターゲットで構成され、2030 年の達成を目標としている。多くの国や国際機関が様々な課題を取り上げアジェンダに取り入れようとした結果、SDGs のアジェンダでは MDGs と比べてゴール・ターゲットが増え、きわめて複合的になっ

42

ている。そのフォローアップと審査は、主に各国政府が責任をもち、各国政府は「持続可能な開発に関するハイレベル政治フォーラム」でその取組みや課題などを自発的に報告する形をとっている。

　モニタリング指標については、分野ごとに専門家の会合が設置されているが、その設定と報告は各国の主体性に委ねられており、かつての MDGs ほど、具体的な数値でその進展が確認できているわけではない[13]。アジェンダは広まり、多くの途上国の参加を得た一方で民間や市民社会も参加したことにより、「国際規範」としては広がりを有することにはなったが、その拘束力や実務的なモニタリング指標としての役割は逆に低下しているとみることもできよう。

(3) 平和構築

　「平和構築」という概念は、1992 年 6 月に出されたブトロス・ガリ国連事務総長（当時）の報告書『平和への課題（*An Agenda for Peace*）』で、国連をはじめとする国際社会が果たすべき役割として言及された[14]。

　図 2-2 は、紛争状況に対応した国連を中心とした政策概念を整理した概念図である[15]。国連の役割が紛争の諸段階に対応して、「紛争予防（conflict prevention）」「平和創造（peace making）」「平和維持（peace keeping）」「平和構築（peace building）」の四つの概念で示されている。

　1992 年、国連事務総長が国連安保理報告『平和への課題』の中で「紛争後の平和構築（post-conflict peace-building）」という概念を提示した際、それは「紛争の再発を避けるために、平和を強化し堅固なものにする諸構造を見いだし、支えるための行動」と定義されていた[16]。その後、紛争の「事後的対処」という意味での平和構築から、紛争の要因をつきとめ、さらに「事前防止」を行うことに国際的な問題関心が広がり、貧困・不平等、社会開発、政治制度、国際協調の問題に焦点があてられるようになった。

　こうした流れを受けて国連は、2000 年に「国連平和活動に関する委員会報

---

13)　2023 年は SDGs の中間点であり、その進捗状況については、国連より「SDGs 報告 2023─特別版」が発表されている。United Nations (2023), *The Sustainable Development Goals Report: Special edition*, The United Nations.

14)　United Nations (1992), *An Agenda for Peace*.

15)　Michael S. Lund (1996), *Preventing Violent Conflicts*, United States Institute of Peace.

16)　前掲、United Nations（1992）。

図2-2　国連介入の概念整理—紛争の諸段階と対応

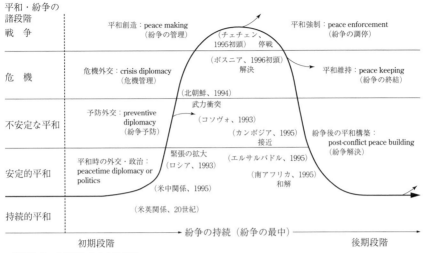

（出所）Lund (1996) をもとに作成。

告」（ブラヒミ・レポート）を発表した[17]。この報告は統合的な視点を強調した
ものになっている。すなわち、紛争予防と平和創造、平和維持、平和構築それ
ぞれの相互関係に着目し、それらを「平和活動（peace operations）」という概念
で統合的にとらえている。この中で平和構築は、「平和の基礎を再生し、単な
る戦争のない状態以上のものをつくり上げるための活動」と表現され、「戦闘
員の市民社会への再統合、警察・司法制度の訓練などを通じた法の支配の強
化、人権の尊重の監視、過去または現存する人権侵害の捜査、選挙協力や自由
なメディアの支援を含む民主化支援、紛争解決・和解の促進」などの広範な活
動を含むものとして位置づけられた。

　「平和構築」は今日、様々な援助国機関・研究者・マスメディア等によって
頻繁に使われ議論される言葉となっているが、その使い方は、「紛争後の平和
的制度構築」を指す狭義の使い方と、「軍事的・外交的（政治的）・経済的（開
発）側面のすべてにおける紛争予防と関連するすべての活動」を指す広義の使
い方がある。本来の国連用語では「平和構築」は紛争後の狭義の使い方がされ

　17）　United Nations (2000), *Report of the Panel on United Nations Peace Operations*,
　　　(A55/305-S/2000/809, 21 August 2000, Annex). この報告書は、パネルの委員長であったラク
　　　ダール・ブラヒミ元アルジェリア外相の名をとって、一般に「ブラヒミ・レポート」と呼ばれ
　　　ている。

44

ていると考えられるが、日本では「平和構築」は、紛争の一連のサイクルのあらゆる段階を考慮し、また政治・安全保障・復興開発のすべての側面を視野に入れている点で、後者の広義の意味に使っていると考えられる[18]。なお、平和構築と「自由主義的平和（リベラル・ピース）」との関係を論じた基本文献としてリッチモンドの著作があげられる（Richmond, 2011）。

> **BOX-1　「人間の安全保障」の概念**
> 　「人間の安全保障（human security）」は、1994 年に人間開発報告書で取り上げられて以降、その定義をめぐって議論が続いてきた。「人間の安全保障委員会」報告書（1995）では、これを「恐怖からの自由」に加えて「欠乏からの自由」を含むものと定義し、経済、食料、健康、環境、政治的抑圧などを含み、個人、共同体など、すべての主体に関わるものとされた。一方、1999 年にカナダなどが設立した「人間の安全保障ネットワーク」は「恐怖（暴力）からの自由」と狭く定義した。また、国際社会が特定の国家に対し人道的な介入をすることを認める根拠にもなりうると反発する意見もある[19]。

(4)　国連 PKO とその変容

　冷戦終了後、地域紛争が頻発する中で、国連による PKO（平和維持活動）の果たす役割が拡大したことは疑いない。国連 PKO は、米ソが対立する冷戦状況の中では、それぞれの利害が絡む地域や紛争に関して PKO を派遣することに対しては、互いに拒否権を行使しあい、その役割は限定されていた。

　しかし、冷戦状況が終焉するとともに、ソ連崩壊後のロシアが拒否権を行使することは少なくなくなり、また中国も、他の常任理事国がすべて賛成する中で、棄権することはあっても拒否権を行使することは難しく、冷戦状況が終焉する 1990 年前後からにわかに PKO 派遣の頻度と役割は拡大していった。また、1990 年代以降の PKO の量的な増大ばかりでなく、PKO の質的な変化も見逃せない。

　ソマリアにおける UNSOM II（第二次国連ソマリア活動）や、旧ユーゴスラビアにおける UNPROFOR（国連保護軍）では、国連 PKO の役割は停戦監視に限定されず、必要な場合には武力行使も容認された。こうした事例では、国連は内戦が継続した状態で活動せざるをえず、したがって停戦ラインもなければ、

18)　例えば、JICA（2001）『特定テーマ研究報告書「平和構築」』国際協力事業団。
19)　「人間の安全保障」がどの程度規範化してきたかについて論じたものとして次がある。栗栖薫子（2005）「人間の安全保障『規範』の形成とグローバル・ガバナンス」『国際政治』第 143 号。

合意に対する違反も頻発し、また国連部隊自体が戦闘に巻き込まれるあるいは
ターゲットになることも頻発し、紛争への介入がなしくずしに活動や武力行使
のエスカレートにつながっていった面もある。今日、これらは失敗の事例とさ
れているが、PKO 活動における武力行使の歯止めがはずされ、より強力な
PKO が求められるようになった点で、大きな意義を有したといえよう。

　また、伝統的な PKO は、紛争の際、停戦合意が成立した後、その履行を監
視することが目的であったが、冷戦終結後の PKO では、紛争によって統治能
力を失った国家の内政にまで踏み込んだはるかに広範で多様な目的をもつ国連
の平和活動がみられるようになった。

　これはまず、1989 年にナミビアにおいて「自由かつ公正な選挙」を通した
早期独立の支援を目的として、選挙および憲法制定支援のほか、敵対行為の停
止や軍人の帰還、政治犯の釈放、法と秩序の維持などを行った国連暫定支援グ
ループ（UNTAG）にみられ、1991 年にはアンゴラ、エルサルバドル、1992 年
にはカンボジア、1993 年にはリベリア等でも、同様に紛争後国家の選挙支援
を中心とした広範なマンデート（任務）を有する国連ミッションが立ち上げら
れた。これらのミッションには軍人のほか文民が含まれた「多機能型 PKO」
として運用され[20]、冷戦期に軍事要員が停戦監視や兵力引き離しといった限ら
れた任務を行った伝統的 PKO に対して、「第二世代 PKO」とも称された。例
えば、カンボジアの UNTAC（国連カンボジア暫定統治機構）、コソヴォでの
UNMIK（国連コソヴォ・ミッション）、東ティモールでの UNTAET（国連東ティ
モール暫定行政機構）等では、行政組織の再建、難民帰還支援、治安維持、選挙
の実施、等、きわめて広範な役割が担われた。

(5)　PKO と人道・開発支援の連携

　国連は、安全保障理事会において PKO の派遣について決議を行う権限を有
しており、派遣が決議されれば各国に PKO の派遣を要請することになる。
PKO が現地に派遣されている間は、SRSG（国連事務総長特別代表）が現地で
PKO という治安部門をはじめ人道・復興支援を含めた国連の活動を統括する

---

20)　この用語は UN (1995), *An Agenda for Peace: Supplement* (UN Doc A/50/60 – S/1995/1)（国
連事務総長『平和への課題・補足』1995 年）で使われた。

図 2-3　国連システムによる人道・開発支援の現地での調整メカニズムの概念図

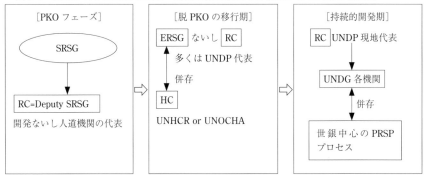

（注）筆者作成（注 10 の文献に記載）

ことことになる[21]。その下に Deputy-SRSG として、PKO の軍事部門と人道・開発部門が並列することも多い。

　人道・復興開発支援の分野では、常駐調整官（RC）が現地での国連の機能を統括するが、移行期での RC の役割はやや曖昧である。ポスト PKO のフェーズでは、人道支援については人道調整官（HC）がおり、また開発支援に関しては現地事務所代表が RC として国連関係機関の調整にあたることも多い。通常、HC については UNOCHA（国連人道問題調整事務所）が担当し、RC については UNDP の現地代表が兼務することが多いとされる。場合によっては UNICEF 等の他の国連関係機関の代表がその役割を担うこともある。

　2006 年に国連の平和構築委員会に設置された「平和構築基金」については、UNDP が RC のリーダー（取りまとめ役）となった。しかし、UNOCHA が主張している「クラスター・アプローチ」では、分野ごとに強みをもつ国連機関がそれぞれの分野でリード役を担うという分業体制が主張されている。要するに、現地レベルで国連関係機関間の組織的な綱引きが生じるのが現実の姿である。

　こうした PKO と人道・開発支援の連携の強化に向けて 2000 年に前述の「ブラヒミ・レポート」が出された。この報告書では、平和の社会的基盤をつくるための非軍事的な政治・開発分野の重要性が指摘され、PKO と平和構築が不

　21）　国連の平和構築支援活動において、具体的にどの国で SRSG や RC がどのように組織されてきたかについては、次の論文で詳述されている。長谷川祐弘（2002）「国連の開発、人道および平和構築支援活動—発展途上国における調整と協力体制の強化」日本国際連合学会編『グローバル・アクターとしの国連事務局』国際書院、特に 184 頁の資料。

可分であることが強調された。さらに 2005 年 12 月には、平和維持と人道支援、長期的な開発をつなぐより包括的な統合型平和構築戦略の策定について助言・提言を行う諮問機関として、「平和構築委員会」が設立され、国連事務局内に新たに平和構築支援事務局が立ち上げられた。

このように、冷戦後に国連の地域紛争への対応の役割が拡大してきた過去 20 – 30 年間に、安全保障部門と復興・開発部門、つまり軍事分野と開発分野の間の協力の必要性が指摘されてきた。ポスト冷戦時代における多くの国際的な紛争後の状況への介入において、この 20 – 30 年の間に、平和構築や紛争後の復興支援の現場のニーズに応じて、実際の支援現場における両者の協力は、かなり改善・進展してきた面があるといえる。

組織面では、国連平和維持活動（PKO）局が平和活動局（DPO）に改組され、より広範な包括的活動を担当するようになった。国連平和活動局（DPO）と、UNICEF、WFP、UNHCR、UNOCHA などの人道・開発機関との連携は、かなり進展している。

他方、世界銀行などの開発援助機関は、2001 年の 9.11 同時多発テロ以降、国連 PKO や国連特別政治ミッションが展開するような脆弱国家における復興・開発援助に深く関与するようになった。しかし近年は、気候変動、パンデミック、災害対応など、新たなグローバルな課題への対応の重要性が高まるにつれ、以前（2000 年代）よりもむしろ開発問題重視に重点が再び揺れ戻しているようにもみえる。

他方、人道支援に携わる国際 NGO の中には、軍との協力に否定的な姿勢や意識をもつものも少なくない。特に日本の場合、多くの日本の NGO が「平和主義」の理念のもと、軍事・安全保障問題への関与を嫌う傾向にある。国際安全保障グループと国際開発・人道援助グループとの間で、認識と協力の機運を高めるために、様々な機会を設ける必要があるだろう。

3　テーマ研究Ⅰ—「人道的介入」論と「保護する責任」論

2001 年 9 月 11 日に勃発した同時多発テロは、国際社会に大きな衝撃を与えた事件であった。9.11 同時多発テロのあと、アメリカは「テロとの戦い」と称して、まずアフガニスタンのタリバン勢力を攻撃したが、国際社会は、貧困

48

や政府の機能の弱さや腐敗がテロリストや不満分子を発生させ、それが紛争を引き起こしたり世界の不安定要因になったりしているとして、いわゆる「破綻国家」や「脆弱国家」への支援を重視するようになった。

　また、そうした「破綻国家」「脆弱国家」への国際社会の関与の必要性を重視する議論の中から、「人道的介入」論や「保護する責任」論も登場してきた。

(1) 「人道的介入」論

　「人道的介入」論とは、国際社会のどこかで「甚だしい迫害が起きており、当該国の政府がそれを止める意志や能力がない場合、あるいは当該国の政府自らが迫害を行っている場合、国際社会は人道的観点から介入すべき」とする議論である。他方、「保護する責任」論とは、「国家主権は人々を保護する責任を伴い、国家がその責任を果たせないときは、国際社会がその責任を代わって果たさねばならない」とするものであり[22]、内戦や国家の破綻の中で生じる人道的危機や非人道的行為を国際社会は放っておいてはいけないとする議論である[23]。

　時代的には、「人道的介入」論が先行しており、この議論は主として1990年代に大いに議論された[24]。その背景には、冷戦の終焉後に、旧ユーゴスラビアや旧ソ連の周辺地域などで民族的・宗教的対立が噴出し、アフリカやアジアで貧困層を直撃する自然災害が発生し、また世界各地で自国住民の大量殺戮や迫害を伴う独裁的な政権の抑圧や内戦が頻発した状況がある。

　特に1990年代半ばに旧ユーゴスラビアで生じた激しい民族・宗教対立・内戦と大量の迫害を目の当たりにした西欧において、こうした事態を伝統的な「内政不干渉」原則に従ったまま座視していてよいのか、外部者といえどもそこに介入していくのは人道的な観点に立てば国際社会としての義務ではないか、少なくともそれは「国家主権」尊重の例外的事態として許されるのではないかという議論が出てきた。

22)　International Commission on Intervention and State Sovereignty (ICISS) (2001), *The Responsibility to Protect: Report of the International Commission on Intervention and State Sovereignty*, International Development Research Centre.

23)　「保護する責任」論については、次でよくまとめられている。Bellamy（2009）、政所（2020）、および川西晶大（2007）「保護する責任とは何か」『レファレンス』国会図書館参議院調査委員会、3月特集号（総合調査―平和構築支援の課題）。

24)　人道的介入については次の文献が全体像を把握するために有益である。最上俊樹（2001）。

　国際法学者の間でも賛否両論あり、慎重論の主たる根拠は、「人道的介入」を認めることになると、「人道」の名のもとに大国の恣意的で利己的な軍事行動が行われる可能性を排除できないという点にある。そもそも「人道的介入」は humanitarian intervention の和訳であり、国際法ではこれを伝統的に「人道的干渉」と訳しており、その意図ではなく関与自体の是非を問題としてきた。

　しかしながら、1990 年代に生じた破綻国家状況は、「人道的介入」を軍事的介入ではなくより幅広く人道援助や人道行動を含めたものととらえ、「国家の枠を超えて、広く多種多様な市民社会も関わる、いわば人類益のための、中立・客観的な外交行動」と位置づけるような考え方が増大してきたとみることもできる[25]。

(2)　「保護する責任」論

　その後、この議論は、国連の舞台を中心に、「保護する責任（Responsibility to Protect: R2P）」論として進展してきた。「保護する責任」は、2001 年 12 月に国連に対して提出された「干渉（介入）と国家主権に関する国際委員会（ICISS）」の報告書で提唱された概念であり、ICISS はカナダのイニシアティブで 2000 年 9 月に設立されたものである。この委員会での検討に際して念頭に置かれたのは、1992−93 年のソマリアでの国連 PKO の失敗、1994 年のルワンダでの大量虐殺、1995 年のボスニアでのスレブレニッツァの虐殺や 1999 年のコソヴォ空爆などであり、主に途上国の国内における人道的悲劇に対し、国際社会はどのように対処すべきかが議論された。

　そこでの議論を踏まえ、その後、2004 年 12 月、「国連ハイレベル委員会」で、「保護する責任が、予防、暴力への対応、粉砕された社会の再建を含む一連の流れに及ぶ」とされ、2005 年 9 月の「国連首脳会合成果文書」で、国際社会が他国内の人々の保護に責任を負うことへの一定の合意が表明されている。

　その後の議論の進展の中で、保護する責任は「予防する責任」「対応する責任」「再建する責任」の三つの要素を含むものと考えられている。「予防する責任」とは紛争の原因に対する取組みであり、「対応する責任」は状況に対する強制措置（軍事干渉）を含む手段による対応、「再建する責任」は 復興・和解

---

25)　東郷育子（2001）「人道的介入と国際政治の理論」『国際問題』4 月号、21 頁。

などへの支援の提供を意味し、特に干渉行動の実施に先行する予防的手段が重視されている（Bellamy, 2009）。

　一方、こうした「保護する責任」論が欧米を中心に広まる中で、こうした議論は、「普遍主義の名のもとでの植民地支配正当化の論理」ではないかという批判も出され、また、こうした論理のもとになされる過剰な軍事関与への懸念、実践的な関与の基準の軽視等の問題も指摘されている[26]。その意味で、この「保護する責任」論はいまだ国際的に定着したとまではいえないが、これまで国内の内政問題とされてきた問題に対する国際社会の関与が拡大してきているという流れ自体は、否定できない国際的潮流である。

⑶　両者の課題と意義

　人道上の理由に基づく他国への介入については、当然ながら様々な議論を巻き起こしてきた。人道目的であれば自衛権以外で軍事力の行使が可能となるのか、武力不行使原則（国連憲章2条4項）に違反するのではないか、とする見解もあり、どのような条件のもとでなら人道的介入が正当化されるのか、近代国際法上の基本原理である国家主権に対して、人道上の普遍的価値の観点から、それがどこまで制約されると考えるべきなのか。

　先述のように「人道的介入」という用語は国際法上の国家主権を否定する干渉を連想させることから、その後、「人道的介入」に代わって「保護する責任」という用語が使われ定着してきた。実際に、2011年、リビアの民主化運動を当時のカダフィ政権が弾圧したとき、安保理決議は加盟国に対し「必要なあらゆる措置を講じる権限を付与」し、その安保理決議を根拠に米英仏伊などがNATO軍の枠組みでリビアを空爆した。研究者の間では、これが「保護する責任」が具体化された代表的事例とされる。このときは安保理でロシアや中国も欧米との協調などの観点から棄権に回ったことから、決議が採択された。

　しかし、その後のシリア内戦のケースでは、シリアに利害関係を有するロシアの拒否権によって国連安保理決議は成立することはなく、国連は無力であった。また、2022年に勃発したロシアによるウクライナ侵攻においても、当事者であるロシアの拒否権によって国連はほとんど関与することができなかった。要するに、何らかの緊急措置を要する事態でありながら、常任理事国の拒

26）　例えば、土佐弘之（2006）『アナーキカル・ガバナンス』御茶の水書房、52-55頁、を参照。

否権行使などにより安保理が機能不全となる事例が近年多発している。こうした現実の中で、「保護する責任」が想定した「国際社会」による行動がとれない状況にある。しかし、安保理が空転してしまうのであれば、国際社会はそれを看過するしかないのだろうか。

　「保護する責任」の価値が国際社会の大半で共有されるのであれば、国連という枠組み以外で、価値を共有する国・組織が連帯して、とりうる手段をとるべきという考え方もある。実際、2022 年に勃発したロシアによるウクライナ侵攻後の欧米・日本を中心とするウクライナ支援は、そのような試みの一例ととらえられるかもしれない。

4　テーマ研究Ⅱ—アフガニスタン支援と UNAMA[27]

(1)　特別政治ミッション—UNAMA

　PKO を中心とした国連平和活動の発展の流れの中で、「特別政治ミッション」の役割も見逃すことはできない。特別政治ミッションは、PKO が扱う本格的な紛争危機に至る前の予防・平和創造段階、あるいは危機を経た紛争後の回復期における平和構築支援として国連事務総長が行う活動を補佐するために、文民要員を主体に比較的小規模かつ柔軟に運用されてきたものである。これは、近年の国連による紛争後の復興期の支援を担う組織形態として主流になりつつあり、UNAMA（国連アフガニスタン支援ミッション）のように大規模なミッションも登場している。

　冷戦後の他の多くの地域紛争への国連の介入とは異なり、冷戦後の平和構築で広く実施されてきた国連平和維持軍の派遣は、アフガニスタンでは実施されなかった。国連は政治プロセスに焦点をあてるため、UNAMA という「特別政治ミッション」を結成し、UNAMA がプロセス全体を調整する役割を担った。

　UNAMA は、これまでの国連特別政治ミッションの中で UNAMI（国連イラク支援ミッション）と並んで最大規模のミッションであった。UNAMA は 2002年のその設立以来、アフガニスタンにおける政治プロセス、安全保障・治安分

---

27)　本節は、筆者が担当・執筆した、外務省委託研究（日本国際問題研究所受託）『PKO 以外の国連政治ミッションの調査』（2010 年 3 月）第 2 章「国連アフガニスタン政治ミッション（UNAMA）の活動・役割・課題」をもとに、その後の 13 年の動向を踏まえて書き直したものである。

52

表 2-5　アフガニスタン主要年表（ボン合意以降）

2001 年 12 月	ボン合意、暫定行政機構発足（カルザイ議長） 国際治安支援部隊（ISAF）、カブール展開開始
2002 年 1 月 　　　6 月	東京会合：プレッジ総額 45 億ドル ローヤ・ジルガでカルザイが暫定大統領として選出
2003 年 2 月 　　　11 月 　　12 ― 1 月	アフガニスタン平和の定着東京会合開催 憲法最終草案公表 憲法制定ローヤ・ジルガ開催、憲法採択（1 月 4 日、26 日発布）
2004 年 3 月 　　　10 月	ベルリン会合：プレッジ総額 82 億ドル 大統領選挙、カルザイ大統領当選、12 月カルザイ大統領就任
2005 年 9 月	議会選挙（下院・県議会）実施、11 月に当選人確定
2006 年 1 ― 2 月	ロンドン会合：プレッジ総額 105 億ドル
2008 年 1 ― 2 月 　　　6 月	パリ会合：プレッジ総額 200 億ドル ANDS（アフガニスタン国家開発戦略）発表
2009 年 3 月	アフガニスタン国際会議（ハーグ） 大統領選挙、カルザイ再選、県議会選挙
2010 年 1 月	ロンドン会合：国際社会のさらなる支援表明
2012 年 7 月	東京会合：2015 年までに総額 160 億ドル支援表明
2014 年 4 月	大統領選挙、9 月にようやく新大統領決定
2014 年 12 月	米軍・NATO 軍の戦闘任務終了、2015 年 1 月よりアフガン軍が治安維持
2016 年 10 月	ブリュッセル会合：2017 - 2020 年の国際社会の支援額（152 億ドル）表明
2018 年 9 月	ハリールザード（元駐アフガニスタン米大使）を和解担当特別代表に任命し、以来、タリバンと 11 回以上にわたり協議
2019 年 12 月	大統領選挙実施、2020 年 2 月に最終結果発表、ガニ再選
2020 年 2 月	ドーハにて米国・タリバンが和平取引に署名
2020 年 9 月	駐留米軍の撤退加速、タリバンとの和平交渉開始
2020 年 11 月	ジュネーブにて「アフガニスタンに関する国際会合 2020」オンライン開催、2021 - 2024 年 4 年間の拠出額（総額 120 億ドル）を表明
2021 年 4 月	米バイデン政権が 9 月 11 日までの撤退延期決定
2021 年 8 月	ガニ政権崩壊・米軍完全撤退、タリバンが全土を支配

野、復興・開発支援の包括的な取りまとめ役として中核的な役割を果たした、事実上、国連最初の特別政治ミッションということができる。

　2000 年にアナン国連事務総長（当時）が設置した「国連平和維持活動検討パネル」の報告書（ブラヒミ・レポート）は、「効果的な平和構築には、紛争の根源に対処するための政治と開発を合わせた活動が必要だ」と述べており、ブラヒミは初代（2002 年から 2004 年 1 月まで）の UNAMA の事務総長特別代表（SRSG）として、まさにその平和構築活動を実践すべく努力していった[28]。

28）UN (2000), 注 17 参照。

アフガニスタン支援の国際的な枠組みと国連統合ミッションの現実と課題、および国連特別政治ミッションと国際支援の枠組みとの関係を理解する目的で、以下でその概要をみていくことにしよう[29]。

(2)　UNAMA の設立と任務

UNAMA は、2001 年 9.11 同時多発テロを受けた米国主導によるアフガニスタンのタリバン勢力への攻撃ののち、2001 年 12 月 5 日のボン合意に基づき 2002 年 3 月 20 日の国連事務総長報告を受けて採択された、同年 3 月 28 日の国連安保理決議第 1401 号により設立され、その後のアフガニスタンの国家再建に大きな役割を果たしてきた。

当初の UNAMA のマンデートは、ボン合意に基づいてアフガニスタンの復興と和解促進を支援すること、国連の現地統合ミッションとして、アフガニスタンにおける文民政治と開発・人道の両面の事業を担うこととされた。

なお、国連は紛争直後の状況で PKO を派遣することが多いが、アフガニスタンにおいては軍事面での直接的な関与を避け政治ミッションに限定した。それは、当時のブラヒミ特別代表が、国家再建はアフガン人の手に委ね、外国人を中心とした国連は、可能な限りその組織・活動を最小限にとどめることを主眼とした「light foot print」の方針をとったからであるとされる。また、その背景には、アフガニスタンにおける軍事治安状況を踏まえ、治安維持の役割は国連 PKO では達成困難という判断があったからだともいわれている[30]。

国連がとりわけ大きな役割を果たしたのは、アフガニスタン国家再建の政治プロセスである。特に、2004 年 10 月に実施されたアフガニスタン史上初めての大統領選挙の支援であり、また、2005 年 9 月に実施された国民議会と暫定評議会選挙の支援である。UNAMA はアフガニスタン全土で女性を含めた有権者の登録を支援し、選挙監視と選挙の投票・集計作業を全面的に支援した[31]。

29)　アフガニスタンとそれを取り巻く地域情勢については多くの文献・資料が出ている。全体を包括的に整理した文献としては、例えば次のようなものがある。鈴木均編（2005）『ハンドブック─現代アフガニスタン』明石書店。鈴木均編（2008）『アフガニスタンと周辺国─6 年間の経験と復興への展望』アジア経済研究所。

30)　この時期の国連およびブラヒミ特別代表の役割については、次で言及されている。駒野欽一（2005）『私のアフガニスタン─駐アフガン日本大使の復興支援奮闘記』明石書店、68-76 頁。

31)　当時の選挙と選挙支援については、次の文献で詳細に分析されている。Andrew Wilder (2005), "A House Divided? Analyzing the 2005 Afghan Elections," Afghanistan Research and

2006 年 1 月 31 日、ロンドンでハイレベル・グループ会合が開催され、「アフガニスタン・コンパクト」を採択した。これは、民主制度の強化、治安の回復・強化、不正薬物取引の取締り、経済の復興、法の支配、基礎的な社会サービスの提供、人権の擁護等を目標とする新たな 5 カ年計画である。同年 2 月 15 日、安保理は、アフガン政府と国際社会のパートナーシップの枠組みを提供するものとしてこのアフガニスタン・コンパクトを全会一致で支持した。

⑶ ボン・プロセスの国際支援の枠組み

国際社会は 2001 年末以来、ボン・プロセスに基づく政治プロセスの進行と、安全保障・治安分野への関与と同時に、復興・開発支援に取り組んできた[32]。

ボン合意の成立を受けて、2002 年 1 月、東京で「アフガニスタン復興支援国際会議」が開催された。これを受けてアフガン側には 2002 年 2 月、対アフガン支援の受入れを一括して行い、支援の方向性を策定するアフガニスタン援助調整庁がつくられ、総合的な開発計画である「国家開発フレームワーク」（NDF）が打ち出された。

アフガン支援では援助調整も焦点の一つであった。当初、東京での復興支援会議で「実施グループ」（IG）が発足したものの、IG 体制はその後、「諮問グループ」（CG）体制に移行した。CG 体制は、NDF に基づき 12 の分野（セクター）ごとに設置され、当該分野の主務官庁が主催し、関係官庁、関係援助国・国際機関、NGO がメンバーとして参画した。ドナー側からはリード・ドナー（通称、フォーカル・ポイント［focal point］）が選ばれ、そのドナーが中心になり主務官庁の CG 運営をサポートする、という体制である[33]。各セクター CG の主務官庁とリード・ドナーを整理した一覧表が、表 2-6 である。

アフガニスタン支援体制の特徴は、アフガニスタン政府にオーナーシップをもたせたことと、特定のドナーが強い影響力を行使することを避け国際社会全

Evaluation Unit.

32) ボン・プロセスのもとでの国際社会のアフガニスタン支援の実態と課題について様々な側面からまとめた文献として、例えば次がある。内海成治編（2004）『アフガニスタン戦後復興支援』昭和堂。

33) この時期のアフガニスタンに対する国際社会の支援枠組みについては、次で整理されている。国際協力機構（2004）『特定テーマ評価—平和構築支援・アフガニスタン支援レビュー』（JICA ホームページで入手可能）。

表 2-6　CG 体制のセクター別の主務官庁とリード・ドナー

第1の柱：人的資源・社会保護	第2の柱：インフラ	第3の柱：投資環境・制度
難民（難民省／UNHCR）	運輸（公共事業省／日本・ADB）	貿易・投資（商務省／独）
教育・職業訓練（教育省／米・UNICEF）	エネルギー・鉱業・通信（通信省／世銀）	行政・経済運営（行革委／世銀・EC）
保健・栄養（保健省／EU・米）	天然資源管理（農業省／ADB）	治安・安全保障：
生活・社会保障（農村開発省／EU・世銀）	都市管理（都市住宅省／UN-HΛBITAT）	司法（司法委／伊）、警察（内務省／独）、
文化・メディア・スポーツ（文化情報省／UNESCO）		国軍（国防省／米）、地雷（外務省／加・UNAMA）、DDR（DDR委／日本）

（出所）　JICA（国際協力機構）（2004）『特定テーマ評価―平和構築支援・アフガニスタン支援レビュー』（JICA ホームページより入手可能）等より作成。

体で協力する体制をとったことであり、UNAMA はそうした国際社会全体の様々な努力の全体的な調整役であった。

⑷　ANDS のもとでの国家建設の枠組み

2006 年1月末のロンドン会合で「アフガニスタン・コンパクト」が採択され、新たなアフガニスタン国家開発戦略（ANDS）の草案が作成された。これを機に UNAMA も、ボン合意に基づく復興支援から、より具体的な復興政策である ANDS 実施の監督と支援をその任務とするようになった。

ANDS では「治安」「ガバナンス・法制度・人権」「経済社会開発」という新しい三つの柱が設定され、横断的事項として、ジェンダー、麻薬対策、地域協力、汚職対策、環境が掲げられた。表 2-7 は、そうした ANDS のもとで再編された国際支援体制の全体的な枠組みの見取り図である。この新しい枠組みでは、アフガニスタン側のオーナーシップがより強化され、そこでの UNAMA の役割は、引き続きアフガニスタン政府をカウンターパートとするすべての課題を包括する全体的な調整であった[34]。

ドナー間の役割分担の一環として、日本政府（JICA）にも日本人専門家の派

34)　アフガニスタンに対する国連をはじめとする国際社会の支援のあり方に関しては多くの文献・資料が出ている。最近の整理された議論の例として、以下のようなものがある。Whitlock (2021). Graciana Del Castillo (ed.) (2008), "UN-led Reconstruction Following US-led Military Intervention: Afghanistan," in *Rebuilding War-Torn States,* Oxford University Press, Chp.9. Jake Sherman, "Afghanistan: Nationally Led State-building," in Charles T. Call (ed.) (2008), *Building States to Build Peace,* Lynne Reinner Publishers. O'Hanlon E. Michael & Hassina Sherjan (2010), *Touching It Out in Afghanistan,* Brookings Institution Press.

表2-7　ANDS（アフガニスタン国家開発戦略）のもとでの全体像

第1の柱： 治安	第2の柱： ガバナンス・ 法制度・人権	第3の柱： 経済社会開発					
分野1 治安	分野2 ガバナンス・ 法制度・人権	分野3 インフラ・ 天然資源	分野4 教育	分野5 保健	分野6 農業・地 方開発	分野7 社会保障	分野8 公共財政管理・民 間セクター開発
ジェンダー（横断的課題1）							
麻薬対策（横断的課題2）							
地域協力（横断的課題3）							
汚職対策（横断的課題4）							
環境（横断的課題5）							

（出所）Interim-ANDS (2006) をもとに作成。

遣が要請された。JICA は、現地に常駐し ANDS の実施に協力できる日本の専門家やコンサルタントを探したが、治安情勢への懸念から希望者がみつからず、結局、日本人専門家の派遣を断念した（一方で JICA は、JICA 職員や開発コンサルタントを JICA 独自の個別二国間プロジェクトの専門家として雇用した）。

(5)　UNAMA の組織とその拡大

　その後の UNAMA のマンデートは、アフガニスタンのその時々の状況に応じて変遷している面もあるが、大枠としては大きな変化はない。軍事面・治安面で大きな役割を担う ISAF（国際治安支援部隊）と密接に協力しながら、政治プロセスや人道・復興支援の取りまとめ役としての UNAMA の役割は一貫して不変であるが、治安状況の悪化等の状況の変化はあり、そうしたアフガン状況の変化の中で、より良いやり方、新しいアプローチを模索してきたといえよう[35]。

　UNAMA では事務総長特別代表（SRSG）が長を務め、選挙・憲法制定支援から人道復興支援まで幅広いマンデートを有していたが、治安維持については北大西洋条約機構（NATO）が統括する国際治安支援部隊（ISAF）が担っていたため、軍事・警察要員の占める割合は低い。UNAMA は特別政治ミッションとし

---

35)　アフガニスタン情勢を踏まえた日本の支援のあり方については、様々な議論がなされているが、現地情勢を踏まえた詳細な議論をしているものとして、例えば次を参照。宮原信孝（2007）「アフガニスタンにおける平和構築努力と日本の役割」日本国際問題研究所（HP で検索可能）。東大作（2022）「アフガン政権崩壊後の人道危機と日本の役割」日本国際問題研究所（HP で検索可能）。

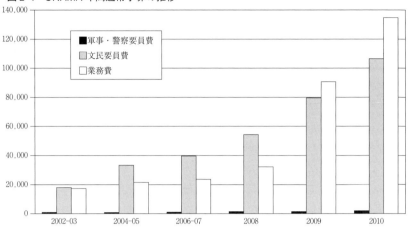

図 2-4　UNAMA 年間通常予算の推移

（注）　単位　縦軸：千 US ドル、横軸：年
　　　　2002-2007 年については、年間平均金額を表示。金額は、2008 年以降は A/64/349/, p.97、A/64/349/
　　　　Add.3, p.102 より計算。2007 年以前は Annual Review of Global Peace Operations 2009, p.247 より。

て、国連 PKO 局によって運営されているが、歴史的にはアフガニスタンの国
連ミッションは政務局（DPA）が担当していた。また、他の特別政治ミッショ
ンが政務局によって運営されているのに対し、UNAMA のみが PKO 局によっ
て運営されたのは、アフガニスタンでは ISAF という別の国連決議に基づく軍
事的なミッションが進行しており、また、アフガニスタンの UNAMA はその
任務を政治ミッションに限定していたものの、軍事面での国際社会の関与と密
接に協力しながらその任務を遂行することが不可欠であったため、PKO 局の
方がそうした軍事面を含めた調整に適していると考えられたためである[36]。
　アフガニスタンがなかなか安定しない状況の中で、その安定と復興に向けた
国連の役割に対する期待は大きく、安保理は、とりわけアフガニスタン政府の
地方への政治的影響力拡大を支援する上での UNAMA の能力の拡大を望んだ。
そのために UNAMA の体制を強化し、その傾向は特に 2008 年以降の地方での
（特に現地スタッフの）増員や予算の拡大に表れている。UNAMA の予算は、国
連特別政治ミッションの中では突出して大きな規模である。また、その後の人
員増や年々悪化する治安対策費の拡大等に伴って、UNAMA の予算も拡大し
た。図 2-4 から、2002 年 UNAMA 設立以降のその予算の急拡大がみて取れる。

36）　最終的には、当時のアナン事務総長の判断であるとされる。

　UNAMA の基本的な任務は、「すべての文民の努力のより良い調整（better coordination of all civilian efforts）」とされていた。UNAMA の SRSG はアフガニスタンのあらゆる状況に対処する責任を有しており、そのもとで国連の個別の分野を担当する個々の DRSG がおり、人権を担当する国連人権高等弁務官事務所（OHCHR）、児童と武力紛争を担当する特別調整官（SC）、麻薬と組織犯罪を担当する国連薬物犯罪事務所（UNODC）の三つに分かれていた。

　人道・開発支援分野においては、常駐調整官（RC）事務所が国連開発支援枠組み（UNDAF）のもとでカントリー・チームの多くの国連関係機関の一貫性に関して主として責任をもっていた。国連カントリー・チーム間の主たる調整は UNAMA の中央レベルで行われているが、事業実施上の調整は現場レベルで行われ、主として UNAMA の地方ないし州事務所で行われていた。他方、UNDP はいつくかの信託基金を有しており、事業実施や支援事業予算面での独立性は引き続き有していたが、全体的な資金・人員に関しては、UNAMA が主たるドナー全体の調整の役割を担い、国連チームの統合的な計画策定の機能も担っていた。

⑹　治安部門改革（SSR）への関与

　一方で、アフガニスタンにおける治安回復と維持は、米連合軍によるアルカイダ・タリバン掃討作戦とつねに共存する形で行われてきた。和平プロセスとしての国内治安回復と維持においては、北大西洋条約機構（NATO）指揮下の ISAF が活動してきたが、その警備管轄地域はカブール市内に限られ、地方部における国際社会としての主体的な治安装置の配備は皆無の状態が続いた。2009 年の選挙後、UNAMA の基本的な任務は変わらなかったが、治安状況の悪化など状況の変化があり、そのような状況下でより良い新しいアプローチが模索されていた。

　UNAMA はドナーの一つであるとともに、全体の調整役も担ったが、治安分野の実質的な政治的調整に関しては米国が大きな影響力を行使してきた。アフガニスタンの治安の回復と維持は、つねに米国主導の連合軍によるアルカイダとタリバンの掃討作戦と並行して行われてきた。NATO の指揮下にある ISAF は治安の回復と維持に積極的に取り組んできたが、アフガニスタン独自の治安機構を迅速に再建する必要性が認識され、治安部門改革（SSR）の五つの分野

が特定された。

　すなわち、①新国軍、②警察、③司法改革、④麻薬対策、⑤武装解除・動員解除・除隊兵士の社会復帰（DDR）の 5 分野が特定され、それぞれ米、独、伊、英、日本を主導国に据えた[37]。UNAMA はこの分野（例えば地雷除去）の援助国の一つであり、全体的な調整役も担っていたが、米国は安全保障分野における実質的な政治調整に大きな影響力を及ぼしていた。

　国際社会との役割分担の観点から、日本政府は経済・社会復興事業のみに関与してきた従来の立場から、SSR においても一定の役割を果たすことを余儀なくされ、最終的には DDR の実施という役割を担うことになった。第二次世界大戦後、戦争で膨れ上がった兵士の動員解除と社会復帰を実施した日本の経験から、日本も DDR で一定の役割を果たせると考えたといわれている。しかし、実際の DDR プロセスは、まさに軍再編事業の一環であり、日本政府は、復員兵の社会復帰プロセスや元兵士の社会復帰を支援する研修センターの建設と技術訓練プログラムへの資金援助に重点を置いたが、米国（軍）と協力して元兵士の新生アフガン国軍への再編を支援することは、一連の任務の不可欠な部分であった。

　日本が深く関与した DDR の大きな問題は、もともとタリバン政権下でアフガン正規軍に所属していた約 6 万人の兵士（一部は新アフガン国軍に再編された）の復員を支援するためのプロジェクトであり、アフガン内戦を戦った兵士の多くは正規軍ではなかったことである。そのため、DDR が進められている最中でも、地元の有力政治家はそれぞれの地域に私兵を抱え、農業だけでは生計を立てられない農民の多くがこうした地方軍閥の仲間入りをし、武器を取って活動した。したがって、DDR 終了後（2006 年 6 月）に DIAG（違法武装集団解体）プロジェクトが続いたのは当然の成り行きだった。

　しかし、当初アフガン正規軍の解体と再編成に重点を置いた DDR が一定の成功を収めたのに対し、DIAG プロセスは遅々として進まなかった。その主な理由は、第一に、アフガン政権の有力政治家が地元の軍閥の一種であり、彼らが私兵組織の解体に必ずしも協力的でなかったこと。第二に、こうした非合法武装集団の実態は、田舎に住む普通の農民であり、武器を手放して土地の農業

---

　37)　アフガニスタンにおける DDR については、当時 DDR 支援を担当した著者による次の文献に詳しく書かれている。伊勢崎賢治（2004）『武装解除』講談社新書。

に専念しても生活がなりたたないということであった。彼らが銃を手に入れ武装し、有力な指導者の一人に容易に再編成されるのが実態であった。このDIAGプロセスが成果を上げられなかったことは、2010年以降の特に地方での治安悪化やタリバンの勢力の伸長を許した遠因ともなったといえるかもしれない[38]。

(7) アフガニスタン支援の結末と教訓

国際社会が紛争後の国家建設に関与した最も典型的な例の一つが、2002年以降のアフガニスタン支援である。

しかし、それまで同国を支配していたタリバンを完全に排除して新体制の構築に努めたことや、新体制の腐敗に対する国民の批判の高まりから、2017年頃からタリバンが再編成され、南部や東部を中心に支配地域が急速に拡大した。その後和平交渉が始まったものの、2021年4月の米軍撤退の正式発表後、タリバンは全土で軍事攻勢を加速させ、同年8月上旬には34州の州都への同時攻撃を開始した。これに対してアフガン政府軍は数日間抵抗したが、すぐに降伏した。ガニ大統領が国外に逃亡した翌日、タリバンは無抵抗のカブールに入り、アフガニスタン全土を掌握した。

その結果、民主国家建設に対する20年にわたる国際社会の支援が崩壊したが、その失敗の原因は何であろうか[39]。本論では詳述を避けるが、次のような点があげられよう。すなわち、①もともと国連の役割は限定的であり、いつ、どのように国際社会の介入を終わらせるべきか、終わらせることができるかという明確な「出口戦略」がないまま支援を続けてきたこと、②アフガニスタン支援に関わった安全保障サークルと開発サークルは異なる目的をもち、その協

38) 日本政府がアフガニスタンで進めたDDR支援に関しては、JICAや日本政府（外務省）による報告書や資料が入手できる。DIAGについての成果報告書は第三者による報告書がいくつかある。例えば、EPES Mandala Consulting (2009), *DIAG EVALUATION: Disbandment of Illegal Armed Groups in Afghanistan* (*A project of the United Nations Development Programme & the Afghanistan's New Beginnings Programme* (*ANBP*)), United Kingdom (www.epesmandala.com). James Dobbins, et al. (2020), *DDR in Afghanistan*, Rand Corporation.

39) アフガニスタンへの関与の教訓に関しては、欧米の研究者から多くの文献・論文が出されている。代表的なものとして、例えば以下の文献。Ben Barry (2017), *Harsh Lessons: Iraq, Afghanistan and the Changing Character of War*, IISS (The International Institute for Security Studies), Routledge (London). Kate Bateman (2023), Learning from Failed Peace Efforts in Afghanistan, (*Analysis and Commentary*, 2023.10.4), United States Institute of Peace.

力は必ずしも効果的に行われなかったこと、③新国家の最初の政治プロセスに
タリバンを参加させることができなかったこと[40]、などである。

　そもそも、アフガニスタンの国の再建に関して、男女平等や人権の尊重など
欧米の価値観を共有する「民主的な」政府をつくるのを支援することは、きわ
めて野心的な目標であり、2002年以来約20年にわたる国際社会のアフガニス
タンへの関与は、この壮大な実験の舞台となった。しかし結局のところ、伝統
的な社会構造や社会規範はそう簡単には変わらない。国際社会の関与によっ
て、このような民主的な社会への移行に成功したのは、第二次世界大戦後の日
本とドイツだけだという見解もあるが、冷戦後の多くの紛争後の平和構築支援
において、「民主的な国家」の建設への国際社会の関与の努力は、必ずしもた
しかな成功を収めていない。

　2001年末に始まったアフガニスタンの新国家建設への関与は、当初きわめ
て野心的な目標を掲げたが、もともとその国や地域の伝統に根ざした社会構造
や規範や文化が軽視されていたのではないだろうか。「民主的な社会」を目指
すこと自体は悪いことではないが、国際社会やアメリカ政府は、タリバン勢力
やイスラム社会の伝統的な規範を理解し、新たな制度を構築する上でそれらを
どのように調和させるかにもっと焦点をあてるべきだったのではないだろう
か[41]。

第2章の論点

(1)　国連は設立以来すでに70年以上が経っており、安全保障理事会や効率化
　　など、時代の変化にあわせた改革が必要だといわれている。あなたは、もっ
　　とも大事な改革として、何をどのように改革しなくてはならないと思うか。
　　また、どのようにしたらそれが実現できるか。

---

40)　タリバンを政治過程に取り込まなかったことの問題を指摘した文献として、例えば以下の文
　　献参照。東大作（2022）「アメリカはなぜ失敗したのか―アフガニスタンのケースから」『国際
　　問題』5月号。Charles Call (2012), *Why Peace Fails: The Causes and Prevention of Civil War
　　Recurrence*, Georgetown University Press. Steve Coll (2018), *Directorate S: The C.I.A. and
　　America's Secret Wars in Afghanistan and Pakistan*, Penguin Press (London and New York).

41)　米国国際関係学会（ISA）で関連論文を発表・報告した。Juichi Inada, Security-Development
　　Nexus in Post-conflict State-building: Lessons learned from the Case of Afghanistan: Lessons
　　learned from the Case of Afghanistan, 2023.10.20 at ISA Conference (Colorado Springs, USA).

(2) 近年、国際社会で議論されている「保護する責任」とは何か。その考えを支持するか、あるいは反対か。理由とともに、自分の考えを述べよ。

第2章の主要参考文献

・明石康（2006）『国際連合―軌跡と展望』岩波新書。

・明石・高須・野村・大芝・秋山編（2008）『オーラルヒストリー・日本と国連の50年』ミネルヴァ書房。

・稲田十一（2014）『紛争後の復興開発を考える―アンゴラと内戦・資源・国家統合・中国・地雷』創成社、第1章。

・ウィットロック、クレイグ（河野純治訳）（2022）『アフガニスタン・ペーパーズ』岩波書店。（Craig Whitlock (2021), *The Afghanistan Papers: A Secret History of the War*, Simon & Schuster, Inc.）

・内海成治・桑名恵・大西健丞編（2022）『緊急人道支援の世紀―紛争・災害・危機への新たな対応』ナカニシヤ出版。

・大平剛（2008）『国連開発援助の変容と国際政治―UNDPの40年』有信堂、年。

・嘉治美佐子（2014）『国際社会で働く―国連の現場から見える世界』NTT出版。

・北岡伸一（2007）『国連の政治力学―日本はどこにいるのか』中公新書。

・クワコウ、ジャン・マルク（2007）『国連の限界／国連の未来』藤原書店。

・ケネディ、ポール（2007）『人類の議会―国際連合をめぐる大国の攻防（上）（下）』日本経済新聞出版社。

・古森義久（2004）『国連幻想』産経新聞社。

・田所昌幸・城山英明（2004）『国際機関と日本―活動分析と評価』日本経済評論社。

・田仁揆（2015）『国連を読む―私の政務官ノートから』ジャパンタイムズ。

・田仁揆（2019）『国連事務総長―世界で最も不可能な仕事』中央公論新社。

・ドリフテ、ラインハルト（2000）『国連安保理と日本』岩波書店。

・長谷川祐弘（2018）『国連平和構築―紛争のない世界を築くために何が必要か』日本評論社。

・東大作（2009）『平和構築―アフガン、東チモールの現場から』岩波書店。

・日本国際連合学会（編）（2016）『国連―戦後70年の歩み、課題、展望』（I特集テーマ）国際書院。

・松浦晃一郎（2004）『ユネスコ事務局長奮闘記』講談社。

・政所大輔（2020）『保護する責任―変容する主権と人道の国際規範』勁草書房。

・最上敏樹（2005）『国連とアメリカ』岩波新書。

・最上敏樹（2001）『人道的介入―正義の武力行使はあるか』岩波新書。

・Bellamy, Alex J. (2009), *Responsibility to Protect,* Polity Press.

・Murphy, Craig N. (2006), *The United Nations Development Program*, Cambridge University Press. クレイグ・N・マーフィー（峯陽一・小山田英治監訳）（2014）『国連開発計画（UNDP）の歴史―国連は世界の不平等にどう立ち向かってきたか』明石書店。

・Richmond, Oliver P. (2011), *A Post-Liberal Peace*, Routledge.

第**3**章　世界銀行を中心とする国際開発体制

◆キーワード◆

ブレトンウッズ体制、世界銀行グループ、IMF、地域開発金融機関、ワシントン・コンセンサス、構造調整レジーム、PRS レジーム、経済・金融支援、債務再編

1　世界銀行と IMF

⑴　ブレトンウッズ体制の成立

　第 1 章で述べたように、今日の国際開発の潮流に大きな影響を与えているアクターとして世界銀行がある。世界銀行と IMF（国際通貨基金）は第二次世界大戦後に同時並行で設立された機関であり、いずれも開発途上国の開発に深く関わってきた。

　驚くべきことに、第二次世界大戦後の国際開発の枠組みを規定した「ブレトンウッズ体制」の骨格は、戦争中の 1944 年 7 月に決定された。まだ戦争は続いていたが、同年 6 月にノルマンディー上陸作戦が成功し、連合国はこの戦争の帰趨はほぼ決定したと考え、この時点で早くも戦後秩序のあり方を本格的に検討し始めたのである。連合国の 44 カ国の国際金融・経済担当大臣・専門家を集めた会合が、米国ニューハンプシャー州の北部にあるマウント・ワシントン・ホテルで開催され、戦後の世界経済を国際協調のもとで運営していく枠組みの骨格が決められた。

　よく知られているように、貿易についての国際協力の枠組みとして構想された ITO（国際貿易機構）は実現しなかったが、国際金融分野の国際協力（特に国際収支危機に際しての短期資金供給）の中核を担う IMF と、戦後復興と旧植民地地域の開発を支援（特に経済社会インフラ建設などの事業への長期資金を供給）する国際機関としての IBRD（国際復興開発銀行）の設立協定が締結された。これら

64

の機関は翌 1945 年 12 月に設立され、いずれの機関の本部も米国の首都ワシントン DC に置かれ、実際の業務は 1946 年 6 月に開始された。

なお、ブレトンウッズ会議前後の ITO をめぐる議論に関しては、米国のホワイト案とイギリスのケインズ案の対立といった複数の対立する構想があり、それらについての歴史資料に基づいた研究が進んでいるが[1]、世界銀行設立にあたっての構想や議論に関しては、あまり詳細な研究がない。戦後世界で突出した影響力をもった米国の二国間援助との関係や、その後次々と独立していく旧植民地への支援方針決定と旧宗主国の支援との関連など、興味深いテーマが多々あるが、資料的な制約もあってこうした研究は進んでいない[2]。

(2) 世界銀行グループ

まず、世界銀行をはじめとする国際開発金融機関（MDBs）の組織や活動について、その概要を整理しておくことにしよう。

表 3-1 に示されているように、世界銀行グループは、IBRD（国際復興開発銀行）、IDA（国際開発協会）、IFC（国際金融公社）、MIGA（多数国間投資保証機関）、の四つの組織からなる。IBRD は 1945 年に設立されたが、1950 年代以降多くの新興独立国が登場し、これらの国々には IBRD の準商業ベースの融資ではなく、より低利で返済期間の長い譲許的資金（通常金利 0%、40 年返済）を融資する必要があることから、1960 年に IDA が設立された。注意しなくてはならないことは、IBRD と IDA は別組織ではなく、同じ世界銀行の建物の同じ部局で、支援対象国の返済能力に応じて 2 種類の融資を使い分けて支援していることである。

また IBRD、IDA のいずれも途上国の政府を支援対象とするのに対して、民間部門の成長を助長することにより途上国の経済発展を促すため、民間企業に対して支援する IFC や、途上国向け投資に係る非商業的リスクを保証することにより民間投資家の途上国投資を促すための MIGA も、その後設立された。

---

1) 例えば、山本和人（1999）『戦後世界貿易秩序の形成―英米の協調と角逐』ミネルヴァ書房、等。
2) 世界銀行の資料公開は、ウォルフェンソンが総裁になった 1996 年以降、急速に進み、今日ではその HP で膨大な資料が公開されているが、それ以前は、国別支援戦略（CAS）さえ入手が困難なほど非公開の状態であった。現在でも、理事会での議論の記録は非公開である。

表 3-1　世界銀行グループの概要

	IBRD	IDA	IFC	MIGA
機関の目的	公共部門の特定事業を主たる対象として資金・技術援助を提供することにより経済発展を促す		民間部門の成長を助長することにより、途上国の経済発展を促す	途上国向け投資に係る非商業的リスクを保証することにより途上国投資を促す
設立年月	1945 年 12 月	1960 年 9 月	1956 月 7 月	1988 年 4 月
加盟国数	189	174	186	182
日本の加盟	1952 年 8 月	1960 年 12 月	原加盟国	原加盟国
資本金・拠出金総額（億ドル）	3,366.3	2,265.9	1,114.5	32.3
投票権（％）　日本	7.16	8.37	7.58	4.21
米国	15.67	9.68	18.23	14.98
中国	5.98	2.51	2.85	2.64
ドイツ	4.26	5.33	5.09	4.19
イギリス	3.90	6.93	4.56	4.02
フランス	3.90	3.86	4.56	4.02
援助対象国の種類	途上国。一部の国はIBRD 貸付と IDA 融資の両者より借入	低所得国。債務返済能力の低い国に対してはグラント支援	途上国全体。貧困国から比較的開発の進んだ国まで含む	途上国全体
投融資（保証）先	政府、政府機関、政府保証を得られる民間企業	政府（ただし、政府は国営機関・民間機関に転貸可）	生産的民間企業	民間投資家（先進国および途上国）
専門職員数（人）	15,907		2,985	119

(注) 1.　白鳥正喜（1995）『ODA フロンティア』大蔵省印刷局、94 頁をもとに、各世界銀行グループ機関の年次報告書およびHP のデータより筆者作成。
　　 2.　加盟国数・投票権シェアは 2023 年 12 月末時点、資本金・拠出金（資産）総額は 2023 年 9 月末時点、専門職員数（管理職を含む）は 2016 年 12 月末時点。

(3)　大きな力をもつ世界銀行総裁

　世界銀行は国際機関であり、拠出国の代表から構成される理事会で主要な政策方針が決定されるが、その基本的な政策的枠組みが、その時点の世界銀行総裁の考え・判断に左右される面もあることは否定できない。表 3-2 は、世界銀行の歴代総裁の一覧である。

　これまでの世界銀行の歴史の中で、とりわけ大きな影響をもったのは、第 5 代総裁を 13 年の長期に渡って務めたロバート・マクナマラであろう（1968.4 - 1981.6）。マクナマラは世界銀行総裁になる以前、ケネディおよびジョンソン政権で国防長官を務めベトナム戦争を指揮した。マクナマラは、共産主義が途上国で拡散する背景には貧困の問題があり、共産主義の拡大を防ぐにはこうした貧困問題そのものに対処しなくてはならないという考えを表明していた。

66

表 3-2　世界銀行の歴代総裁

	名前	任期期間	経歴
1	ユージン・メイヤー	1946.6 - 1947.3	ワシントン・ポスト社主、ユージン・メイヤー銀行経営
2	ジョン・J・マクロイ	1947.3 - 1949.6	チェース・マンハッタン銀行法律顧問、国防副長官、等
3	ユージン・R・ブラック	1949.7 - 1962.12	チェース・マンハッタン銀行副総裁、財務副長官、等
4	ジョージ・D・ウッズ	1963.1 - 1968.3	ファースト・ボストン銀行会長
5	ロバート・S・マクナマラ	1968.4 - 1981.6	フォード自動車社長、ケネディー・ジョンソン政権の国防長官
6	アルデン・W・クローセン	1981.7 - 1986.6	バンク・オブ・アメリカ社長
7	バーバー・B・コナブル	1986.7 - 1991.8	下院議員（歳入歳出委員会等に所属）
8	ルイス・T・プレストン	1991.9 - 1995.5	J.P. モルガン社長・会長
9	ジェームズ・D・ウォルフェンソン	1995.6 - 2005.5	豪州出身、民間金融機関社長
10	ポール・D・ウォルフォウィッツ	2005.6 - 2007.6	米・国務次官補、国防副長官
11	ロバート・B・ゼーリック	2007.7 - 2012.6	ゴールドマン・サックス副社長、米国通商代表、国務副長官
12	ジム・ヨン・キム	2012.7 - 2019.2	韓国系米国人の医学者、ダートマス大学学長
13	デイヴィッド・マルパス	2019.4 - 2023.6	米・財務次官（国際担当）
14	アジェイ・バンガ	2023.6 - 現在	マスターカード社長兼最高経営責任者（CEO）

　1970 年代は国際開発の潮流がビッグ・プッシュから社会開発の重視へと重点が移行する時期であり、世界銀行も従来の電力・交通インフラや農業分野への投資に加えて教育や保健医療分野・水などの社会開発分野にも力を入れ、そのための予算とスタッフを拡大し、結果としてマクナマラの時代に世界銀行は急速に組織として肥大化していったとされる（およそ 3,000 人から 6,000 人規模に倍増）。

　世界銀行の歴史の中で、特にその組織改革に関して大きな役割を果たした総裁は、第 9 代総裁を 2 期 10 年務めたジェームズ・ウォルフェンソンである（1995.6 - 2005.5）。ウォルフェンソンは、冷戦後の変化する国際状況の中で世界銀行の役割を途上国地域の貧困削減と再定義し、のちに PRS（貧困削減戦略）に発展する CDF（包括的開発枠組み）を自ら発案し、また、こうした新しい任務により効率的に対処するための組織改革として、現地化（decentralization）とマトリックス組織への再編を進めた（大野、2000）。

　ウォルフェンソンのあとを受けた総裁はウォルフォウィッツであり（2005.6

－2007.6)、彼は世界銀行総裁としては異例の、国務省や国防省の高官を務めた当時ネオコンと呼ばれた中心的人物の一人であった。こうした人物が総裁に選ばれた背景には、当時のブッシュ政権がイラク戦争後のイラクやアフガニスタンの新たな国づくりなどで、対テロ戦争を開発面で支える国際組織として世界銀行を利用しようという思惑があったためである。彼は、世界銀行内の個人的なスキャンダルのために任期途中で交代し、後任には再び米国の国際金融界の重鎮であるゼーリックが就任した（2007.7－2012.6)。

　しかし、オバマ政権になると、世界銀行の歴史の中で初めて、アジア系米国人で医学者のジム・ヨン・キムが総裁に任命された（2012.7－2019.2)。しかし、彼はトランプ政権のもとでは米政権との関係はよいとはいえず、第二期の途中で、これも米国国際金融界出身のマルパスに交代した（2019.4－2023.6)。ところがマルパスも、米国の政権が民主党のバイデンになると、5 年の任期を全うすることなく、IT 関連業界との関連の深いバンガが総裁に任じられた（2023.6－)。こうした世界銀行総裁の交代劇は、近年、世界銀行が時の米国の国内政治の動向や変化に左右されて、政治的な考慮が強く反映するようになっていることを映し出していると考えられる。

(4)　世界銀行の政策決定メカニズム

　世界銀行の政策決定の最高機関は、各国の代表で構成される理事会である。世界銀行理事会は、国連総会のように一国一票制をとっているわけではなく、主要国が拠出比率に応じた投票権をもつ。

　表 3-3 は、世界銀行の設立以来、主要国の投票権シェアが長期的にどのように推移してきたかを示した表である。米国が世界銀行の設立以来、一貫して最大拠出国で最大の投票権をもち（設立時の 1945 年時点で約 34.9％、2023 年 6 月末時点で約 16.5％のシェア)、歴代の世界銀行総裁を出してきた国であるが、2 位以下の拠出国は歴史的に変化してきた。日本は、1952 年 5 月に世界銀行に加盟した時点では第 9 位のシェア（2.77％）であったが、1970 年 7 月に IMF 第 5 次増資によって第 5 位（4.02％）になった。その後、日本の世界経済における比重の拡大とともに拠出比率の引き上げを試みてきたものの、英国・フランス等の反対で長らくそのままであったが、ようやく 1984 年 8 月に第 2 位の地位（5.19％）に引き上げられ、現在でも引続き第 2 位の地位を守っている（2023 年

68

表 3-3　世界銀行（IBRD）と IMF における主要国の投票権シェアの推移（%）

	世界銀行（IBRD）							IMF		
	1945年12月	1970年7月	1985年8月	1994年1月	2010年4月	2018年4月	2023年6月	2010年	2018年	2023年
米国	34.9	25.9	20.9	17.4	15.9	15.9	16.5	17.7	16.5	16.38
日本	0	4.0	5.2	6.2	6.8	6.8	6.14	6.6	6.2	7.71
ドイツ	0	5.4	5.2	4.8	4.0	4.1	5.31	6.1	5.3	4.4
英国	14.3	10.2	5.0	4.6	3.8	3.7	4.03	4.5	4.0	4.05
フランス	5.0	5.0	5.0	4.6	3.8	3.7	4.03	4.5	4.0	4.05
中国（台湾）	6.6	3.0	3.2	3.0	4.4	5.7	6.08	4.0	6.1	5.97

（出所）白鳥正喜（1993）『世界銀行グループ―途上国援助と日本の役割』国際開発ジャーナル社、40頁、および世界銀行・IMFホームページ（最新データについて）などをもとに筆者作成。

6月末時点で6.14%のシェア）。

　なお、世界銀行には設立当初より中華民国（台湾）が加盟していたが、国連代表権が1971年に中華人民共和国に移ったあと、1981年に世界銀行においても中国の代表権が中華人民共和国に移り、その時点で中国のシェアは第6位（3.36%）となった。その後、全体の拠出総額の拡大に伴いそのシェアは漸減してきたが、中国の国際金融上の地位の向上によってその拠出比率の拡大を求める声が高まり、2010年4月には中国の拠出比率の拡大と投票権の引き上げが決定され、第3位（約4.4%）となった（2023年6月末時点では6.08%と引続き第3位であるが第2位の日本に肉薄している）。

　世界銀行という組織やその活動内容について紹介した文献は少なくないが、わかりやすい邦語文献として、大野泉・大野健一による『IMFと世界銀行』や[3]井出・児玉による文献（井出・児玉、2014）、世界銀行が大きな変容を遂げた1997年以降の姿をわかりやすく描いたものとして、大野泉『世界銀行』や、朽木の『貧困削減と世界銀行』がある（大野、2000）（朽木、2004）。また、古典的な文献として、例えば、設立以来の約50年間の世界銀行の開発戦略の変遷を軸としてその歩みと展望について議論した、ジョージとサベッリによる『世界銀行は地球を救えるか―開発帝国50年の功罪』があり（ジョージ＆サベッリ、1996）、比較的近年の包括的な整理として、速見による『開発戦略と世界銀行』等がある（速見、2003）。

　世界銀行や地域開発金融機関の政策決定について具体的事例をあげて分析した文献は必ずしも多くない。その一つの理由は、政策決定のプロセスに関する

3)　大野健一・大野泉（1993）『IMFと世界銀行―内側からみた開発金融機関』日本評論社。

情報がきわめて限られていたことである。また、世界銀行や地域開発金融機関に関する政策は、日本や米国など多くの国で財務省の管轄下にあり、国内的にもその政策に関する公開情報がきわめて限定されてきた。そうした状況の中でもいくつかの興味深い業績がある。

　世界銀行の政策決定については、大芝による世界銀行と IMF の融資政策にどの程度の協調関係があるかを分析した業績がある[4]。いずれの機関でも米国が理事会を主導するが、一方が支援をし他方が支援を止めるというようなことがあるかどうかというのが主要論点の一つであるが、両者の決定が異なる例も実際に存在する。融資の決定や配分といった高度に政治的な決定であっても世界銀行と IMF の決定が異なることがある理由の説明として、両組織の目的の違いや独自性に着目している。

　また、近年（ウォルフェンソン総裁以降）は世界銀行の政策の情報公開が進み、その政策スタンスについて研究することが以前より容易になり、世界銀行や IMF の支援政策の動向について分析整理した業績も出てきた。英語文献は数多いが、代表的な邦語文献として、毛利による『グローバリゼーションと IMF・世界銀行』や[5]、本間雅美による『世界銀行と開発政策融資』などがあるほか[6]、財務省（日本）から多くの調査・分析レポートが出ている。

　また、世界銀行の政策形成プロセスそのものに NGO が関与する事例も登場し、そうした事例を詳細に分析した業績の例として、世界銀行の「インスペクション（査察）・パネル」に関する政策の変容を NGO の政策形成の影響力という観点から分析した段家誠による『世界銀行と NGOs』がある（段、2006）。また、ウォルフェンソン総裁の時期以降、世界銀行は「知識の銀行（knowledge bank）」としてアピールしており、こうした側面に焦点をあてて批判的に分析した松本悟の『調査と権力—世界銀行と「調査の失敗」』がある（松本、2014）。

⑸　IMF（国際通貨基金）

　IMF は世界銀行と同様に、第二次世界大戦の終了時に戦後国際経済の通貨

---

4)　大芝亮（1991）「世界銀行の政策決定と国際政治の構造変化」『法学研究』（一橋大学研究年報）22 号。また、大芝の以下の文献は世界銀行・国連等の政治過程のより包括的な紹介である。大芝亮（1994）『国際組織の政治経済学』有斐閣。

5)　毛利良一（2001）『グローバリゼーションと IMF・世界銀行』大月書店。

6)　本間雅美（2008）『世界銀行と開発政策融資』同文舘出版。

制度の安定のために設立された国際機関であり、世界銀行とともに 1944 年の
ブレトンウッズ会議でその設立が合意されたことからブレトンウッズ機関と呼
ばれ、また、IMF を中核として成立した固定為替相場制はブレトンウッズ体
制とも呼ばれた。戦後成立したドルを中心とした固定為替相場制は、やがて世
界経済の変革の圧力に晒され、1971 年のスミソニアン合意による為替レート
の変更でかろうじて維持されたが、結局は 1973 年の変動相場制への移行でそ
の終焉を迎えた。

　第二次大戦直後に国際通貨の安定を目的として設立された IMF は、伝統的
には国際金融、特に為替や通貨をめぐる調整が主たる任務であったが、1980
年代に途上国地域の累積債務問題が国際金融の重要な課題になったのに対応し
て、開発途上国に対する開発資金の融資をその重要な業務とし始めた。IMF
の開発金融への役割の変化は、IMF が固定相場制を前提とした国際通貨制度
維持の役割を失っていったことと密接に関連しており、1980 年代の途上国の
累積債務問題と構造調整融資の枠組みの成立とともに、新たな役割を担ってい
くようになった。

　他方、開発支援における世界銀行と IMF のスタンスは全く同じというわけ
でもない。基本的な支援政策形成の流れは、IMF がマクロ経済についての分
析と処方箋を書き、世界銀行がセクターごとの分析と政策・案件の内容をまと
め、世界銀行の国・地域局がそれを国別支援戦略（CAS）の形で取りまとめ
る、というものである。ただ、実際には、IMF は融資不適格として融資を止
めたが世界銀行は融資を供与したという例も歴史的にはいくつかある。ウォル
フェンソン総裁のもとで世界銀行のチーフ・エコノミストを務めたスティグ
リッツが、1990 年代末の国際金融危機において、IMF の金融支援に際しての
コンディショナリティのあり方を痛烈に批判したことは、そうした近年の世界
銀行と IMF の政策の方向性の乖離を象徴する出来事であるともいえる（スティ
グリッツ、2002）。

　IMF の機能と意義・課題について包括的に分析した邦語文献は必ずしも多
くはない。IMF の役割や課題については、1997 年に始まるアジア金融危機の
際に大きな議論となったことから、1990 年代末にいくつかの文献が出された。
例えば、荒巻による『アジア通貨危機と IMF』や、マッキランとモントゴメ
リーによる『IMF 改廃論争の論点』、等がある[7]。近年における IMF について

表3-4　IMFの歴代専務理事

	名前	任期期間	国籍
1	Camille Gutt	1946 – 1951	ベルギー
2	Ivan Rooth	1951 – 1956	スウェーデン
3	Per Jacobsson	1956 – 1963	スウェーデン
4	Pierre-Pail Schweitzer	1963 – 1973	フランス
5	H. Johannes Wittenveen	1973 – 1978	オランダ
6	Jacques de Larosiere	1978 – 1987	フランス
7	Michel Camdessus	1987 – 2000	フランス
8	Horst Kohler	2000 – 2004	ドイツ
9	Rodrigo de Rato	2004 – 2007	スペイン
10	Dominique Strauss-Kahn	2007 – 2011	フランス
11	Christine Lagarde	2011 – 2019	フランス
12	Kristalina Georgieva	2019 – 現在	ブルガリア

(注) IMFウェブサイト等より作成。

概説した文献として、太田によるいくつかの文献がある（太田、2009）（太田、2016）ほか、IMFの実態を描いたブルースタインの著作の翻訳がある（ブルースタイン、2013）。

　なお、世界銀行・IMFはいずれも1945年に設立され、その設立が合意された場所の地名にちなんで「ブレトンウッズ機関（体制）」と呼ばれているが、いずれも米国ワシントンDCに本部があり、世界銀行総裁は米国から、IMF専務理事は欧州から出すという慣行が、いまだ踏襲されている。IMFについては、欧州の大国フランス出身の専務理事が多いが、フランス出身のラガルドは2011年に女性として初めてIMF専務理事に就任した。また、2019年10月よりブルガリア人女性のクリスタリナ・ゲオルギエヴァが専務理事となり、初めての新興国出身の専務理事であり、近年はIMFの専務理事の選任に際しても多様性重視の傾向がみられる。

⑹　四つの地域開発金融機関

　国際開発金融機関といわれる開発途上国の開発資金を提供する国際組織は、四つの世界銀行グループの組織以外にも、地域ごとに地域開発金融機関

7)　荒巻健二（1999）『アジア通貨危機とIMF—グローバリゼーションの光と影』日本経済評論社。ローレンス・マッキラン、ピーター・モントゴメリー編（森川公隆監訳）（2000）『IMF改廃論争の論点』東洋経済新報社。(Lawrence J. McQuillan & Peter C. Montgomery (eds.) (1999), *The International Monetary Fund: Financial Medic to the World?*, Hoover Institution Press.)

表 3-5　地域開発金融機関の概要

機関名	アジア開発銀行（ADB）		米州開発銀行（IDB）	アフリカ開発銀行グループ		欧州復興開発銀行（EBRD）
	OCR	ADF	OC／FSO	AfDB	AfDF	
設立年月	1966.8	1974.6	1959.12	1964.9	1973.6	1991.4
加盟国数	68	36	48	40	29	72
日本の加盟	原加盟	原加盟	1976 年 7 月	1983 年 2 月	原加盟	原加盟
性格	準商業ベース	譲許的資金	準商業ベース 譲許的資金	準商業ベース	譲許的資金	準商業ベース
資本金・拠出金（億ドル）	2,906.6	308.1	1767.0	382.2	54.0	297.5（億ユーロ）
主要国出資シェア 日 米	12.75 12.75	36.34 13.18	5.00 30.01	5.42 6.52	5.16 5.20	8.6 10.1
その他	中国 5.44 印 5.35 豪 4.91	豪 7.18 加 6.13 独 5.45 英 4.67	Argentina 11.35 Brazil 11.35 Mexico 7.30	Nigeria 8.68 Egypt 6.05 Algeria 5.05 S. Africa 5.03	英 5.53 独 5.37 仏 5.25 AfDB 50.00	英 8.6 独 8.6 仏 8.6 伊 8.6
本部所在地	マニラ		ワシントン DC	アビジャン（ナイジェリア）		ロンドン

（注）　1.　白鳥正喜（1995）『ODA フロンティア』大蔵省印刷局（94 頁）をもとに、各機関の年次報告書および HP の
　　　　　データより筆者作成。
　　　　2.　加盟国数・投票権シェアおよび資本金・拠出金（資産）総額は 2022 年 12 月末時点。

（RDBs）が設立されている。表 3-5 のように、IDA が設立された 1960 年前後に米州開発銀行（IDB）、アジア開発銀行（ADB）、アフリカ開発銀行（AfDB）の三つが相次いで設立されたほか、冷戦終焉後の旧ソ連・東欧地域の市場経済化・民主化を支援するために 1991 年欧州復興開発銀行（EBRD）が設立され、合計 4 機関がある。

　IDB、ADB、AfDB の 3 機関については、世界銀行と同様、準商業ベースの融資枠組みと譲許的支援の枠組みの両方をもっていることに注意しておく必要がある。2002 年以降、世界銀行の譲許的支援の枠組み（IDA）の中で無償支援の比率が拡大され（IDA 支援全体の 50％まで可能）、低所得国の場合、100％の無償支援を受けることも可能になったことと連動して、これらの RDBs でも低所得国に対しては無償支援が供与されるようになっている。その意味で、世界銀行や RDBs は、無償支援を行う国連開発機関と業務や支援内容が重複するようになっている。なお、EBRD は支援対象国に低所得国が少ないことから、基本的に準商業ベースの支援枠組み（および技術支援）のみである。

　興味深いのは、こうした RDBs での各国の拠出比率であり、中南米地域へ

の支援を担当するIDBでは米国が圧倒的に高く地域大国（アルゼンチン・ブラジル等）がそれに続き、アジア地域への支援を担当するADBでは日米がほぼ折半、アフリカ地域を担当するAfDBでは米国・イギリス・フランスや地域大国（ナイジェリア・エジプト等）が大きいのは当然として日本の比率が比較的高く、旧ソ連・東欧地域を担当するEBRDでは米国に次いで英・仏・独・日・伊が同じ比率で横並びとなっている。それぞれに主要国・関係各国間の政治的な交渉と妥協の産物であるともいえる。

　なお、ADBの譲許的資金であるADFでは日本の拠出比率が圧倒的に高いが、ADFの拠出比率はADB全体の投票権には連動しておらず、資金的な貢献にとどまる。同様に、AfDBでもAfDFの拠出に関しては、英・独・仏の比率が高いが、これはAfDB全体の投票権には連動しておらず、アフリカ諸国の主導権を維持する一方で、旧宗主国としての資金的貢献の意味をもっていると考えられる。

　全世界を支援対象とする世界銀行と各地域を支援対象とするRDBsの間の役割分担については当初よりいろいろな議論があり、RDBsはその地域の特性によりきめ細かく対応する「地域ドクター」としての役割があるといわれてきた。支援金額の規模をみると、各地域（アジア、米州、アフリカ、東欧）いずれも、世界銀行とRDBsの支援金額の比率は、およそ3対1で推移してきており、その補完的な位置づけが暗黙のうちに存在することがみて取れる。

　また、RDBsにおける各国の思惑や政策決定について分析したものは、国際的にもきわめて少ない[8]。アジア開発銀行については、その設立過程を分析したD.ヤストモによる古典的な業績がある[9]。これは1966年のアジア開発銀行設立にあたって、アジア地域での政治的影響力をめぐる日米双方の政治的思惑とアジア諸国の対応を、関係者のヒアリング等を通じて綿密にまとめた研究成果である。また、東欧・旧ソ連におけるEBRDの民主化・市場経済支援の活動と課題を具体的に紹介した文献として山根によるものがある[10]。

　近年の国際制度論の視点に基づく研究業績として、ミン・ウォンによる

8)　以下はADB総裁の回顧録として有益である。中尾武彦（2020）、藤岡真佐夫（1986）『アジア開銀総裁日記―マニラへの里帰り』東洋経済新報社。

9)　Dennis T. Yasutomo (1983), *Japan and the Asian Development Bank*, Praeger (N.Y.).

10)　山根裕子（1997）『経済交渉と人権―欧州復興開発銀行の現場から』中公新書。

ADBについての論文がある[11]。これは、ADBの投票権がほぼ日米で折半されている一方で、投票権につながらない譲許的資金の拠出（ADF部分）で日本が突出しているのはなぜか（表3-5参照）、をどのように合理的に説明できるかを論じたもので、結論としては、直接的・短期的な国益ではなく、国際関係論のリベラリズムの理論枠組みを使って、国益が広義に定義された結果であると論じている。

⑺　世界銀行の役割の変化

　ところで、世界銀行が当時のウォルフェンソン総裁のもとで、1996年から公式に貧困削減を組織目標として設定し社会開発分野への支援にも本格的に関与し始めたことから、近年は急速に世界銀行と国連開発機関との業務の重複が生じてきている。かつてのインフラ（エネルギー資源・通信）への融資から、社会・人間開発（教育や保健医療分野）や公共セクター管理（ガバナンス）分野に支援の重点が大きく移行してきた。

　また、併せて次のような政策上のアプローチや重点の変化も生じている。すなわち、①教育や保健医療分野への支援の拡大、および制度・政策改革の重視、②相手国内の改革努力や良い政策やパフォーマンスとのリンクの強化、③また、上記と関連して、世界銀行の融資・援助の効果をより適正・的確に把握するシステムとノウハウづくりの強化、④地球公共財、すなわち地球環境や感染症などのグローバルな課題への対処、等である。

　また、世界銀行は2002年にIDA 13次増資交渉において全支援額のうち20％までグラント（無償資金）での支援を可能とし、さらに2005年のIDA 14次増資交渉においてその比率が50％まで高まった。その結果、低所得国に対しては全額グラントでの支援も可能となったことによって、国連援助機関との重複の傾向はますます高まっている。世界銀行の設立以来のこれまでの歴史の中で、大きな転換点を位置づけるとすれば、1960年のIDAの設立、および1980年の構造調整融資の開始であり、2000年代のIDAのグラント部分の拡大は、それに続くおよそ20年ぶりの大きな転換だといえよう。

　さらに、世界銀行自身が「現地化」を進め、途上国の現場での人員や機能を拡大したことと相まって、現地での開発の取りまとめ役としての世界銀行の役

---

11)　Ming Wanによるハーバード大学への博士論文、1994年。

割は拡大している。こうした世界銀行の途上国の開発政策全体へのより深い関与の姿勢や、融資機関から「援助機関」への変化に対しては、一方でそれを批判する議論も少なくない。例えば、アインホーンは、世界銀行は活動分野を広げすぎたがために有効性を失いつつあり、政治的な融資を避けようとする一方で政治過程に否応なく介入を深めるというジレンマに陥っている、と指摘した[12]。また、*Financial Times* の記者であるフィドラーは、ウォルフェンソン総裁は世界銀行を大きく変えたが、そのために世界銀行は機能不全に陥っている、とウォルフェンソンの路線を批判した[13]。

　2023 年にはいって、気候変動や自然災害に伴う食糧・エネルギー問題の深刻化や感染症や情報通信革命といった新たな世界的課題の顕在化に対して、国際開発金融機関の役割を見直す動きが強まっており、バンガ総裁になり、世界銀行の改革の模索が強まっている[14]。こうした世界銀行の変容は現在も進行中であり、引続きその動向を把握し、その意義と課題を検討・分析していくことが必要であろう。

2　世界銀行の開発思想

(1)　「ワシントン・コンセンサス」

　1950 年代から 1960 年代にかけての世界銀行の開発論は、いわゆるビッグ・プッシュ（big push）論が中核になっていた。すなわち経済成長を資金的な支援によって押し上げることが主たる目的とされ、経済全体の成長の利益が人々にも均等に及んでくるという理論（これを「均てん理論（trickle-down theory）」と呼ぶ）に基づく比較的単純な議論であった。しかし、10 年以上に及ぶ開発支援の経験ののち、一部の人々が豊かになっても開発から取り残される貧困層が多数出てくるという現実に直面し、「人間の基本的ニーズ（BHN）」アプローチ、すなわち教育・医療・保健といった人々の生活の基本的必要に応えるべきだという考え方が、特に 1970 年代後半から強くなってきた。さらに、1980 年代になると、途上国の累積債務問題への対応を契機として、いわゆる「構造調整」

---

12)　Jessica Einhorn (2001), "The World Bank's Mission Creep", *Foreign Affairs*, Sep-Oct.
13)　Stephen Fidler (2001), "Who's Minding the Bank?," *Foreign Policy*, Summer.
14)　例えば、次のような報告書が出されている。IEG（Independent Expert Group）(2023), *The Triple Agenda: Strengthening Multilateral Development Banks*, G20 (September).

76

が始まって、新古典派的な開発論が世界銀行の開発アプローチの主流になった。

　1980年代以降、構造調整融資の途上国への影響力が拡大するに伴って、いわゆる新古典派の処方箋はあたかも絶対的普遍的な教義（ドグマ）のようにとらえられてきた。しかし、開発アプローチとして新古典派が主流といわれるようになったのは1980年代以降であり、それ以前は、貧富の格差是正を重視する構造主義的考えや、国内産業を保護し国家（政府）主導で経済建設を急ごうとする輸入代替工業化政策やケインズ的処方箋が主流であった時代もある。1980年代以前は、国家（政府）による市場への介入や輸入規制による国内産業の保護育成は、多くの発展途上国によって採用された一般的な開発政策であった。

　1980年代以降、世界銀行・IMFが構造調整プログラムを通して途上国側に求めた改革プログラムは、そうした国家主導の開発政策を否定し、自由化と市場メカニズムを重視する処方箋への大きな転換を求めるものであり、それは、1960-70年代の国家主導の経済運営を失敗と位置づける認識に基づくものであった。

　世界銀行・IMFによる新古典派開発論の枠組みを要約するものとしてよく取り上げられるのは、ウィリアムソンによる、いわゆる「ワシントン・コンセンサス（Washington Consensus）」の10項目の整理である[15]。ワシントン・コンセンサスとは、ワシントンに本部がある世界銀行・IMFのエコノミストの間で常識とされている経済開発の基本的アプローチのことであり、その10項目とは、以下のものである。すなわち、①財政の規律、②公共支出の優先づけ、③税制改革、④金融の自由化、⑤市場原理を取り入れた為替制度、⑥貿易の自由化、⑦直接投資の自由化、⑧国営企業の民営化、⑨規制緩和、⑩所有権の確立、である。一言で言えば、自由化・政府規制の緩和と民営化を中核とする一連の改革政策である。こうした施策によって、マクロ経済の安定性の回復に加えて、生産性の向上と雇用拡大、所得格差の改善がもたらされると考えられてきた。

　しかしながら、こうした、1980年代後半から1990年代の前半にかけて重視

---

15)　J. Williamson (1993), "Democracy and the Washington Consensus," *World Development*, No. 21.

されてきた自由主義的な諸政策は、構造調整のマイナスの側面に対する様々な
批判、とりわけ貧富の格差の拡大や社会的弱者や貧困層へのダメージ等を考慮
していくつかの修正がなされてきた。これを「第二次世代改革」と呼ぶことも
ある。第二次世代改革とは、世界銀行によれば「正しい制度の機能」の重視で
あり、IMF によれば「質の高い成長」の重視であるが、その意味内容につい
ては幅広い解釈がある。

　先のウィリアムソン自身は、1996 年に、「新ワシントン・コンセンサス」と
して次の 10 項目をあげている。①高貯蓄率の達成、②公共支出の再編、③税
制改革、④金融・銀行監視、⑤競争的為替レート、⑥貿易自由化、⑦競争的経
済、⑧所有権の確立、⑨制度構築、⑩教育、である[16]。以前の 10 項目に比べ
ると、とりわけ⑨と⑩につけ加えられた制度構築と教育（人的資源への投資）が
重要視されている。さらに、2000 年以降は、世界銀行のチーフ・エコノミス
トであったジョセフ・E・スティグリッツによる、それまでのワシントン・コ
ンセンサスに対する批判もあって（Stiglitz, 2002）、貧困削減や環境政策をより
重視するようになっている[17]。

　加えて 1990 年代になって、「ガバナンス」を新たなキーワードとして、政府
の質や制度のあり方を問う考え方が強く出てきた。1990 年代末以降の世界銀
行の政策の柱である「効果的援助のためには良いガバナンスと制度が必要であ
り、それを前提とした選択的援助（selectivity）が望ましい」とする論理を最も
明確に打ち出したのが、1997 年の *Assessing Aid* であった（世界銀行、2000）。こ
うした選択的援助については、そもそも政府の能力が不十分で制度が未整備な
のが途上国であって、選択的援助はそうした途上国を見捨てることにつながる
という批判の声も小さくない[18]。

---

16)　加賀美充洋（1997）「ラテンアメリカの今後の開発戦略」『ラテンアメリカレポート』Vol.
　　14、No. 1。

17)　盛真衣子（2007）「『ワシントン・コンセンサス』の諸問題とその克服への道─中南米におけ
　　る『ポスト・ワシントン・コンセンサス』の適用をめぐって」『岡山大学経済学会雑誌』Vol.
　　39、No. 3、1-22 頁。

18)　近年、こうした「政府の能力が弱く制度が未整備な途上国」を「脆弱国家（fragile states）」
　　と呼び、国際的に支援の必要性が叫ばれ、効果的な支援のあり方についての議論が進展してい
　　る。議論の詳細は例えば次の文献を参照されたい。稲田十一編（2009）『開発と平和─脆弱国
　　家支援論』有斐閣。

(2) ワシントン・コンセンサス批判

　世界銀行・IMF を中心とする新古典派的な開発アプローチについては、研究者からも援助実務家からも様々な批判がなされてきた。そうした批判は必ずしも、新古典派の開発論、あるいは自由主義的な経済改革の処方箋そのものに対する批判でないことも多い。世界銀行・IMF の開発論に対する一般的な批判論は、きわめて広範囲な内容を含んでいるので、開発経済学の範囲を超えたより大きな政策的な意味合いをとらえる中で、その要点を整理しておくことにしよう。こうした観点からすると、世界銀行・IMF 批判には次のようないくつかのタイプがある。

　第一は、この IMF・世界銀行が進める構造改革の新古典派に基づく枠組みは、「相手国の個別の事情をあまり考慮しない画一的なものである」という批判である。これまで「ワシントン・コンセンサス」といわれた自由主義的な経済運営、貿易・投資・資本等の自由化および開放政策に加えて、近年は、「グッド・ガバナンス」も注文事項に含まれるようになってきたが、これも欧米の基準からみた画一的なものであって、そうした欧米を中心とする開発論の枠組みを画一的に適用しているという批判である[19]。

　第二は、おそらくコンディショナリティをつけることそれ自体に対する漠然たる批判、つまり「相手国の国内の問題にそこまで外部の主体が関与してよいのか」という疑問である。そもそも IMF・世界銀行はその設立憲章で「相手国内の政治への不干渉」を謳っており、それに反するのではないかという議論もあるが、これについては、世界銀行・IMF のコンディショナリティは融資・援助に伴って注文をつけているのであって、いわゆる「内政干渉」にはあたらないというのが一般的な解釈である。また、コンディショナリティをつけた形での支援は、相手国の「オーナーシップ」を無視した一方的な押しつけだという批判も、類似した批判として根強い。

　第三は、IMF・世界銀行は国際機関といえども米国が主導している機関であり、「IMF・世界銀行の政策の背後には米国の利害・国益が色濃く反映されており、その方針は、米国（特にその金融界）の利害に資するためのものである」という批判である。この議論の延長として、「IMF・世界銀行＝米財務省＝

---

19)　例えば、石川滋（1997）『開発援助研究』Vol.4, No.1。

ウォール街複合体」という言葉も広まった[20]。

(3)　ワシントン・コンセンサスの修正

　一方、経済改革の進め方や市場経済システムのあり方について、これまで世界の経済開発問題に大きな影響力をもってきた世界銀行・IMF の新古典派アプローチそのものについて異論も出されてきた。例えば、1990 年代には日本をはじめ内外の専門家の中に、新古典派に基づく発展戦略に対して「東アジア型モデル」に基づく発展戦略があると主張する論者も多く登場した。彼らは、過去数十年の歴史の中で、国家の市場経済への積極的介入のもとで、日本や韓国や台湾の経済成長がもたらされたことを例にあげている[21]。こうした東アジアにおける政府主導型経済発展論がどこまで正しいかについては、引き続き熱心な議論が続いている。

　1993 年に出された世界銀行の報告書「東アジアの奇跡」は、東アジアの急速な経済発展の要因を分析し、結論として、産業政策・政策金融といった政府介入の意義を退け、民間の競争や活力が引き出された点にその要因を求めたのであった[22]。実際、上記の市場重視の経済政策に対して国家主導の経済運営を強調する議論（「開発体制」論や「開発主義」論）は、1990 年代後半の日本経済の低迷や、1997 年以降のアジア経済危機によって、その説得力を低下させてきた。また、米国流の経済自由主義と新古典派経済学の教義は、「グローバル・スタンダード（世界標準）」としての影響力をさらに増している面もある。

　他方で、1980 年代以来の世界銀行・IMF による新古典派の処方箋は、特にアジア以外の地域において目立った成果をあげていない、との批判も依然として強い。新古典派の中からも、市場経済の前提としての社会制度や情報の重要性を指摘する議論（これを「新制度学派」と称することもある）も台頭している（Serra & Stiglitz, 2008）。近年では、こうした新制度学派の議論の延長として、「社会関係資本（Social Capital）」という概念を使って、個人や共同体の経済的

---

20)　Jagdith Bhagwati (1998), "The Capital Myth," *Foreign Affairs*, Vol. 77, No. 3, May/June, pp. 7-12.

21)　Robert Wade (1990), *Governing the Market: Economic Theory and the Role of Government in East Asian Industrialization*, Princeton University Press. Alice H. Amsden (1989), *Asia's Next Giant: South Korea and Late Industrialization*, Oxford University Press.

22)　World Bank (1993), *The East Asian Miracle: Economic Growth and Public Policy*, The World Bank.

80

意思決定に影響を与える社会規範や制度組織を分析することも盛んに行われるようになっている[23]。他方で、援助効果をインプットではなく成果でみるべきだとし、これまで欧米が行ってきた援助アプローチを批判する議論もある（イースタリー、2009）。

　国際的な HIPCs の債務削減や世界銀行の貧困削減戦略にみられるように、貧困対策は近年の国際開発の重要課題となっており、マクロ経済的な安定と成長を重視してきた伝統的な新古典派の教義は、貧困削減と保健・医療や教育分野などの社会開発をより重視する方向（Pro-poor Growth）へと変化してきた面もある。その意味で、特に 1980 年代後半から 1990 年代を通じて強かった、貧困層の救済と社会開発を重視する立場からの批判は、相当程度、世界銀行・IMF の新しいアプローチの中に取り込まれたともいえる。ただし、そうした新しい潮流はこれまでの考え方を補完するものであって、市場メカニズムと競争を重視する新古典派の教義に完全に取って代わるものではなく、新古典派の教義は、今日の開発潮流の中で依然として大きな影響力を有しているとみることができよう。

3　構造調整レジームと PRS レジーム

(1)　「構造調整レジーム」の成立と変容

　世界銀行・IMF が中核となった開発支援の枠組みとしてとりわけ重要なのが、1980 年代に開発途上地域の累積債務問題の顕在化とともに、世界銀行・IMF が中心となって進めてきた「構造調整融資（SAL）」である。「構造調整」とは、マクロ経済の運営から経済諸制度にわたる包括的な経済改革プログラムのことである。その後、世界銀行は「セクター構造調整融資（SECAL）」、IMFは「拡大構造調整ファシリティ（ESAF）」の枠組みをつくり、こうしたプログラム融資はその重要性を増していくことになる。今日こうした支援は、世界銀行では「開発政策支援借款（DPL）」と呼ばれるようになり[24]、また ESAF は

[23]　例えば次を参照。Robert D. Putnam (1993), *Making Democracy Work: Civic Traditions in Modern Italy*, Princeton University Press. 稲葉陽二 (2011)『ソーシャル・キャピタル入門—孤立から絆へ』中央公論社。佐藤寛編 (2001)『援助と社会関係資本—ソーシャルキャピタル論の可能性』アジア経済研究所。

[24]　「構造調整」についての文献は数多いが、例えば次を参照。本間雅美 (1996)『世界銀行と国

HIPCs イニシアティブの導入に伴って「貧困削減成長基金（PRGF）」と改称された。

　構造調整融資の枠組みは開発支援の「国際レジーム」の典型的な事例であるため、以下で、もう少し詳細にその制度の構造を分析しておくことにしよう。

　1980 年代は、世界銀行が再び新古典派アプローチを重視し「構造調整」の枠組みを定着させていった時期である。ここに至って、世界銀行および IMF を中心とする国際開発援助（とりわけ融資）の規範やルールが、その他の二国間ドナーや民間資金の流れを強く拘束し、「国際レジーム」としての性格を強めていくことになる。

　1980 年代に、「構造調整融資」の枠組みが登場しその役割と影響力を拡大していった背景には、次のような要因がある。

　まず国際経済上の背景として、①石油危機後の先進国の景気低迷による途上国の輸出の伸び悩み、②途上国自身の行きすぎた国内開発支出や国営企業の非効率な運営などによる財政赤字の拡大、輸入の急増や安易な対外借り入れ依存、③ 1980 年代前半の世界的な高金利による債務国の利払いの増加、等があげられる。

　また、それがもたらした国際政治経済的影響として、①途上国に対し貸し付けられた多額の民間融資の返済が滞るという事態が、単に民間銀行の問題だけではなく、米国をはじめ主要先進国の経済全体をも動揺させる可能性が生じたこと、②その問題への対処にあたって、米国といえども一国だけではもはや対処できず、世界銀行・IMF といった国際機関の影響力を動員しながら、他の主要先進国の政策協調を求めざるをえなかったこと、③他の先進国も、この途上国の累積債務問題の影響が自国経済に与えるインパクトを考慮して、他の先進国とともに何らかの共同対処をせざるをえなかったこと、があげられる。

　米国の強いリーダーシップもあって、世界銀行や IMF はこうした累積債務問題に対応して「構造調整融資」を開始する。ここで大きな意味をもったのは「コンディショナリティ」であり、これは、世界銀行や IMF が途上国に対して政策改善の実施を促し、経済調整の進捗状況をモニターする目的で設定される融資条件のことを指す。コンディショナリティの設定は、こうした国際開発金

際債務問題』同文舘出版、および本間雅美（2008）、等。Carl Jayiraah (1995), William Branson, *Structural and Sectoral Adjustment: World Bank Experience 1980–92,* The World Bank.

融機関と被援助国側との協議・政策対話を通じて行われるが、この合意なしでは融資が出ないため貸手側に大きな影響力がある。しかし、世界銀行・IMFの進める構造調整は、経済改革の過程で失業の増大や財政赤字削減に伴う社会的サービスの低下につながることが多く、とりわけ社会的弱者へのダメージが大きい。実際、貧困の問題は改善されるどころか貧困層はサブサハラ・アフリカを中心にますます拡大していったと、今日では批判されている[25]。

(2) 「構造調整レジーム」の利益構造[26]

レジーム論では、レジーム形成の要因としてまず参加アクターの利害構造に着目する。前述のように、1980年代に世界銀行・IMFが中心となって途上国に対する構造調整融資型の資金協力を進めていく体制がつくられていったが、この枠組み成立を支えた各国の利害の構造を、レジーム形成の動態分析の観点からもう一度整理してみよう。

背景にある最大の問題は途上国の累積債務問題であり、融資相手国に「破産」されて資金が回収できなくなっては困る先進国の存在があった。他の先進国や民間の融資機関が、この世界銀行・IMFの構造調整の枠組みと共同歩調をとる理由は、そこに「相乗りの利益」があるからである。やや単純化して言えば、経済運営に失敗して金融的・財政的に破綻した国に追加的な融資や投資をする際に、それまでのやり方を改め構造的な改革をしてもらわないと再び同じ失敗をおかし、貸した金が返ってこない可能性が高い。一方で、世界銀行・IMFが相手国に求めている構造改革の注文にもかかわらず、他の国あるいは民間銀行が相手国に多額の融資（すなわち「抜け駆け」）をすれば、その交渉のプロセスを掘り崩すことになる。相手国は、そうした自らに対する厳しい注文に耳を貸さず、安易に金を借りるという行動（いわゆる「モラル・ハザード」）を引き起こすことになる。したがって、世界銀行・IMF自体も、他のドナーに歩調を揃えるよう求めるのである。

1980年代以降、世界銀行・IMFを先進国の債権団の代表に押し上げた背景

---

25) こうした世銀の構造調整批判については、例えば次を参照。辻一人（2016）「貧困削減への取り組み」下村恭民・稲田十一・辻一人・深川由起子『国際協力［第3版］』有斐閣、第5章。
26) 本節は、筆者が執筆した、藤原・李・古城・石田編『国際政治講座③——経済のグローバル化と国際政治』東京大学出版会、2004年の第4章「国際開発援助体制とグローバル化——構造調整／貧困削減戦略レジームの展開」をもとに再整理したものである。

には、それら国際機関の最大株主としての米国の思惑の変化もある。米国は、1970年代まで、さらには1980年代初頭においても、国際機関の役割をあまり重視せず、むしろ二国間援助を通じて自国の利益をより直接的に追求していくという姿勢をとっていた。しかし、1980年代後半には、米国の財政赤字が拡大し援助余力が低下するに伴って、第三世界への援助や金融支援の枠組みとしてIMFや世界銀行を積極的に活用する方向に転じた[27]。また、累積債務問題への他の先進国の負担を求める上で、世界銀行・IMFという国際機関を使うことは好都合であった。他のドナー国にとっても、相手国の経済再建は資金回収のためには不可欠であるが単独では厳しい注文をつけにくく、国際機関にそうした役割を担わせることに共通の利益もあった。

　結果として、この構造調整融資の枠組みは、他の先進国の開発途上国に対する公的融資や民間資金の流れにきわめて大きな影響を与えている。

　次に、構造調整の枠組みが及ぼす影響力の範囲を、できるだけ数字で具体的に明らかにしてみよう。

　まず、世界の開発途上国のうち、世界銀行・IMFの構造調整融資を受けてきた国の比率はどのくらいであろうか。表3-6は、1980年代以来の構造調整融資の対象国およびPRSPの対象国の拡大を示したものであり、その範囲の拡大がわかる。1980年代後半から、融資対象国の数全体に占める構造調整型の融資（これにはセクター融資も含む）がなされた国の数の比率がかなり高くなっている。

　ある世銀報告書によると、1980年から1993年までの間に世界銀行の構造調整を受け入れた国は51カ国にのぼる[28]。表3-6に示したように、世界銀行（IBRDおよびIDA合計）の融資適格国がおよそ60カ国前後であることを考えると、この比率はきわめて高い。

　一方、PRSPは債務削減を受けるすべてのHIPCs（2001年時点で合計49カ国）のみならず、IDAの融資対象国すべてにその提出が義務づけられることになった。完全なPRSPでなくとも暫定版PRSP（I-PRSP）でもよいとされるが、その報告書が理事会で承認されない限りIDAの融資やグラントの対象国になら

27）　Cathrine Gwin (1994), *U.S. Relations with the World Bank 1945–92*, The Brookings Institution.
28）　World Bank (OED)(1996), *Structural and Sectoral Adjustment: World Bank Experience 1980–92*, The World Bank.

84

表 3-6　SAL／PRS レジームの対象国数と範囲

年	SAL 供与国数	IBRD/IDAの融資国数	IDA 融資適格国数	IDA 加盟の途上国（II 部加盟国）数	DAC 認定途上国・地域の数
1982 年	15	45/41	n.a.	103	122
1987 年	37	42/44	48	107	134
1992 年	31	43/50	56	121	162
1997 年	35	42/50	63	132	161（＊）
2002 年	39	40/53	65（IDA のみ可）+ 15（IDA/ IBRD 両方可）（PRSP 作成国 56）	137	162（＊）

（出所）　1.　左から 4 項目の数値は、『世界銀行年次報告（World Bank Annual Report）』各年版より作成。DAC
認定途上国・地域の数については DAC 資料（OECD/DAC, *Geographical Distribution of Financial
Flows to Developing Countries*、各年版）より作成。
2.　PRSP については世銀資料（World Bank, Timelines for I-PRSPs, PRSPs, CASs, PRGF, and HIPC
Decision and Completion Points, April 2002.）より筆者作成。PRSP 作成国の数は暫定版を含む。
3.　＊は（東欧等の）移行国を含まない数。

ないという点で、引き続き「事実上のコンディショナリティ」であり続けているのである。

　表 3-6 からわかるように、2002 年 6 月末時点での IDA 加盟の途上国は 137 カ国であり、その中の IDA 融資適格国は 65 カ国である。この IDA に加盟しその融資を受けようとするすべての途上国は、世界銀行の融資を受けるにあたって、暫定版でもよいにしろ PRSP の作成が義務づけられ、世界銀行の理事会の判断を仰ぐことになった。世界銀行資料によれば、2002 年 6 月時点で、完成版の PRSP を作成した国が 12 カ国、暫定版の PRSP を作成した国が 44 カ国、合計 56 カ国であり、この数は融資適格国の数にかなり近い[29]。また、この数は構造調整融資の対象国の数を大幅に上回っており、PRSP の導入によって経済社会運営に実質的に関与する国の数が増大したことも示されている。

(3)　PRS レジームの成立と貧困削減の重視

　1990 年代末になると、世界銀行はその支援にあたって、途上国政府が「貧困削減戦略文書（PRSP）」を作成し世界銀行と IMF の合同審査と理事会の承認を得なくてはならないという仕組みをつくった。この PRS の枠組みは、それまでの構造調整の枠組みをさらに広げる意味をもつことになった[30]。PRSP 作

[29]　World Bank (2002), *Country Timelines for I-PRSPs, PRSPs, CASs, PRGF, and HIPC Decision and Completion Points,* April.
[30]　日本では「PRSP 体制」という言い方が広まっているが、報告書よりもその戦略策定のプロセスを重視する意味では、「PRS 体制」という言い方が適切であり、一般的な呼び方でもあ

成を求められたのは HIPCs ばかりでなく、IDA 融資の対象国すべてに広げられた。また、世界銀行・IMF の融資や債務削減を受けるためには、従来のマクロ経済運営に関する改革の条件だけでなく、貧困対策や社会開発政策も審査の対象となった。

　世界銀行は、1997 年頃から包括的開発フレームワーク（CDF）を提示し、これをもとにマクロ経済支援からインフラ建設、社会開発、貧困削減、ガバナンス支援などあらゆる開発の課題を一つの枠組みの中でまとめ、国際機関や各ドナーがそれぞれの比較優位のある分野を分担しながら密接に協力し相談しつつ、途上国側の開発戦略と連携して支援していくことを主張してきた[31]。また途上国側では、様々な開発の課題を CDF のマトリックスに対応した形でまとめた開発計画案の作成が求められた。これがより具体的な形で結実したものが PRSP である。世界銀行は PRSP をとおして CDF を実現したともいいうる[32]。多くの途上国で PRSP を中核に各ドナーが支援するようになっており、PRSP は事実上世界銀行がチェックすることになっているという点で、世界銀行主導のメカニズムであるということもできる。

　さらに、世界銀行自身が「現地化」を進め、途上国の現場での人員や機能を拡大したことによって、現地での世界銀行の開発の取りまとめ役としての役割はさらに拡大することになった[33]。実際、開発の様々な分野ごとに各ドナーを含めた現地でのワーキング・グループ会合が頻繁に開催され、これまでの CG 会合のシステムはさらに分野ごとに細分化され現地でルーティン化されてきた。こうした「パートナーシップ・アプローチ」はその後強化されていった（第4章参照）。

　1980 年代に構造調整の枠組みが成立したときには、主として世界銀行・IMF（そしてその背後にいる米国）がその枠組みの成立にあたってイニシアティブをとったのに比較すると、PRS の枠組成立のメカニズムは少し異なる。G7 等の場で HIPCs への債務帳消しの方向が定まる中で、主要ドナーにより世界

る。以下を参照。柳原透（2008）「国際援助レジームの形成とその意義」『海外事情』9月号。榎本とも子（2003）「PRSP・貧困モニタリング・援助協調—タンザニアの事例」『GRIPS ディスカッションペーパー』No.5、4月、3頁。

31)　The World Bank (1998), *Comprehensive Development Framework*.
32)　2000 年前後の世銀の変化については次を参照。大野（2000）。朽木（2004）。
33)　現地化（Decentralization）は文字どおりでは「分権化」と訳されることが多いが、世銀改革のコンテクストではワシントンへの集中から「現地化」への動きである。

表3-7 構造調整レジームとPRSレジームの背景要因と利害構造の比較

説明要因	構造調整レジーム	PRSレジーム
経済のグローバル化	○（重要な背景要因）	△（HIPCsへの対応との関連）
国際的規範の強化	△（支援のコンディショナリティ）	△（パートナーシップの重視）
主要先進国の利害とその収斂	◎（国際金融界の利害共有）	◎（米国の独自の姿勢等）
制度の惰性と維持強化	×（新たなレジーム）	○（レジームの拡大）
開発効果追求の論理	○（ワシントン・コンセンサス）	◎（調和化・アラインメント）

（注）　◎は最大要因、○は重要な要因、△は部分的要因、×は弱い要因、をそれぞれ示す。
　　　（　）内は、その内容のポイントを示す。

銀行・IMFにHIPCsの経済運営の監視役を担わせようという動きが生まれ、国際開発金融体制の中でそのリーダーシップの強化を目指していた世界銀行・IMFがそれに流れに乗って急速に途上国全体に及ぶレジームとしての性格を強めていったということができる。主要先進国の中で、日本の対応はむしろ後追い的であり、PRSが国際的レジームとしての性格を強め、日本もこれに対応せざるをえなくなって、ようやく共同歩調をとり始めた[34]。しかしながら、PRSPの歴史はまだ浅く、レジームとしてどの程度定着するかはより長期的な視野で評価する必要がある。2000年代後半には、PRSの影響力は後退・拡散してきたとの指摘もある[35]。

　表3-7は、構造調整レジームとPRSレジームの成立の背景要因、すなわち共通ルールと協調行動をもたらす主要関係国の利害構造と規範形成の促進要因を、簡略化して対比させた一覧表である。

BOX-2　世界銀行のCPIA

CPIA（国別政策・制度評価）とは、世界銀行の融資や支援を決定する際の主要参考指標で、その国の制度や政策の善し悪しの度合いを指標で表すものである。評定値は、①経済運営（マクロ経済運営、財政政策、債務政策）、②構造政策（貿易、金融、ビジネス規制環境）、③社会参入度（ジェンダー平等、公共資源の公正な配分、人的資源開発、社会的保護と労働権、持続可能な環境政策）、④公共セクター管理（財産権およびルールに基づくガバナンス確保、予算および財政運営の質、歳入動員の効率性、行政機構の質、公共セクターにおける透明性・アカウンタビリティ・汚職）の四つのクラスターの各項目の平均値で評価されている。合計16項目、評定値が3.2以下の国を「脆弱国家」としている。

---

34)　日本のPRSPへの対応については、例えば次を参照。石川滋（2002）「世界銀行の国際開発政策見直しと日本のODA」『社会科学研究』第53巻第6号、3月。
35)　遠藤衛（2012）「レジーム変動論から見た1990年代以降の援助アプローチの展開―タンザニアにおける援助実践を中心に」2012年度国際開発学会全国大会報告論文、12月2日、神戸大学。

表 3-8　アジア金融危機の際の国際支援パッケージの概要

支援対象国	タイ	インドネシア	韓国
IMF との合意締結日	1997 年 8 月 20 日	1997 年 11 月 5 日	1997 年 12 月 4 日
支援総額（億ドル）	152	342	583.5
うち、IMF	40	100	210
うち、日本	40	50	100
うち、米国	0	30	50

（出所）　各年月日の IMF, *Press Release* をもとに筆者作成。

4　テーマ研究 I―インドネシア経済危機への世界銀行・IMF の対応

　世界銀行・IMF が中核となって実施された国際金融支援の事例は数多い。以下では、そうした国際金融支援の枠組みとその課題を分析する事例研究として、1997 年に勃発したアジア経済危機、とりわけ対インドネシア支援を例として取り上げることにしたい[36]。

　1997 年に勃発したアジア経済危機は、その影響の度合いに軽重の差異はあるもの、アジア全域を巻き込む大きな出来事であった。1997 年 8 月にタイに始まった金融危機は、その後アジア全域に波及し、同年 11 月にはインドネシアが、12 月には韓国が IMF に国際金融支援を要請した。表 3-8 は、これら 3 カ国に対する国際金融支援の概要をまとめた表である。

　これらの国の中で最も大きな影響を受けたのがインドネシアである。インドネシアに対する国際金融支援のケースでは、IMF や世界銀行のインドネシア政府への融資は、インドネシアの政治的混乱やガバナンスの問題ときわめて密接に関連しながら、たびたび中断されることになった。そのため、日本も否応なくインドネシアの政治情勢を考えながら援助や融資を供与していかざるをえなかった。

　以下では、世界銀行や IMF あるいは日本など国際社会の融資・援助が、インドネシアの政治問題やガバナンスの問題にどう左右されたのか、インドネシア側はどう対応したのか、といった点に焦点をあてて、より詳細に検討・分析

[36]　本節は、筆者が執筆した英語論文、Thomas Berger, Mike Mochizuki, & Jitsuo Tsuchiyama (eds.), *Japan in International Politics: The Foreign Policies of an Adaptive States*, Lynne Rienner Publishers, 2007 の第 8 章 "Responding to the Asian Financial Crisis" をもとに再整理したものである。

88

していくことにしたい[37]。

⑴　インドネシアの政治変動と国際支援

　まず、インドネシアがIMF支援を要請した1997年10月以降、世界銀行・IMFや日本の支援がいかにインドネシアの政治的混乱や東ティモール問題に左右されたかを、以下で時系列を追ってみていくことにしよう。

第1期—スハルト政権末期（1997年11月–1998年5月）

　1997年夏のタイ・バーツ切り下げ以降、インドネシア・ルピアの切り下げ圧力が急速に高まり、10月はじめ、インドネシアはやむなくIMFに支援を要請し、10月8日、IMF・世界銀行等が支援の意図表明を行った。11月には、IMFを中心とする支援パッケージが具体化され、IMFは100億ドル、世界銀行45億ドル、ADB35億ドル、第二線準備（当初の支援で不十分な場合に追加支援として準備された資金）として日本50億ドル、シンガポール50億ドルなどを軸とする、総額で名目上412億ドルにのぼる支援がまとめられた。もっとも実際にはこれらの金額は即座に提供されるわけではなく、インドネシアと構造改革や経済状況を勘案しながら徐々に出されるものである（トランシェと呼ばれる）。

　翌1998年1月7日、新たに修正・編成された1998年度予算案が発表されたが、これが大きな問題となった。その予算案は、IMFとの合意に反して緊縮型の財政をとらず、またスハルト・ファミリーの企業など国営セクターの改革を遅らせるものであったからである。これを受けてIMFは融資の一時停止を表明し、市場はこうした事態を受けてますますルピアを売り通貨は暴落して

---

37) この事例研究は、数多くのヒアリングや関連資料に基づいて掲載した以下の英語論文の一部を邦訳したものである。Juichi Inada (2003), "Governance Factors in Indonesian Economic Development," in *The Role of Governance in Asia* (*Asian Development Experience Vol.2*), Institute of Southeast Asian Studies (Singapore). および、Juichi Inada (2007), "Responding to the Asian Financial Crisis," in Thomas Berger, Mike Mochizuki, & Jitsuo Tsuchiyama (eds.), *Japan in International Politics: The Foreign Policies of an Adaptive States*, Lynne Rienner Publishers (London), Chapter 8, pp.151–175. IMFや世界銀行のインドネシア支援の経緯や内容について、例えば次のような文献を参照。Kenward (2002), *From the Trenches: The First Year of Indonesia's Crisis of 1997/98 As Seen From the World Bank's Office in Jakarta*, Center for Strategic and International Studies (Jakarta). 佐藤百合編（2002）『インドネシア資料集』アジア経済研究所。IMF (1999), *IMF-Supported Programs in Indonesia, Korea, and Thailand: A Preliminary Assessment*, IMF.

いった。

　米国は、クリントン大統領がスハルト大統領に電話でIMFプログラムの遵守を要請したり、サマーズ財務次官やコーエン国防長官をジャカルタに派遣するなど、IMFの規範の遵守を強く求めた（いずれも当時の肩書）[38]。こうした国際的圧力の中で、スハルトは改革案を受け入れることには同意した。

　1998年3月10日の大統領選挙ではスハルトが再選（7選）され、副大統領にハビビが選ばれた。日本は、こうしたスハルト政権とIMFとの構造改革をめぐる対立からインドネシア経済がますます困窮する一方、政治的外交的に国際社会の支持を失っていくのを防ぐため、3月15日に橋本首相がインドネシアを訪問し、IMFの注文に耳を傾け構造改革を進めることを助言した。その結果、3月21日には、IMFとインドネシア政府との間の支援条件見直し交渉が妥結し、いったんはスハルト政権も経済改革に着手し、安定化に向かうかにみえた[39]。

　しかしながら、5月にはいり、政治的混乱が収拾不可能なほどに進んできた。各地で暴動や民主化運動が起き、またアチェや東ティモールでは独立を求める動きも活発化した。その一方、こうした政治的混乱をみて市場はますますルピア売りを強め、通貨はどんどん暴落していった。こうして政治的混乱は増幅し、軍内部でもウィラント少将（当時）を中心に政権交代への動きが加速し、ついにスハルト政権は崩壊した。

第2期—ハビビ政権下（1998年5月-1999年10月）

　1998年5月21日、スハルトに代わり、ハビビが大統領に就任した。

　ハビビは、国際社会の信任を得るため、経済構造改革に本格的に取り組み、また民主化（政治改革）や東ティモール問題でも国際社会の期待に沿った柔軟な姿勢をみせた。そのため、IMF・世界銀行も、インドネシアの経済再建と構造改革支援のため追加的な支援策をまとめ、7月に合意に達した。この追加合意では、IMF13億ドル、世界銀行10億ドル（貧困削減戦略のための融資）、ADB

38)　John Bresnan (1999), "The United States, the IMF, and the Indonesian Financial Crisis," in Adam Schwarz and Jonathan Paris (eds.), *The Politics of Post-Suharto Indonesia*, Council on Foreign Relations Press, p.91.

39)　この時点では、すでに主要ドナー側は、スハルトではもうだめだとの認識で一致したといわれている。白石隆（1999）『崩壊インドネシアはどこへ行く』NTT出版、75頁。

10億ドルなど、合計60億ドルの支援が表明され、これに加えて8月に、さらにIMFとの間で追加的支援の合意がなされた。

　ハビビ政権は、国内経済の混乱を抱えながらも、政治改革や東ティモール問題での柔軟な姿勢を示したことから、基本的には、国際社会はインドネシア経済支援のために積極的に動いた。中でも熱心だったのは日本であり、1999年10月には「新宮澤構想」を発表するなど、通常の円借款のほか様々な金融・経済支援を供与していった。1999年3月には、日本輸出入銀行のアンタイド・ローンとして2,100億円の供与を決定し、またIMF・世銀・ADBもインドネシアへの追加支援を表明した。もっともIMFは、この時期においても、例えば1998年6月から7月にかけて、「政治的安定なしに経済の改革が達成できない」との理由で融資を中断している[40]。

　こうした中、インドネシアの総選挙が6月に行われることとなった。こうした政治情勢の中、4月頃から東ティモールでは独立派と併合派の対立が激化、さらにアチェ州などでも独立を求める動きが激化してきた。また5月には、スハルト政権下での腐敗・汚職や不正蓄財の問題が表面化し、スハルト訴追を求めるデモも激化し、国内政治は再び混迷を深めていった。それと関連して、旧スハルト体制のもとでの日本の援助の入札と受注に関する問題点も浮き彫りにされた[41]。

　こうした中、5月24日、世界銀行はインドネシア支援（11億ドル）の拠出を総選挙後まで見合わせる方針を発表し、IMFもこれと同様の措置をとることを表明した。6月7日、総選挙の投票が行われ、やがて与党ゴルカルの敗北が明らかとなる。こうした結果を受けて、6月18日、IMFのフィッシャー副専務理事が有力5政党と会談し、経済改革策の継続を確認、国際社会のインドネシア支援の継続の方向が確認された。7月末（26‐27日）には、パリでインドネシア支援国会合（CGI）が開催され、1999年度の支援約束額は58億6千万ドルに達し、日本はそのうち約16億7千万ドルを供与することを表明した。また、8月にはパリクラブでインドネシアの政府借款26億ドルのリスケジュー

40）　マッキラン、モントゴメリー（2000）198頁、Mcquillan & Montgomery (1999), p.171.
41）　例えば、99年4月には、旧OECF案件の一つであるインドネシアの鉄道高架工事に関するリベート問題が日本のマスコミでも取り上げられた。これは、88年から94年にかけてジャカルタで実施された中央線の高架工事で、日本企業が、その工事の一部を46億円で受注したが、約4千万円のリベートをインドネシア側に渡したとされる問題である。

ル（繰り延べ）が合意された。

　ところが、こうした国際社会の支援も、7月末に表面化した「バリ銀行事件」で再び中断することになる。バリ銀行事件とは、1998年に金融危機で取りつぶされた二つの銀行にバリ銀行が約3兆ルピアの債権をもっており、この債権を国家金融債権庁が補填したが、その補填資金が大統領選挙に流用されたのではないかという疑惑である[42]。インドネシアの金融再建のための構造調整融資を供与しているIMFおよび世界銀行は、この疑惑の真相究明と再発防止策の明確化を条件として融資を一時停止し、日本の円借款の供与も同様に中断を余儀なくされた。

　その一方、8月30日には、東ティモールの自治をめぐる住民投票が行われ、独立派が圧勝し、これを受けて併合派の武力活動が活発化し、これへのインドネシア国軍や警察の関与も噂され、事態は収拾不可能な状況になった。9月5日には、こうした東ティモールの混乱を懸念したIMFが、インドネシア支援の停止を警告する一方、インドネシアへの追加覚書を協議する使節の派遣を中止した。

　こうした国際的圧力と非難が高まる中で、インドネシア政府は東ティモールへの国連多国籍軍の派遣を受け入れ、また10月6日には、インドネシアの最高決定機関である国民協議会が東ティモール独立を事実上認めた（19日に正式承認）。さらに、国民協議会は、19日、ハビビ大統領の不信任決議を採択し、新たに大統領を選出することになった。

第3期―ワヒド政権下（1999年10月以降）

　こうして翌1999年10月20日、国民協議会における投票でワヒドが大統領に選出され、闘争民主党総裁のメガワティが副大統領に選出された。ワヒド大統領は、スハルトの不正蓄財疑惑の解明など政治改革への姿勢をより積極的にみせ、国際社会はこうした動きを歓迎して支援を強化した。

　11月13日には、ワシントンでワヒド・クリントン会談が行われ、クリントンはインドネシア支援の継続を約束し、16日には東京で小渕首相と会談し、日本は引き続きインドネシアを積極的に支援することを表明した。小渕首相は、11月27日にインドネシアを訪問し、日本の経済支援の継続を約束した。

　42）　村井吉敬（1999）『スハルト・ファミリーの蓄財』コモンズ、279-281頁。

図 3-1　インドネシア通貨の変動と政治変化の対応

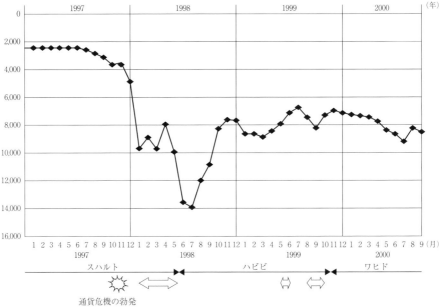

（注）1.　縦軸はルピア／ドル相場（1ドル、spot rate, monthly data）
　　　2.　IMF（*International Financial Statistics*）統計等に基づき筆者作成。

　一方、IMF も、ワヒド政権の成立を受けて、11 月 23 日に追加覚書でインドネシア政府と大筋で合意に達した（1 月に正式調印）。12 月 9 日には、ADB が中小企業支援等のため 10 - 15 億ドルの追加支援を行うことを明らかにし、また、1 月 20 日には、サマーズ米財務長官もジャカルタを訪問し、国際機関を中心にインドネシア支援を今後も行うことを表明した。

　2000 年 1 月 25 日には日本の円借款約 719 億円の交換公文が交換され、2 月上旬には、ジャカルタでインドネシア支援国会合（CGI）が開催され、2000 年度の支援総額として 47 億ドルが表明され、このうち日本は約 15 億 6,000 万ドルを供与することを表明した。また、4 月には、パリクラブで総額 58 億ドルの公的債務のリスケジュール（繰り延べ）が承認された。IMF も、2 月には、今後 3 年間で 50 億ドルのインドネシア支援を決定し、5 月に経済覚書に調印、6 月には、経済改革プログラム支援として 3 億 7,200 万ドルの融資を承認した。

　このように、民主化の流れの中で成立したワヒド政権に対しては、国際社会

の支援の姿勢はきわめて明瞭であった。

⑵　インドネシア支援の特徴と含意

　以上の経緯をみると、結論として次のようなことが言えると考えられる。

　第一に、世界銀行や IMF の融資は、民主化や領土問題といった高度に政治的な問題と、結果的にはきわめて直接的にリンクしてその供与の判断がなされているということである。IMF や世銀がインドネシアへの融資（あるいは交渉）を中断した時期は、例えば、①スハルト末期の政治的混乱と大統領交代の前（1998 年 1－3 月）、②ハビビ政権下の総選挙の前（1999 年 5－6 月）、および③ハビビ末期の東ティモールの混乱と大統領交代の前（1999 年 8－10 月）、である。

　こうした融資の中断は、政治的混乱による経済改革の遅れや腐敗・汚職の顕在化といった、適切な経済運営を不可能にするような状況の出現に対応したものだともいえなくもない。しかし、こうした政治問題の顕在化に起因する経済運営の混乱を理由に融資を停止することは、表面上の言葉のロジックは別としても、実際にはその政治問題を扱う政権のあり方そのものに対する拒否権の行使を意味する。

　また、現実問題として、経済改革の進め方や経済状況の悪化と政治的混乱は、相当程度、互いに密接に関連しているともいえる。例えば、スハルト政権末期（1999 年 1－3 月）において、スハルトが IMF との合意を守ろうとしなかったのは、自分の政治的立場およびスハルト・ファミリーの利害に固執したためであり、その結果 IMF の融資が停滞し市場の信任を失って経済混乱に拍車をかけた一方、国内外の政治的支持を失って大統領の失脚につながっていった。また、ハビビ政権末期（1999 年 8－10 月）においてルピアが暴落していったのは、東ティモールでの混乱やスハルトの不正蓄財問題が顕在化したことによる国内政治の混乱が引き金となったものであり、そうした状況下で IMF や世界銀行の融資が事実上中断したことが、ハビビ政権への国内的支持そのものを失わせることになったことは明らかであろう。

　そうした IMF や世界銀行の「内政への事実上の介入」の政策に対して、インドネシア国内あるいは国際社会の中でも批判があることは事実である。しかし、だからといって、逆に世界銀行や IMF が経済改革の停滞や内政の混乱にもかかわらずその政権への融資を継続したとしたら、それはそれでその政権に

対する「政治的てこ入れ」とみなされるであろう。

　もっとも、受け身の立場で政治状況の変化に対応するのと、民主化への方向性と価値観をもって対応するのとでは、大きな違いがある。米国内ではインドネシアの政治体制がより開かれた民主的なものになること自体を期待する議論が支配的であり [43]、最大株主である米国の世論が世銀・IMF の政策に影響を与えた可能性はやはり否定できない。

5　テーマ研究Ⅱ―スリランカ債務危機と国際的枠組み

　スリランカは 2000 年代に入って、中国が融資する関連事業が数多く行われ、債務が拡大し、その是非が議論となってきた。特に、スリランカのハンバントタ港の中国国営企業による開発と運営権の獲得など、中国関連事業の過大な債務負担に起因する課題は「債務の罠」として国際的にも大きな議論となった。

⑴　「債務の罠」への警鐘

　中国の「一帯一路」に関連する事業のために中国から多額の融資を借り入れ、将来的に返済困難に陥るリスクを問題視する報告書や報道が、近年相次いで出されている。中でも、2018 年に出された二つの報告書が有名である。一つはハーバード大学ケネディスクールの調査報告書「借金外交（Debtbook Diplomacy）」であり [44]、もう一つはワシントンのグローバル開発センター（CGD）が出した報告書である [45]。

　後者は中国の「一帯一路」構想の対象国 68 カ国の中で、債務返済リスクが著しく高くなってきている国として 8 カ国、すなわちジブチ、キルギスタン、ラオス、モルディブ、モンゴル、モンテネグロ、パキスタン、タジキスタンをあげ、その債務持続性の課題を指摘し「債務の罠（Debt Trap）」という言葉を

43) Robert B. Zoellick & Philip D. Zelikow (eds.) (2000), *America and the East Asian Crisis: Memos to the President,* W.W. Norton & Company, pp.58-59.

44) Sam Paerker, Gabrielle Cheflitz (2018), *Debtbook Diplomacy: China's Strategic Leveraging of its Newfound Economic Influence and the Consequences for U.S. Foreign Policy*, Harvard Kennedy School.

45) John Hurley, Scott Morris, Gailyn Portelance (2018), *Examining the Debt Implications of the Belt and Road Initiative from a Policy Perspective*, CGD Policy paper 121.

図3-2　「一帯一路」事業による債務状況の悪化

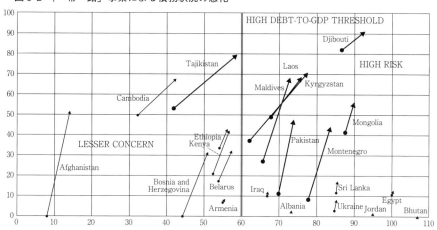

(注)　縦軸は対外債務に占める中国債務の比率、横軸はGDPに占める公的債務の比率。
(出所)　Hurley et al. (2018)：12.

広めることにつながった。

　スリランカは上記の8カ国に入っていないが、図3-2で示されている国々の
中で右側にある国ほどGDPに対する債務の比率が高い国で、この数値が60％
以上の国が「ハイリスク」とされる。スリランカの2017年時点の対外債務総
額は483億ドルでGDPの81.6％、2020末時点では対外債務総額492億ドル、
対GDP比率60.9％である。年間債務返済額は110億ドルとされるが、これは
スリランカ政府の歳入額にほぼ等しく、返済能力に問題があるのは明らかであ
る。2017年時点でのスリランカの対中債務は約80億ドルといわれ、債務総額
に占めるその比率は著しく高いとまではいえない。しかし、金利は年率平均
6.3％といわれ、世界銀行や日本の譲許的な貸付条件（0％から2％程度の低い返
済金利や30年から40年の長い返済期間）と比較して貸付条件がかなり悪い。

　特に、返済の見通しが立たない中で、個別の案件で債務の削減と合わせて港
湾施設の管理運営権や運営企業の株式を中国国営企業に譲渡するという事態が
生じたことは、「債務の罠」の典型的な事例として国際的にも問題視された。

　中国とスリランカの援助・融資額をみると（ODA統計はなくスリランカ政府の
統計による）、1971年から2012年の間に中国はスリランカに対して50億5,600
万ドルの援助・融資を行っているが、そのうちの94％が2005年以降、すなわ
ちラジャパクサが大統領に就任して以降に行われた。そして、他の援助国との

図3-3　スリランカの対外債務の貸手別の比率の推移（2000-2021）

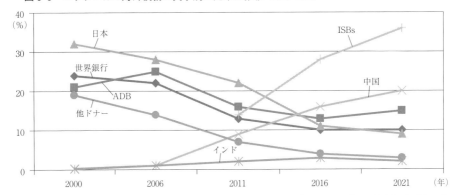

（注）Moramudali, Umesh and Thilina Panduwawala (2022), *Evolution of Chinese Lending to Sri Lanka Since the mid-2000s: Separating Myth from Reality*, China Africa Research Initiative (Briefing Paper), No. 8., p. 21 のデータをもとに筆者作成。

大きな違いは、借款による大規模な事業が多く、そうした借款にはスリランカ側に返済の義務がある点である。そのため、次第に中国の事業に対する不信感も生じるようになり、野党議員らは、中国からの借入れコストがほかの国際開発金融機関などと比べて高いことを批判した。また、巨大インフラあるいはモニュメント的な建造物が中心であり、事業の経済・雇用への効果に疑問が出され、また、ラジャパクサ一族と中国との不透明な関係の指摘や、さらにキックバックや汚職があったのではないかなどの懸念も提示された。

⑵　スリランカの債務再編と中国

　国際開発金融秩序との関わりの中で、特に大きな問題は債務問題への対応である。

　中国の融資の拡大に伴い、対中債務が急速に拡大し、2021年末には対中債務がスリランカの対外債務の約20％を占めるに至っている。長年スリランカを支援してきた日本（1960年代から円借款を供与）やADB・世界銀行に対する債務の割合はこの15年ほどの間に急速にその比率を下げており、中国向け債務の比率が拡大している。日本に対する債務の比率は2000年には約32％であったが、2021年末には約9％にまで低下した。

　なお、スリランカの対外債務の貸手別の比率の推移を示した図3-3の「ISBs」というのは「国際ソブリン債」であり、ISBは国際金融機関や二国間

表 3-9　スリランカの債務関連指標 (単位：百万ドル)

項目／年	2010	2016	2017	2018	2019	2020
対外債務総額	21,684	46,661	50,766	52,920	56,118	56,342
元本返済（長期）	727	1,702	2,713	5,523	4,431	3,498
利子返済（長期）	616	990	1,030	1,546	1,542	1,590
IMF 借り入れ額	1,920	1,086	1,329	1,545	1,864	1,927
対輸出債務比率（%）	190	266	264	258	285	424
対 GNI 債務比率（%）	39	58	60	62	69	72
GNI	56,109	80,205	85,107	85,556	81,558	78,523

（出所）World Bank, *International Debt Statistics 2022*: Sri Lanka より作成。

　から借り入れるよりも条件が緩くスピーディーに調達できるが、コストが高く 5 年から 10 年後にまとめて返済しなければならない。安易な借り入れに走り、やがて債務返済に窮して外貨不足に陥り、経済社会の大混乱を引き起こす背景となった。

　スリランカでは、特に 2022 年にはいり、政府の対応のまずさもあって経済危機が深刻化し、外貨不足により物資不足や物価高が進み停電が長期化するなど不満を高めた市民の暴動が激化し、4 月には全閣僚が辞任するなど、政治・社会不安も拡大した。

　スリランカ政府は悪化する経済危機を受けて、2022 年 4 月には公的対外債務の支払いを停止、中国に対しても債務の支払い猶予（リスケ）や削減、緊急融資などの支援を求めた[46]。中国から 10 億ドルの融資獲得と 15 億ドルの信用枠確保を目指すとのスリランカ政府の表明もあったが、中国政府は検討するとの返答にとどめていた。その一方で、スリランカ政府は IMF に緊急融資を正式に要請した[47]。

　2023 年 1 月になると非パリクラブ国とパリクラブ参加国がともに資金保証を公表し、中国政府も 2023 年 1 月 19 日、融資の元本および利息の返済を 2 年間猶予するとの通知をスリランカ政府に送り、IMF による融資支援の供与を側面支援すると表明した[48]。2023 年 10 月には、スリランカ政府（財務省）と中国輸出入銀行との間で、中国への債務約 70 億ドルのうち 42 億ドルの処理で合意がなされたとの報道があった。これにより、スリランカ政府と IMF（国際

---

46)　テレ朝ニュース、2022 年 7 月 15 日。

47)　Bloomberg, Sri Lanka-IMF Meet Affects China's Credit Talks, Envoy Says, 2023. 4. 25.

48)　ロイター（コロンボ）、2023 年 1 月 24 日

通貨基金）との間の債務再編プログラムの初回審査を通過し、IMF から第二次
融資の 3.34 億ドルを確保することができるとされている[49]。

　債務再編に際しては、債権国・債権者の間で損失をどのように共有・負担す
るのかがポイントになる。債務再編に関して、中国が二国間での交渉を優先す
るのに対して、日本はフランスやインドとともに、2023 年 4 月に新たな「債
権国会合」を発足させ共同議長を引き受けた[50]。中国は、依然としてオブザー
バーとしての参加にとどまっているが、スリランカが日本やインドなど他の債
権国や外債保有者との合意に向けた取組みを強化する中、2023 年の中国との
暫定合意は債務再編に向けたプロセスを一歩進めるものであるとはいえよう。

第 3 章の論点

(1)　国際金融支援の枠組みとしては、今日でも世界銀行／IMF を中心とする
　　国際的枠組みが強い影響力をもっている。「構造調整融資」は、今日でも
　　「開発政策支援借款（Development Policy Loan）」と名称をかえて、世界銀行が
　　開発途上国に政策改革を求める基本的アプローチとして存続している。ま
　　た、IMF を中心とする国際金融支援では、政策改革を条件に国際金融界が
　　歩調を揃えて支援をする枠組みが依然としてとられている。あなたは、こう
　　した世界銀行や IMF の開発思想（ワシントン・コンセンサス）をもとにした政
　　策改革を条件に融資をする支援アプローチに賛成か、反対か、理由とともに
　　自分の考えを述べよ。

(2)　世界銀行／IMF はもともと米国の経済力が圧倒的な時代に米国主導でつ
　　くられた国際機関であることもあって、今日でも米国の影響力がきわめて大
　　きな国際機関である。近年、中国の経済力の急速な台頭によって世界経済に
　　おける中国の影響力が拡大する中、中国は独自に金融支援を行う組織（例え
　　ば近年の AIIB や新開発銀行など）を設立しているが、世界銀行／IMF において
　　も、中国の相応の影響力を反映する方向でより積極的に改革を進めるべきだ

49)　ロイター（コロンボ）、2023 年 10 月 12 日。
50)　財務省（緒方健太郎・小荷田直久・鳥沢紘悠・上坂 美香）(2023)「スリランカの債務再編
（デフォルトから債権国会合創設までの歩み）」『ファイナンス』6 月号。

とおもうか。あなたの考えを、理由とともに説明せよ。

第3章の主要参考文献

・石川滋（2006）『国際開発政策研究』東洋経済新報社。
・イースタリー、ウィリアム（小浜・織井・富田訳）（2009）『傲慢な援助』東洋経済新報社（William Easterly (2006), *The White Man's Burden: Why the West's Efforts to Aid the Rest Have Done So Much Ill and So Little Good*, The Penguin Press.）
・井出穣治・児玉十代子（2014）『IMFと世界銀行の最前線—日本人職員が見た国際金融と開発援助の現場』日本評論社。
・大田英明（2009）『IMF（国際通貨基金）—使命と誤算』中公新書。
・大田英明（2016）『IMFと新国際金融体制』日本経済評論社。
・大野泉（2000）『世界銀行—開発援助戦略の変革』NTT出版。
・木原隆司（2010）『援助ドナーの経済学』日本評論社。
・朽木昭文（2004）『貧困削減と世界銀行』アジア経済研究所。
・下村恭民・稲田十一編（2003）『アジア金融危機の政治経済学』日本国際問題研究所。
・ジョージ、スーザン、F. サベッリ（1996）『世界銀行は地球を救えるか—開発帝国50年の功罪』朝日新聞社。
・スティグリッツ、ジョセフ（2006）『世界を不幸にしたグローバリズムの正体』徳間書店。（Joseph E. Stiglitz (2002), *Globalization and Its Discontents*, W. W. Norton & Company.）
・世界銀行（小浜裕久・富田洋子訳）（2000）『有効な援助—ファンジビリティと援助政策』東洋経済新報社。（World Bank (1998), *Assessing aid: what works, what doesn't and why*, The World Bank.）
・段家誠（2006）『世界銀行とNGOs』築地書館。
・中尾武彦（2020）『アジア経済はどう変わったか—アジア開発銀行総裁日記』中央公論新社。
・速見裕次郎監修（2003）『開発戦略と世界銀行—50年の歩みと展望』知泉書館。
・ブルースタイン、ポール（東方雅美訳）（2013）『IMF（上）（下）—世界経済最高司令部20ヵ月の苦闘』楽工社。（Paul Blustein (2003), *The Chastening: Inside the crisis that rocked the global financial system and humbled the IMF*, Public Affairs.）
・松本悟・大芝亮編著（2013）『NGOから見た世界銀行—市民社会と国際機構のはざま』ミネルヴァ書房。
・松本悟（2014）『調査と権力—世界銀行と「調査の失敗」』東京大学出版会。
・Serra, N., & Stiglitz, J. E (2008), *The Washington Consensus Reconsidered: Toward a New Global Governance*, Oxford University Press. 特に第4章 J. E. Stiglitz, "Is there a PostWashington Consensus Consensus?"

第**4**章　主要国のパートナーシップ体制

◆キーワード◆

OECD、DAC、G7／8、G20、BRICS、パートナーシップ、国際援助協調、セクターワイド・アプローチ、新興ドナー

1　OECD／DAC—主要国の政策調整の場

⑴　OECD（経済協力開発機構）の組織と役割

　OECD は、1960 年 12 月に調印された OECD 条約に基づき、1961 年 9 月に発足した国際機関である。OECD の前身は、欧州経済の復興を目指した欧州経済協力機構（OEEC）であり、OECD は OEEC を新たに改組したものである。

　OEEC は、第二次世界大戦後の欧州復興を援助するための「マーシャル・プラン」の執行機関であり、西欧各国の経済状況を調査し、各国への支援金額や内容を加盟各国で議論しながら決定し配分するする機能を果たした。マーシャル・プランは、当時の米国の国務長官であるマーシャルの名前をとったもので、1946 年から 1952 年にかけて、当時の金額で総額 500 億ドル規模の無償援助を中心とする（有償も一部含む）援助プログラムのことである。無償援助の多くは、米国の戦後の余剰生産能力（工場設備やトラックなど）を無償供与した部分が多いといった指摘もあるが、欧州の戦後復興に大きな貢献をしたといわれており、今日でも援助の成功例としてあげられることが多い[1]。

　OECD はマーシャル・プラン終了後にその役割を終えた OEEC を改組したもので、引き続き西欧各国と米国の協議機関として重要な役割を果たすことに

---

[1]　マーシャル・プランについての基本文献としては、永野実（1990）。Constantine C. Menges (ed.) (1999), *The Marshall Plan From Those Who Made It Succeed,* University Press of America. Eliot Sorel and Pier Carlo Padoan (eds.) (2008), *The Marshall Plan: Lessons Learned for the 21st Century,* OECD (Paris). 等があげられる。

なり、やがて国際経済問題全般について協議する西側主要先進国の主要な
フォーラムとなっていった。

　原加盟国は、欧州 18 カ国に米国とカナダを加えた 20 カ国であったが、1964
年に日本、1969 年にフィンランド、1971 年にオーストラリア、1973 年に
ニュージーランドが加盟し、世界規模の組織となった。さらに 1994 年には
NAFTA（北米自由貿易協定）に加盟したメキシコ、1996 年には韓国がアジアで
日本に次いで二番目の加盟国となった。この両国は、欧州中心であった
OECD に対してアメリカ大陸とアジアから 1 カ国ずつ追加加盟することでバ
ランスをとったといわれている。

　また、東欧の市場経済化と EU（欧州連合）加盟への動きの中で、1995 年に
チェコ、1996 年にハンガリーとポーランド、2000 年にスロバキアが加盟国と
なり、さらに 2010 年にチリ、スロベニア、イスラエル、エストニアの 4 カ
国、2016 年にラトビア、2018 年にリトアニア、2020 年にコロンビア、2021 年
にコスタリカが加盟し、2023 年時点で合計 38 カ国からなっている。東欧諸国
の加盟に伴いロシアの加盟の是非がたびたび議論となったが、市場経済・経済
開放と民主主義体制を共通の制度とする OECD へのロシアの加盟に対しては、
引き続き慎重な議論がある。

　OECD は、国際経済問題全般（経済成長、開発途上国援助、多角的な自由貿易の
拡大）について協議する西側主要先進国の主要なフォーラムである。主たる議
論のテーマは、加盟国の経済成長、開発途上国への援助、自由貿易や国際投資
の促進であるが、世界経済や各国の経済社会政策に関わる多様な課題，すなわ
ち経済政策、国際経済分析、科学技術、金融、エネルギー、情報通信、教育、
労働問題、社会保障などに取り組んでいる。

　OECD の加盟国の経済規模を合計すると、2010 年時点では、世界の GDP の
およそ 3 分の 2、輸出の 5 分の 3、ODA の 5 分の 4 を占めていた。近年は新興
国の台頭によって、その比重は次第に低下しているが、OECD における先進
国の政策協議は、世界経済全体のルールづくりにおいて引き続ききわめて大き
な影響力をもっている。毎年 5 月頃に OECD 理事会が開催され、その後 G7
財務大臣・中央銀行総裁会議を経て、7 月頃に先進国サミットが開かれるとい
う一連の政策協議プロセスが定着しており、その意味でも、世界経済に対処す
る主要先進国の対応や政策の方向性を形づくる上で引き続き OECD の果たす

役割は大きい。

OECD の組織のあり方の特徴として指摘されていることは、次のような点である。

まず第一に、OECD は「世界最大のシンクタンク」という呼ばれ方がされる。それは、OECD が環境問題、国内の規制政策や規制制度改革、雇用問題や高齢化・年金問題、多国籍企業や外国投資、情報化社会や企業活動、農業や教育などその他の伝統的な課題、等について、主要な先進国の情報を集め分析し、あるべき政策の指針やガイドラインをまとめたり、提言を打ち出したりする役割を果たしているからである（村田、2000）。

また、OECD は主要な先進国の多くが加盟国になっているが、その加盟にあたっては「市場経済」と「民主主義」という共通の社会原則・規範が前提とされ、その意味で基本的価値を共有する比較的同質的なグループでもある。そのため、加盟国数が 30 前後（2023 年時点で 38）と比較的少数であることと相まって、「先進国クラブ」という呼び方が長らくされてきた。

特にその意思決定方式に特徴があり、様々な委員会で共通指針や方針を打ち出すが、その決定に際しては加盟各国メンバーの全員一致が原則とされており、各国メンバーが納得する合意に至るまで、何回かの会合を経て議論が尽くされ、合意に至る説得と理解を重視したプロセスをとる。こうした方式を「コンフロンテーション方式」ともいい、またこうしたプロセスの中で合意に向けた圧力を「ピアプレッシャー」という。こうした合意形成の方法では、あくまでも議論の大勢に抵抗するメンバーがいた場合は合意の形成が困難になるリスクがあるが、OECD 加盟国の同質性と共有する基本的な価値観がこうした合意形成プロセスを可能にしているといえる。

⑵　DAC（開発援助委員会）の役割

OECD はその発足（OEEC からの改組）に先立って、すでに「開発援助グループ（DAG）」を有しており、1961 年の OECD 設立に合わせて、DAG を DAC（開発援助委員会）に改称した。日本は 1964 年 4 月に OECD に加盟するが、それに先立って 1961 年に改称された DAC の原加盟国ともなっている。

DAC はその発足以来、加盟国の開発途上国への支援拡大と援助の効率化などのための開発支援に関わるガイドラインづくりを行うとともに、加盟国によ

る遵守を働きかけてきた。ODA の対 GNP 比 0.7％目標、グラント・エレメントや贈与比率、援助のアンタイド化などの状況に関する援助審査を実施している。近年は、プロジェクト評価手法、技術協力の効率化、ジェンダーや環境配慮、参加型開発やガバナンス、平和構築や紛争予防などに関するガイドラインづくりに向けて議論をとりまとめ、主要援助供与国の間で共通の援助指針形成の努力を行ってきている。

　例えば、DAC は、1990 年に「1990 年代の開発協力」報告書を提示し、市場経済の拡大と幅広い民衆の開発過程への参加（「参加型開発」）に基づく持続的な経済成長を提言した[2]。また、1996 年 5 月に「21 世紀に向けて─国際協力を通じた貢献」と題する提言書、いわゆる「DAC 新開発戦略」を作成した。そこでは、発展途上国の自助努力（オーナーシップ）とそれを支援する援助国・国際機関の間の協調（パートナーシップ）が強調され、また、そこにおいては、単に国家（政府）間の協調だけではなく、開発に関連するあらゆるレベルの政府機関、民間、NGO を包括的に含んだ形のパートナーシップが重視されている。こうした内容は、その後の国際援助協調の潮流形成に大きな影響を与えたとされる。

　2000 年以降、国際援助協調が進む中で、2003 年には「ローマ調和化宣言」を採択、2004 年には「マランケシュ開発結果マネジメント円卓会議」を開催、2005 年 5 月には「パリ援助効果宣言（第 2 回援助効果向上ハイレベルフォーラム）」、2008 年 9 月には「アクラ行動計画（同第 3 回）」、そして 2011 年 12 月に「釜山成果文書（同第 4 回）」を取りまとめた。このように、国際援助コミュニティの間での協調体制を強化することによって援助効果を高めるべく、様々な努力を推進してきている。

　一方、「新興ドナー」が国際開発協力に与える影響が急速に大きくなってきているのが近年の状況である。「新興ドナー」には、中国、インド、ブラジル、南アフリカといった BRICS 諸国やサウジアラビアなどの資金力の豊富な中東産油国、タイやトルコなどの経済力を増し地域での影響力を増している国々が含まれる。中国の場合は 1960 年代からアフリカ援助などを実施していたため「新興ドナー」ではなく「非伝統的ドナー」という呼称もよく使われる。これらの国々は DAC に加盟せず、独自の開発援助を展開し、非 DAC 諸

---

2)　OECD (DAC) (1990), *Development Cooperation in the 21st Century*, OECD.

国の ODA 総額は、全 DAC 31 カ国の ODA 総額の約4分の1くらいを占める
ようになっている。

　特に近年は中国のドナーとしての台頭が著しい。中国が DAC の共通ルール
に従うことなく、独自の方針・政策で途上国への経済協力を拡大することは、
これまでの国際開発援助に関して共有されてきた「国際規範」を浸食するもの
である。中国は対外援助を南の国が同じ南の国を支援する「南南協力」として
位置づけ、OECD の DAC 諸国の援助とは一線を画してきた。

　他方、中国が国際開発において果たす役割の拡大に対応して、OECD は中
国との関係の強化にも努めてきた。例えば、中国は 2014 年7月には OECD 開
発センターに加盟し、11 月には OECD と中国商務部との協力覚書が締結され
た。また、DAC と中国は 2009 年に China-DAC Study Group という対話の場
を設置しているが、中国のシンクタンク（中国国際扶貧中心）の参加による情報
共有・意見交換にとどまっている。

2　G7／8（主要国サミット）の枠組みとその意義

(1)　G7 サミットの成立
　世界銀行・IMF や OECD など、国際機関を調整役とする国際的支援の枠組
みづくりにあたって、並行して G7（米・日・英・仏・独・カナダ・イタリア）や
G5（米・英・仏・独・日）による会合が頻繁に開催され、実質的にはそこで多く
の決定が行われてきたことを忘れてはならない。

　世界銀行や IMF 等の国際機関は、専門機関としてそれ自体の独自性をもっ
ているが、重要な決定に関しては理事会で決定され、そこでは各国の出資比率
に応じた主要国の発言力が確保されている。そこで、米国をはじめ G5、G7 諸
国の発言が大きな影響力をもっているのである。G7 首脳会議は、「先進国サ
ミット」とも称され、またロシアがメンバーになった G8 は「主要国サミッ
ト」と呼ばれ、1975 年の第1回会合以来、毎年開催されるようになるが、ま
ずはその設立の背景を説明しておこう。

　1970 年代半ばになると、1973 年のオイルショックとそれに続く世界不況に
直面する中で、世界の通貨や貿易など国際経済の運営に関する米国単独の影響
力は低下し、主要先進国による一種の共同運営体制というべきものが次第に形

成されてきた。その一つの現れが、1975年に始まる主要先進7カ国による先進国サミットである。これは当初、変動相場制への移行に対応した国際通貨問題を協議する場として成立したが、その後、このG7サミットは毎年1回開催され、世界経済運営に大きな役割を果たすことになる[3]。

その設立の経緯は以下のようなものである。西側諸国（日米欧［英仏］、いわゆる三極）の財務大臣級が米国に集まり、経済的課題を討議する会議「ライブラリーグループ」が生まれた。1975年に仏大統領ジスカール・デスタンはこのライブラリーグループのメンバーに西独を加えた「工業化された主要民主主義国」の首脳をフランスのランブイエに招待し、5カ国で初めての首脳会議を開催した。そこで、定期的に首脳会議をもつことを提案し、主催国を交代しつつ年に1回会議をもつことで合意し、いわゆる「G5」が成立した。しかし、これを不服としたイタリア首相が第1回会議に乗り込み、イタリアを加えたG6となったが、ヨーロッパに偏るため、翌1976年のプエルトリコの首都サンフアンでのサミットで米国のフォード大統領の要請によりカナダが参加し「G7」となった[4]。

その後、冷戦の終焉とともに、1994年以来ロシアはオブザーバーで参加、1997年のデンバー会議でロシアが正式加盟国とすることが決定され、翌1998年よりG8（主要国サミット）となった。なお、経済分野についてはオブザーバーのままの状態が続き、2003年より正式メンバーとして参加した。しかし、その後2014年のロシアのクリミア侵攻により、ロシアは排除され再びG7となっている（過去およそ半世紀の歴史を議論する場合、本書ではあえてG7ないしG7／8と称する）。

(2) G7の役割と意思決定の仕組み

こうしたG7／8の会合は、年1回のサミットだけでなく公式・非公式を問わず年に何回も開催され、特に国際金融・復興・開発問題に関してはG7の財

3) 先進国サミットについては多くの文献があるが、概説的な文献としては以下のものがある。蟹信彦（2000）。高瀬淳一（2000）『サミット—主要国首脳会議』芦書房。松浦晃一郎（1994）『先進国サミット—歴史と展望』サイマル出版会。Peter I. Hajnal (1999), *The G7/8 System-Evolution, Role and Documentation*, Ashgate. Andrew Baker (2006), *The Group of Seven: Finance Ministries, Central Banks and Global Financial Governance*, Routledge (London).

4) このあたりの経緯については、以下で詳述されている。船橋洋一（1991）『サミットクラシー』朝日文庫。

務・金融当局（日本からは財務省・日本銀行）による会合の重要性が増してきている。また、G7の中でも、G5（米・日・英・仏・独）が大きな影響力をもち、また、その中で米・日の重要性は大きい。その意味で、1970年代後半以降の国際経済運営の体制を、「G7体制」あるいは「G5体制」と呼ぶこともある。とりわけ国際金融支援問題では、G5はきわめて重要な役割を果たしてきた。

　今日、G7の主要先進国会合は首脳会議にとどまらず、外相会議、財務相・中央銀行総裁会議、様々な事務レベル協議など、数多く開催されており、その枠組みの意義は回を重ねるごとに高まってきたといえよう。

　G7は国連や世界銀行のような機関とは異なり、国家横断的な管理部門をもたない。メンバー国の間で毎年順番にグループの議長国がもち回り（1月1日から担当が始まる）、議長国は一連の大臣級会議を主催、続いて年の中頃に3日間の首脳によるサミットを開催する。大臣級会議は保健、法務、労働の担当大臣が集まり、全地球的な問題について議論する（G7外務大臣会合、G7財務大臣会合など）。

　G7で扱われる課題は国際社会にとって重要度の高い国際的問題であるため、かつてG7の影響力が強大である時代には、G7は非公式な「世界政府」のような制度であるといわれたこともある。G7の「決議」「決定」「宣言」等は国際法上の根拠を何らもたない「仲間内での取り決め」であるにもかかわらず、何の関係もない第三世界にまで決定事項が強制されているという非難まであった。

　G7／8（主要国サミット）の開催は、1975年以来すでに約50年にわたる歴史をもち、確立した定例会合になっている点で、一つの国際制度であると位置づけられる。しかし、その設立と毎年の開催には根拠となる設立文書があるわけではなく、常設の事務局を備えているわけでもない。交渉の結果として発表される共同声明、コミュニケ、宣言などの合意内容も法的な根拠をもつものではなく、政治的意思の表明であるが、先のOECDと同様、主要国の合意は実質的に大きな影響力をもつことが多く、ある種のレジームであることは疑いない。

(3)　主要国サミットの特徴と変遷

　G7／8の影響力の源泉は、サミット構成国が世界経済の主要国で構成されて

いることである。1975 年に先進国サミットが生まれたのも、米国の相対的な
影響力が低下し、他の主要先進国との協調が世界経済を運営する上で不可欠と
なった「多極化」がその背景にあった。当時の G7 設立は、国際関係の学問的
議論の中では「パクス・アメリカーナ（Pax Americana）」から「協調による平
和（Pax Consortis）」への戦後国際秩序の変容を象徴するものと議論された。

　また、1998 年以降は、サミットにロシアが加わることにより、サミットが
軍事的安全保障や国際政治の場で果たしうる潜在力が増すこととなった。他
方、今日、G7 の経済力は、ブラジル、ロシア、インド、中国（BRICs）などの
新興経済諸国の台頭によりその相対的地位を低下させており、それに対応して
G7 の影響力も徐々に低下し、後述する G20 の枠組みの意義が高まっていると
みることもできる。

　また、サミット構成国が、市場経済、自由民主主義、人権、法の支配といっ
た基本的価値や機範を共有していることは、国際問題のとらえ方や対応のため
の政策を取りまとめる上で、多少の差異はあったとしても合意形成が可能で
あった。ロシアがサミットのメンバー国に加わり G8 となったあとでも、世界
経済に関する議題ではしばらくの間 G7 の枠組みを守ったのは、そうした共通
の価値や規範が合意形成の重要なポイントであったからであるが、ロシアの国
内改革もさらに進展し 2003 年にはフルメンバーとなった。しかし、2014 年 3
月 18 日ロシアによるクリミアの編入という事件が起こり、G7 はこうしたロシ
アの行動を強く非難し、同年 G7 からロシアは排除された。

　G7 サミットは、参加 7 カ国の間で仏、米、英、独、日、伊、加の順で毎年
持ち回り開催されてきた。ロシア参加後は、英の次にロシアが入り、8 カ国の
持ち回りで開催された。1990 年代までは開催国の首都などの大都市での開催
が多かったが、1990 年代末になると反グローバリズム団体の反対運動による
デモが頻発し、特に 2001 年のジェノヴァ（イタリア主催）では反グローバリ
ゼーション活動の大規模なデモが発生した。以降、警備のしやすい地方都市、
保養地での開催が多い。

　1975 年以降の主要先進国サミットの歴史を振り返ると、いくつかの節目を
見いだすことができる。主要先進国サミットは、そのときどきの時代・時期の
主要課題について議論する場であり、その歴史を時期区分することは容易では
ないが、「制度化」という観点からは、表 4-1 に示されるような時期のサミッ

表 4-1 サミットの変遷 (時代を画するサミット)

年	開催地	特徴
1975 年	ランブイエ (仏)	サミットの開始。世界経済の多極化の中で、国際通貨・貿易について主要先進国を集めて議論。
1980 年	ヴェネチア (伊)	経済サミットであったものが、イランでの米大使館員人質事件やソ連のアフガニスタン侵攻を受けて、政治的課題をも取り上げるようになった (初の「政治宣言」)。
1990 年	ヒューストン (米)	天安門事件の発生や東欧など世界的な民主化の動きを受けて、民主化と市場経済移行が議題として取り上げられた。
1997 年	デンバー (米)	1994 年以来ロシアはオブザーバーで参加していたが、1997 年のデンバー会議でついにロシアが正式加盟国とすることが決定。翌 1998 年より G8 (主要国サミット) となった (経済分野についてはオブザーバーのまま―2003 年より正式メンバーとして参加)。
2002 年	カナナスキス (加)	反グローバリズム運動が次第に台頭し、2001 年のジェノバ・サミットで騒乱が生じたことから、これ以降、都市ではなく遠隔地で開催されるようになった。
2014年	ブリュッセル (ベルギー)	ロシア・ソチで開催予定であったが、ロシアのクリミア併合により、デン・ハーグで行われた臨時サミットでロシアの参加資格停止が決定され、G8からG7となった。

トが時代を画するものであったととらえることが可能であろう。

3 G20 の枠組みの成立と意義

(1) G 20 設立の経緯と参加国

　G20 (Group of Twenty の略) とは、20 カ国・地域首脳会合 (G20 首脳会合) および 20 カ国・地域財務大臣・中央銀行総裁会議 (G20 財務相・中央銀行総裁会議) のことである。

　主要国サミット (G7) に参加する 7 カ国、EU、ロシア、および新興国 11 カ国の計 20 カ国・地域からなるグループであり、構成国・地域は、米国、英国、フランス、ドイツ、日本、イタリア、カナダ、EU、ロシア、中国、インド、ブラジル、メキシコ、南アフリカ、オーストラリア、韓国、インドネシア、サウジアラビア、トルコ、アルゼンチン、である。

　G20 は、そもそもは、1999 年から開催されるようになった 20 カ国・地域財務大臣・中央銀行総裁会議 (G20 Finance Ministers and Central Bank Governors) が基礎になっている。2008 年後半からの世界的な金融危機 (リーマン・ショック) の深刻化を受けて、同年からは 20 カ国・地域首脳会合 (G20 サミット) が開催

表 4-2　G20 の議長国持ち回り制度

Group 1	Group 2	Group 3	Group 4	Group 5
オーストラリア	インド	アルゼンチン	フランス	中国
カナダ	ロシア	ブラジル	ドイツ	インドネシア
サウジアラビア	南アフリカ	メキシコ	イタリア	日本
アメリカ	トルコ		イギリス	韓国

されるようになり、正式名称を「金融・世界経済に関する首脳会合」(Summit on Financial Markets and the World Economy) とあらため「金融サミット」とも呼ばれた。この会議には、国際通貨基金、世界銀行、国際エネルギー機関、欧州中央銀行など、関係する国際機関も参加している。

　ブラジル、ロシア、インド、中国などの新興国を含めた首脳会合を半年に1回開催するようになり、第1回はワシントンDC（2008年11月）、第2回はロンドン（2009年4月）、第3回はピックバーグ（2009年9月）、第4回はトロント（2010年6月）、第5回はソウル（2010年11月）というように半年に1回開催され、2011年以降は年1回開催されている（2011年－カンヌ、2012年－ロス・カボス、等）。2009年に米国（オバマ政権時）で開催されたG20では「G20を国際経済協力の第一の協議体（最上位の会合）とする」ことで合意（首脳声明）している。また、首脳会合の準備会合としての役割も果たす財務大臣・中央銀行総裁会議も適宜開催されている。

　議長は各国持ち回りで担当し、任期中は議長国が事務局機能を果たすため、恒久的な事務局や常勤職員などは存在しない。EUを除くすべての加盟国は4カ国ずつ5グループに分かれ、グループ1とグループ2を除き、同じ地域の国々は同じグループに所属し、グループ内のすべての国は、そのグループの番になったときにG20議長国の資格を有し、グループ内の国々で次のG20議長国を決める交渉が行われる。この制度は、グループ5に属する韓国がG20議長を務めた2009年から制定され、以後、議長は20カ国が持ち回りで担当している。表4-2は、各国のグループ分けをまとめたものである。

　なお、2019年には日本が議長国となり、6月の大阪G20首脳会合では、「質の高いインフラ」「海洋プラスチックゴミ問題」などが議論の焦点となった。

図 4-1　G7 の世界のGDPに占める割合（%）

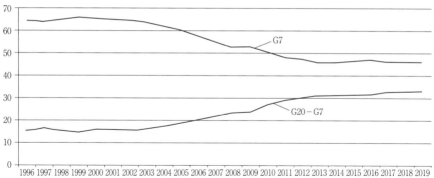

（注）古城佳子（2022）「バイデン政権の国際協調の課題」『世界経済評論』1-2 月号、52 頁より。

(2)　G20 の意義と BRICS

　G20 の 20 カ国・地域（EU 加盟国を含む）の国内総生産（GDP）を合計すると、世界の GDP の 90％ほどを占め、貿易総額は世界の約 80％を占める。また加盟国の総人口は世界の 3 分の 2 ほどになる。図 4-1 に示されるように、1990 年代には G 7 の GDP は合計すると世界の GDP の約 65％を占めていたが、2010 年代後半には約 45％まで低下し、それに対して G20 から G7 を除いた国の GDP の比率は 1990 年代の約 15％から 2019 年には約 32％まで拡大している。

　しかし、G20 の国々は政治体制や経済水準などに関しきわめて多様であり異質な要素を数多く含んでいる。G20 首脳会合が開かれ始めた 2008 年以降、G7 はその歴史的役割を終えたという議論があったが、今日でも G7 が存続しているのは、G20 のメンバーが多様でしかも全会一致原則をとっているために、G20 がフォーラム化し議論が収斂しにくくなっているという現実を反映している。主要先進国と主要な新興国の首脳が G20 として一同に会する場としての意義は大きいが、それが機能的な制度・組織としてどのように発展していくかについては、現時点ではいまだ不透明であるといえよう[5]。

　なお、近年は、中国やロシア、インド、ブラジル、南アフリカ共和国などが国際経済で果たす役割が増し、こうした国々を指す用語として BRICS と称す

　5）　藤井（2011）、中林（2012）、鈴木基史（2021）「G20 とグローバル経済ガバナンス」『学術の動向』（特集・仲間作りの国際政治学―連携と制度）60-66 頁、等を参照。

ることが一般化している。BRICS の台頭に示されるように、G7 が世界経済に占める相対的な地位や影響力は低下してきている。世界の GDP に占める BRICS のシェアは 2000 年には 16％ だったが、2008 年には 24％、2020 年には 33％ にまで上昇している。2009 年 6 月には、初めて BRICs4 カ国の外相がロシアのエカテリンブルクで会談し、2010 年 4 月に 4 カ国はブラジルで首脳会談を開いた。2011 年 4 月には、4 カ国に南アフリカを含めた 5 カ国（BRICS）で開催され、BRICS 首脳会合は毎年の会合として定例化されるようになった。

　また、2013 年 3 月の第 5 回 BRICS 首脳会合で、この 5 カ国による「新開発銀行（New Development Bank）」の設立が合意され、2014 年に 1,000 億ドルの資本金で業務を開始した（本部は上海、総裁はインドから）。この機関の設立は、欧米主導の融資制度とドル通貨の影響力に対抗するものと位置づけられる。

　2023 年 8 月には、南アフリカで開催された BRICS 首脳会議で、2024 年 1 月からアルゼンチン、エジプト、エチオピア、イラン、サウジアラビア、アラブ首長国連邦（UAE）の 6 カ国が BRICS に新規加盟することで合意した[6]。トルコやナイジェリアなど、比較的欧米との関係の強い新興国は含まれておらず、この拡大は欧米への対抗軸としての BRICS の強化を目指す動きということができよう。

4　国際援助協調とその進展

(1)　「国際援助協調」とは

　2000 年代における、援助ドナーとしての中国の台頭の国際的なプレゼンスの拡大を議論するためには、それ以前の欧米や国際機関を中核とする国際援助協調の枠組みの強化について述べておく必要があろう。

　1990 年前後に生じた冷戦の終焉は、国際社会に大きな影響を与えたが、それは国際開発の世界的潮流にも大きなインパクトを与えた。冷戦下では、特に最大の援助大国であった米国は、ソ連に対抗する観点から、反社会主義政権や戦略的に重要な途上国を重点的に支援し、また、その他の主要援助国も、それぞれに政治的経済的に重要と考える（すなわち「国益」にてらして重要な）国への支援に力を入れてきた。

---

6)　JETRO ビジネス短信、2023 年 8 月 25 日。

図 4-2　現地での援助協調メカニズムの概念図

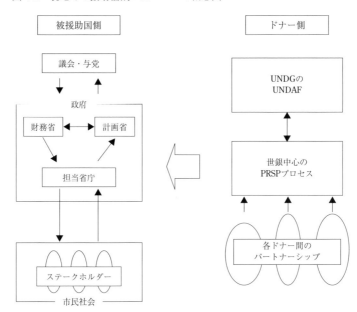

（注）筆者作成。

　しかし、冷戦の終焉は、こうした戦略的観点からの援助の意義を低下させ、開発途上国支援は、国際社会全体にとっての軽視できない共通課題（すなわちグローバル・イシューズ）としてより強くとらえられるようになった。それとともに、「援助疲れ」による国際的な援助資金総量の低下の中で、国際社会では援助の効率化の議論が高まり、主要先進国間の援助協調が進展していくのである（図 4-2 参照）。

　こうした国際援助協調の潮流は 1990 年代後半に急速に進展し、2000 年代前半は，そうした援助協調が世界的な広がりをみせ具体化してきた。例えば、途上国支援の枠組みとして多くの途上国で貧困削減戦略文書（PRSP）の作成が義務づけられるようになり、2000 年にはミレニアム開発目標（MDGs）が設定され、これらを中核として開発をめぐるパートナーシップ体制が強化されてきた。また、そうした動きとセットになる形で、途上国側の「オーナーシップ」が重視され、ガバナンス強化や財政・政策支援が支援の重点となった。

　他方で、こうした主として欧米先進国が主導する国際的な援助協調強化の潮

流が継続する一方で、2000 年代後半以降、中国を筆頭とする新興ドナーが台頭し、それは既存の国際援助体制に対する新たな挑戦となってきている。

(2)　2000 年前後の国際援助協調の進展

表 4-3 は，2000 年前後を境にした、国際社会における国際援助協調の流れを整理した一覧表である。こうした国際援助協調の潮流を主導するアクターとして、国連開発機関、世界銀行、OECD／DAC などの国際機関がその中核を担ってきたため、それら国際機関別のイニシアティブを整理した。

まず、上記の国際的潮流の背景と経緯を補足しておこう。

冷戦が終わった 1990 年代にはいると、先進各国とも ODA 総額は減少傾向で「援助疲れ」といわれる状況を示していた。東西冷戦への対処という国際政治的な目標や前提を失い、ODA 財源も縮小する中で、何を援助の主要な到達目標とするべきか、いかにすれば効果的に援助の成果をあげられるかが議論されるようになった。

また、1990 年代を通じた貧困削減への取組みは、当初は、特に社会セクター（教育や保健衛生分野）への支援の集中という形で現れた。しかし、社会セクターへの援助量の増加の一方で、同じ分野に様々なドナーからの類似したプロジェクトが多数存在することにもつながり、ドナー間の調整不足が弊害として浮かび上がった。例えば、1995 年に提出されたヘレイナー・レポートは、アフリカ地域でのプロジェクト援助の乱立の弊害を指摘した[7]。

このような状況の中で、途上国にとっての援助の「取引費用」を削減することの重要性が強調されるようになり、援助の「調和化（harmonization）」や、途上国の政策方針への「アラインメント（alignment）」（足並みを揃える、歩調を合わせる、といった意味）の概念が浮上した[8]。より具体的に説明すると、「調和化」とは、各ドナーがそれぞれの得意分野に特化して重複を避けながら役割分担をすることであり、「アラインメント」とは、援助の内容や実施方法を当該

7)　K. Gerald Helleiner, Tony Killick, Nguyuru Lipumba, Benno J. Ndulu and Knud Erik Svendsen (1995), *Report of the group of independent advisers on development cooperation issues between Tanzania and its aid donors,* Royal Danish Ministry of Foreign Affairs.

8)　「取引費用」と「援助協調モデル」については、以下の文献が詳しい。木原隆司（2003）「援助協調（International Aid Coordination）の理論と実際─『援助協調モデル』とベトナム」『開発金融研究所報』第 17 号、9 月号。

表 4-3　1990 年代後半以来の国際援助協調の展開過程（略年表）

	国連機関	世界銀行	OECD／DAC
1994	「開発への課題」報告書		
1995	国連世界社会開発サミット（コペンハーゲン）		
1996		Wolfensohn 新総裁による貧困削減の重視	DAC 新開発戦略（21 世紀に向けて）
1997	「国連の再生」報告書—UNDG 設立・UNDAF 導入	CDF（包括的開発枠組み）提示	
1998		Assessing Aid—援助効率化と selectivity 主張	
1999		包括的開発枠組み（CDF）提示	
2000	国連ミレニアムサミット ミレニアム開発目標（MDGs）の設定	HIPCs イニシアティブ PRSP（貧困削減戦略文書）の枠組み開始	
2001	MDGs と PRSP の連携で合意（UNDP と世銀の合意文書）		
2002	国連開発資金国際会議（モンテレイ会議）	IDA 第 13 次増資—部分グラント化 LICUS ユニット設置（後に脆弱国家ユニットと名称変更）	
2003			ローマ調和化宣言
2004	国連事務総長ハイレベルパネル報告書		マラケシュ開発結果マネジメント円卓会議
2005	人間の安全保証基金のマルチセクター・マルチエージェンシー化	IDA 第 14 次増資—グラント比率拡大（50%）	パリ援助効果宣言（第 2 回援助効果向上ハイレベルフォーラム）
2006	Delivering as One 報告書		
2007		IDA 第 15 次増資—中国が初の資金拠出	
2008	第 1 回国連開発協力フォーラム（UNDCF）		アクラ行動計画（第 3 回援助効果向上ハイレベルフォーラム）
2009			China-DAC 研究グループ創設
2010	MDGs サミット（ニューヨーク）	林毅夫（Justin Lin）チーフエコノミスト就任、中国の出資比率 6 位から 3 位に引上	
2011			釜山成果文書（第 4 回援助効果向上ハイレベルフォーラム）
2012	国連持続可能な開発会議（Rio + 20）	ジム・ヨン・キム総裁就任	
2013	ポスト 2015 年開発目標に関する国連ハイレベル本会議		
2015	SDGs 策定（17 項目の 2030 年目標）		
2016		IDA 第 18 次増資—市場からの資金調達を可とする	
2018	『人間開発報告書』人間開発指数・指標：2018 年新統計	IBRD 増資、中国の投票権拡大	
2019		D・マルパス総裁就任	「人道・開発・平和の連携の一貫性に関する DAC 勧告」承認
2023	「SDGs 報告 2023：特別版」発表	アジェイ・バンガ総裁就任	

（注）筆者作成。

国政府の国内制度に沿ったものにしていくことを指す。

　このように、1990 年代における援助効果向上への取組みは、パリに本部の
ある主要先進国援助機関の調整のフォーラムである OECD の開発援助委員会
（DAC）や、国際開発における 2 大国際機関である国連開発機関や世界銀行な
ど、主要な国際機関がそれぞれにイニシアティブを発揮しながら、また、相互
に連携したり影響を与え合いながら広範に行われてきた。

　こうした国際的な取組みの中で、特に熱心に国際援助協調を主導したのが世
界銀行である。世界銀行は、1995 年にウォルフェンソンが新総裁になったの
ち、貧困削減を世界銀行の第一の組織目標として位置づけ、また、世界銀行の
果たすべき役割は、開発戦略に熟知した「ナレッジ・バンク（知識の銀行）」と
して、途上国の開発政策策定を支援するとともに、様々なドナーの支援を効果
的に束ねてゆくことであるとした。

　これがより具体的な形で結実したものが貧困削減戦略文書（Poverty Reduction
Strategic Paper: PRSP）である。今日、多くの途上国で PRSP を中核に各ドナー
が支援するようになっており、PRSP は事実上世界銀行がチェックすることに
なっているという点で、世界銀行主導のメカニズムであるということもでき
る。

⑶　新しい援助モダリティ

　開発援助におけるこうした 1990 年代の主要な成果は、開発援助の目的を貧
困削減とする方向性が打ち出されていったことや、途上国の援助受入能力の向
上が援助効果向上の鍵となるとの認識から行われた様々な援助手法の改革であ
るといえよう。

　援助手法の改革提案としては、英国や北欧ドナーが中心となり、セクターワ
イド・アプローチ（Sector-Wide Approach: SWAp）が提唱され、またその考え方
から援助資金の「バスケット・ファンド」化の提案もなされた[9]。セクターワ
イド・アプローチとは、「個別に単発のプロジェクトやプログラムを実施する
のではなく、分野全体を一つの有機的なプログラムとして運営することによ

---

9)　例えば以下を参照。Ravi Kanbur, and Todd Sandler with Kevin M. Morrison (1999), The Fu-
ture of Development Assistance: Common Pools and International Public Goods, *Overseas De-
velopment Council Policy Essay*, No.25, Johns Hopkins University Press.

り、制度や組織に関する当該分野の根本的な問題を解決するとともに、ドナー側と開発途上国側の双方の限られた支援を選択的に集中しようとするもの」であり、特に教育・保健医療等の分野で進展した[10]。

さらに、先進諸国の行政における「ニュー・パブリック・マネジメント」の影響や、途上国における参加型開発の進展の影響などを受けて、途上国政府側に説明責任を課し、作成プロセスやモニタリング・プロセスの透明性を重視した PRSP と中期公共支出枠組み（Mid-Term Expenditure Framework: MTEF）の導入などが示された。

このような援助のあり方の改革は、特にアフリカ諸国において顕著な傾向であり、ケニア、タンザニア、ウガンダなど旧英国領のアフリカ諸国で、PRSP や SWAp や財政支援などの新しい援助モダリティが導入され援助協調が進められた（国際協力機構・国際協力総合研修所、2004）。

5　テーマ研究 I―カンボジアにおける国際援助協調の盛衰

(1)　カンボジアへの援助の動向

1992 年以降のカンボジア復興期において、カンボジアに対する最大ドナーは日本であった。日本政府は、1991 年パリ和平協定の締結に尽力するなど、カンボジア和平に外交面から非常に深く関わった。また、国連 PKO（平和維持活動）への初めての参加、警察支援などこれまで関与しなかった分野にも意欲的な支援を行った。経済復興面でも ODA の積極的な投入を行ってきた。1990年代と 2000 年代を通じて、カンボジアにおいて、日本の ODA は（二国間支援と多国間支援の両方を合わせた）国際社会全体の支援額のおよそ 20％を占めてきた。

すなわち、1992 年の国連 PKO の開始以降、日本はカンボジアに対する最大の ODA 供与国としてその復興開発に深く関わり、その新しい国づくりにおいて日本が果たしてきた役割はきわめて大きかったといって良いだろう。しかし、バブル崩壊後の日本経済の停滞（失われた 20 年）もあって日本の存在感は次第に低下し、その一方で中国経済の台頭はめざましく、2010 年には中国の

---

10)　稲田十一（2012）「援助機関と被援助国―パートナーシップとオーナーシップ」勝間靖編『テキスト国際開発論』ミネルヴァ書房、第 11 章。

GDP が日本の GDP を追い抜き、同じ年にカンボジアに対する中国の援助額は日本の援助額を追い抜いた。

中国の援助に関しては、中国が OECD に加盟していないこともあって、正確な ODA 額は不明である。カンボジアに関しては、中国は内戦時代（1975−91 年）にクメール・ルージュやポル・ポト派を支援していたため、カンボジア政府（ヘンサムリン政権）に対する支援はなかった（日本も 1978 年末から 1991 年まで援助凍結）。1992 年の国連カンボジア暫定統治機構（United Nations Transition Authority in Cambodia: UNTAC）統治の終了後も、中国はポル・ポト派を支援していたという歴史的経緯から新政府に対する援助には消極的であった。

近年、カンボジアについては援助受入の窓口であるカンボジア開発評議会（Cambodia Development Council: CDC）が統計を整備するようになったこともあって、かなり正確な統計が入手できる。基本的統計として、過去 30 年間の主要ドナーによるカンボジアへの ODA 供与額の推移（1992−2021 年）をまとめたのが図 4-3 であり、OECD／DAC の統計をベースとして、中国の援助額については CDC の統計をもとに両者を結合して作成した図である。

それによれば、中国のカンボジアへの援助額は 2010 年に日本を抜き、近年ではその額は日本の 4 倍程度の規模に達している。2020 年および 2021 年に日本の対カンボジア ODA が急増しているのは、日本政府が中国に対抗して対カンボジア ODA を増やす努力をしたからでもあるが、内容としては、シアヌークビル港の整備事業への巨額の円借款があったほか、COVID-19 対策としての保健分野の多額の支援があったからでもある。一時的ではあっても、中国の支援金額を上回った。ADB（アジア開発銀行）の 2020−21 年の支援金額が増えているのも、同様にコロナ対策支援が大きい。

⑵　カンボジアにおける国際援助協調の進展

さて、先述のように、1990 年代から 2000 年代、カンボジアは国際援助協調のモデル国であり、かつては国際援助協調の典型的事例の一つとして取り上げられていた。

2000 年以前の、世界銀行を中心とする CG（Consulting Group: 支援国）会合のシステムは、年 1 回、主要ドナーが集まって、それぞれの支援の総額や重点分野・内容等の概要を互いに公表し合うような、やや儀式的な会合であった。し

図 4-3　主要ドナーによる対カンボジア ODA 額の推移（1992－2021年）（単位：100万米ドル）

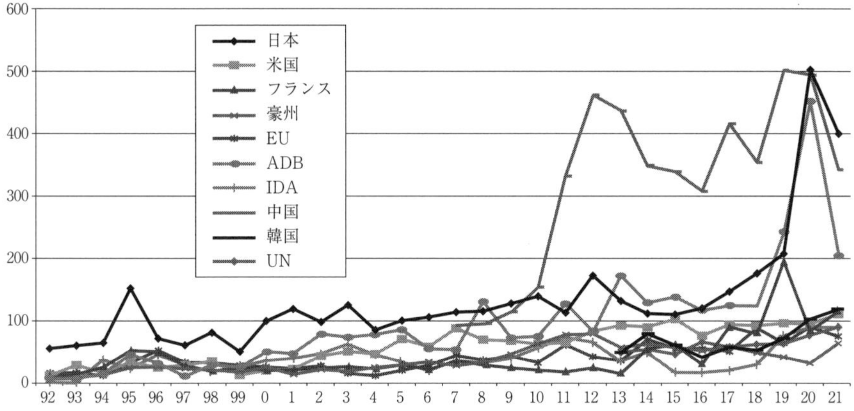

（注）OECD ／ DAC 統計および CDC 統計より筆者作成。支出純額（ODA ネット）

かし今日、開発の様々な分野ごとに、当該国の担当省庁を含めて各ドナーの担当者が現地でワーキング・グループ会合を頻繁に開催し、分野ごとに開発政策の方向性を議論し、その分野の具体的な案件全体を確認し、各ドナーがその中のどれを支援するかといった議論をするようになった。こうした現地での頻繁なワーキング・グループ会合は、現地でルーティン化され、特に教育分野や保健医療分野においてその進展が顕著である。こうした動きは、セクターワイド・アプローチ（SWAp）とかセクター・プログラム化と称される。2000年代前半は、こうした「パートナーシップ・アプローチ」が急速に強化された時代であった。

　カンボジアで、とりわけ 2000 年以降進展した援助協調強化の動きは、次のようないくつかの側面に分けて整理することができる。1993 年から 2020 年までの間に生じた、これらの具体的な動向や変化を時系列の一覧表の形で整理したのが表 4-4 である。

①支援国会合の現地化（2002 年以降）

　1993 年にパリで第 1 回カンボジア復興開発委員会が開催されたのち、この会合は毎年 1 回、カンボジアに対する主要な二国間支援国であるフランス（パリ）および日本（東京）で交互に開催されてきた。1996 年からは「カンボジア支援国会合（CG 会合）」と称され、引き続き 2001 年まで東京とパリで交互に

表4-4　カンボジアにおける支援国会合メカニズムの進展と後退

年	カンボジア政府の開発計画	援助協調の動向	カンボジア政治社会動向
1993		第1回カンボジア復興開発委員会（ICORC、於：パリ）	1993年まで国連が暫定統治、第1回総選挙（KR不参加）、新王国憲法公布、新王国政府成立
1994	国家復興開発計画（NPRD）	第2回ICORC（於：東京）、CDC設立	ポル・ポト派非合法化
1995		第3回ICORC（於：パリ）	
1996	第1次社会経済開発計画（SEDP）1996-2000	第1回カンボジア支援国会合（CG、於：東京）	イエン・サリ投降・恩赦
1997		第2回CG会合（於：パリ）	CPP Funcinpec武力衝突、ASEAN加盟見送り
1998	三角形戦略（TS）		第2回国政選挙、CPP／Funcinpec連立政権、国連代表権を回復
1999	PRSP導入発表	第3回CG会合（於：東京）、教育SWAP・保健SWIM導入、DDR計画発表（00年開始）、政府・ドナー・パートナーシップWG設置	ASEAN加盟
2000		第4回CG会合（於：パリ）（PRSP導入）	
2001	第2次社会経済開発計画（SEDP）2001-05	第5回CG会合（於：東京）	
2002		第6回CG会合（於：プノンペン）	ASEANサミット主催（初のカンボジアによるサミット主催）
2003	国家貧困削減戦略（NPRS）2003-05、カンボジア・ミレニアム開発目標（CMDGs）	17のTWG設置	第3回国政選挙
2004	四角形戦略（RS）カンボジア・開発パートナー・調和化・アラインメント宣言	第7回CG会合（於：プノンペン）	
2005	カンボジア・調和化・アラインメント・開発結果マネジメント行動計画	CG会合・国家戦略開発計画（NSDP）に合わせて翌年に延期	「経済特別区の設置及び管理に関する政令148号」
2006	国家戦略開発計画2006-2010（SEDPとNPRSを統合）	第8回CG会合（於：プノンペン）	
2007		第9回CG会合（於：プノンペン）、米国・対政府直接援助を再開	
2008		第10回CG会合（於：プノンペン）	第4回選挙―人民党圧勝
2009	国家戦略開発計画（NSDP）2009-2013	第11回CG会合（於：プノンペン）	
2010		第12回CG会合（於：プノンペン）、中国が日本を抜いて最大ドナーとなる	
2011		2011-2013年の世銀による援助の凍結	プレアビヒア寺院をめぐってタイと大規模な武力衝突が発生
2012			2回目のASEAN議長国
2013	5カ年戦略である「四辺形戦略」（RS）を発表		第五回国民議会選挙―救国党躍進
2014	国家戦略開発計画（NSDP）2014-2018	英国・援助を2014年以降実質的に停止	イオンモール開設
2015	産業開発政策（IDP）2015-2025		

年	カンボジア政府の開発計画	援助協調の動向	カンボジア政治社会動向
2016			世銀分類の「低所得国」から「中所得国」に格上げ
2017		米国・政府への援助凍結	カンボジア救国党が最高裁命令で解党
2018			第6回国民議会選挙—人民党が125の全議席を独占
2019	国家戦略開発計画（NSDP）2019 – 2023		
2020		EUによる経済制裁（特恵関税適用停止、8月）、中国との自由貿易協定締結（10月）	
2023	新たな「五角形戦略」を発表		第7回国民議会選挙—人民党120議席獲得（キャンドルライト党参加できず）フン・マネット新首相就任

（出所）筆者作成

CG 会合が開催されてきた。しかし、国際社会での途上国側のオーナーシップや現地でのアラインメント重視の議論を受けて、2002 年から CG 会合はカンボジアの首都プノンペンで開催されるようになった。

②セクターごとの WG 設置（1999 年開始、2004 年以降本格化）
また、1999 年に六つのワーキング・グループ（WG）が設置され、2002 年にさらに一つ追加、2004 年には合計 17 のテクニカル・ワーキング・グループ（TWG）が設置された。これは、開発の分野ごとに担当省庁と関連ドナーが一堂に会して具体的な開発計画と支援内容を議論する場である。年 1 回の CG に加えて現地で頻繁に開催されるものであり、以下で述べる PRSP やセクターワイド・アプローチの具体的な議論と調整の場となった。

③ PRSP と MDGs の連携（2000 年、2001 年以降）
2000 年に国連開発機関を中心に MDGs が提示され、その一方、世界銀行を中心に途上国に対して貧困削減に重点を置いた開発計画である PRSP の策定を求める動きが強まった。カンボジアにおいても、2003 年に「カンボジア・ミレニアム開発目標（CMDGs）」が打ち出される一方、同年、世界銀行はカンボジア財務省を中核において 2003 – 2005 年を対象とする国家貧困削減戦略（National Poverty Reduction Strategy: NPRS）づくりを支援した。

④開発計画—NSDP として統合（2005 年）

　世界銀行が主導した NPRS と ADB がその作成を支援してきた社会経済開発計画（Social Economic Development Plan: SEDP）は、2001 年に作成された第二次 SEDP と 2003 年に作成された NPRS が併存する形で、その混乱と主導権の取り合いが指摘されてきた。しかし 2005 年末になって、ようやく両者が一つの NSDP（国家戦略開発計画）として一本化されることになった。カンボジアの関係省庁や関連する主要ドナーがそうした統一的な開発計画の必要性を認識した結果、開発計画として NPRS と連携することを求めたことが背景にある。

　実際の国家開発計画の策定過程としては、SEDP、NPRS、CMDGs のそれぞれの策定を支援してきたアドバイザーたちが一つのグループとして NSDP の作成を支援する形で、カンボジア側では（財務省ではなく）計画省が取りまとめを担当し、ライン省庁（支援対象分野毎の担当省庁）は各分野でその計画づくりに協力する形がとられるようになった。

⑤セクターワイド・アプローチの強化—教育（SWAp）・保健医療（SWiM）

　国際社会の様々な支援アクターが、その支援を全体として効果的に進める方策として、あるいは支援対象国のガバナンス課題に対するアプローチとして、近年、重要性を増しつつあるのがセクターワイド・アプローチである。カンボジアにおいても 1990 年代後半以来、とりわけ教育や保健医療分野において広まってきた。教育分野では SWAp、保健医療分野では SWiM（Sector-Wide Management）と呼ばれるように、これらの分野の政策について全体的な政策枠組み（policy framework）を各ドナーが共有し、その上で各ドナーが分担してそれぞれに支援する形がとられるようになった。

　セクターワイド・アプローチと密接に関連するのが、財政支援やコモン・プール（共通基金）の有用性についての議論である。カンボジアにおいても財政支援の支援スキームに基づいて各国が支援する方向にもっていくべきだとする英国や北欧のようなドナーがあった一方、日本は引き続き、プロジェクトに基づいた支援を重視してきた。世界銀行は、長期的には財政支援の枠組みは望ましいとしながらも、財政支援の前提となるのは政府の公共財政管理能力や透明性などであり、援助協調が進展したこの時期においても、カンボジア政府の財政管理運営能力は十分とはいえず、そうした過渡的な状況では財政支援は必

ずしもうまく機能しないという見解をもち、カンボジアにおいては財政支援や
コモン・プールは広まることはなかった。

(3)　2010年代以降—国際援助協調の衰退

　このように、カンボジアの1992年に始まる国の再建過程で、国際社会はそ
の支援にあたって、国際的な援助協調のモデル国としてきわめて熱心にカンボ
ジアを支援してきた。ところが、2010年に中国が日本を抜いてカンボジアに
対する最大ドナー（支援供与国）になると、1990年代後半から2000年代に進展
してきた国際援助協調の枠組みは急速に衰退していくことになる。

①中国の最大援助国としての台頭

　この原因は、第一に、最大援助国となった中国が国際援助協調の枠組みから
距離を置いたことである。

　中国は2000年代に広まったセクター会合（分野別会合）に参加せず、特に中
国の支援の中核を占めるインフラ関連事業は、公共事業省などの担当官庁（ラ
イン省庁）との二国間の交渉の中で案件が形成・実施されてきた。また、そこ
において、中国の開発事業の進め方として、カンボジア政府側と他の開発事業
の許認可とバーター取引をしたり、融資と無償の援助を組み合わせたり、他ド
ナーと比較して柔軟な交渉戦術をとるといったことが行われてきたとされ、そ
れはカンボジアにとってメリットもあった。その一方、交渉過程が非公開で透
明性に欠けるとの批判もあり、そうした不透明な決定過程の中で、汚職や賄賂
の可能性が指摘されてきた。

②伝統的ドナーの影響力低下

　ただし、中国のドナーとしての台頭だけが原因というわけでもなく、2010
年代にはいって、米・英などが国際援助協調の姿勢を弱め内向き志向となって
きたことも指摘できよう。

　英国は1997年に成立した労働党政権が国際援助協調を重視する潮流を引っ
張ってきたが、2010年に労働党政権から保守党を中心とする政権（自由民主党
との連立）になってからは、財政支援などの援助モダリティ（支援枠組み）に消
極的になった。また援助資金の「選択と集中」を主張し、カンボジアは英国の

「優先的援助対象国」のリストから外れ、2014年以降は実質的に援助が停止された。また、米国も、オバマ政権（2009年1月-2017年1月）下では国際援助協調の枠組みに歩調を揃えセクター会合にも出席していたが、2017年に成立したトランプ政権は「アメリカ・ファースト」を主張し、国際援助協調から距離を置くようになった。

　また、世界銀行も、カンボジア政府がプノンペン市内の開発事業の計画・実施に際して、それまで居住していた住民の強制移転・排除を強行したことを理由に、2011年から2013年にかけてカンボジアへの援助を凍結した。

　そうした中、中国が最大援助国として登場したことで、カンボジア政府の中国への経済・外交両面での傾斜が進み、欧米や国際機関のカンボジア政府に対する民主化や開発における民主的な手続きの重視の要請に耳を傾けなくなったということが、全体的な背景要因として指摘できよう。

③主要援助国の援助凍結

　上述のように、2011年から2013年にかけて世界銀行がカンボジアへの援助を凍結し、2014年には英国がカンボジアへの援助を停止した。2017年末には、同年11月のカンボジア救国党の解党命令を受けて、米国はカンボジア政府への援助を停止した（市民団体への援助は継続）。

　2020年8月には、民主化や民主的ガバナンスをその支援にあたって重視するEUが、実質的な経済制裁の手段の一つとして特恵関税の適用を停止した。EUは米国に次ぐカンボジアの縫製品の主要な輸出先であり、その影響は小さいとはいえない。その一方、直後の同年10月に、カンボジア政府は中国との自由貿易協定を締結した。ただし、カンボジアはすでにASEANに加盟し、中国とASEANの間の自由貿易協定の恩恵を受けているため、この中国との新たな協定は、シアヌークビルなどでの中国の投資に関わる協定であり、貿易上の影響は大きくないとの見方もある。実際、EUの経済制裁の経済的および政治的効果は、現時点では限定的なものにとどまっているようである。

6　テーマ研究Ⅱ—債務再編の国際的枠組みと中国

(1)　HIPCs イニシアティブへの中国のフリーライド

　他方、国際開発金融秩序との関わりの中で、特に大きな問題は、債務問題への対応である。

　欧米日の OECD／DAC（経済協力開発機構／開発援助委員会）を中核とする国際援助コミュニティでは、2000 年に重債務貧困国（HIPCs）に対してそれまでの債務を帳消しにすることで合意し、債務帳消しの対象となった国へのその後の支援は主として無償援助の形態で行うようになった。世界銀行（IDA）は 1960 年以来 38 年返済の条件で、日本の円借款は 30 年返済の条件で、長年にわたり譲許的融資を途上国に融資してきたが、途上国の中にはそれらの資金を元に経済発展を遂げた国もあるが、多くのアフリカの途上国など、こうした譲許的な条件でも長年の債務が累積し返済の見込みがつかない国が続出し、結局 2000 年に HIPCs イニシアティブで、債務の帳消しという形で対応せざるをえなくなったものである。

　ところが、そうした債務帳消しが行われた途上国の多くに対して、2000 年以降、中国は多額の融資を供与し始めた。その意味では、中国は HIPCs に対する債務帳消しの国際的枠組みにフリーライドして自国の経済的利益を追求した形である。HIPCs として債務帳消しを認めた国々に対しては、原則として新たな融資はしないというのが、これら国際金融界の合意であったため、その国際的な枠組みの外にあった中国が、人権問題など内政問題への不干渉を謳いながら新たな資金供与国として登場したことは、そうした途上国にとってもありがたい資金提供ではあった。

　しかし、やがて「債務の罠」といわれるように債務が急速に拡大し、中国支援の大規模事業の融資資金の返済が困難になる事例が増えている。多くの途上国で、中国による巨額の融資を原資とした巨大事業の将来の返済のリスクを問題視した新政権により、事業の見直しあるいは縮小がなされた事例も少なからず生じている。これは中国政府・国営企業にとっても悩ましい事態であった。しかし、中国政府は、多国間の協調した債務削減の枠組みには服せず、主として二国間のアドホックの対応をしてきた。

　当初は、部分的であっても債務の帳消しに応じず、債務削減と事業運営権の移譲を取引の交換条件とするような姿勢を示していた。例えばスリランカでは、事業の経済性などへの考慮から国際機関や他の主要ドナーから融資を断られたハンバントタ港に対して中国は 13 億ドルの融資を供与し、金利の支払いが延滞すると債務を出資に振り替えることで合意し、港の運営権が 99 年間にわたり中国国有企業に渡ったことは「債務の罠」として国際的非難を浴びた。

(2) 対アフリカの債務減免措置—中国の姿勢の変化の兆候

　一方で、中国政府による債務減免の対応がみられないわけではない。中国による無利子借款の最初の債務減免は 2003 年に生じたとされ、この年は合計 105 億元、減免先はすべてアフリカ諸国であった。こうした事例はその後も毎年拡大し、2012 年時点での承諾済み債務減免の累計額は 838 億元に達したとされる[11]。また、2018 年 9 月の第 7 回中国・アフリカ協力フォーラム（FOCAC）に際しては、多くのアフリカ諸国に対する政府借款（商務部の無利子借款など）の帳消しに応じた[12]（ただし、中国輸出入銀行や中国建設銀行などの政府系金融機関の融資は別[13]）。また、アフリカ諸国の債務持続性に配慮する旨の宣言が出され、その後、エチオピア・ジブチ鉄道に対する融資の期間が 10 年から 30 年に延期されている。チャド、モザンビークに対する借款が債務再編されたという報告もある。

　2020 年 6 月の中国・アフリカ特別サミットでは、開発途上国でのコロナ禍の拡大に対応し、中国政府は 77 の発展途上国・地域に対して債務返済の一時猶予措置をとること、および 2020 年末に満期を迎える中国政府の無利子貸付

---

11)　北野尚宏・教授の専修大学社会科学研究所「中国の国際経済体制へのインパクト」研究会での報告より（2020 年 10 月 3 日）。

12)　具体的な対象国・金額は明らかではないが、例えば、2017 年にスーダンに対して 1 億 6 千万ドルの債務帳消しに応じたとされる。一方、アンゴラの中国からの借款の大半は中国輸出入銀行や中国開発銀行の融資であるため、アンゴラの対中国債務の大半は減免されなかった（2018 年 10 月、アンゴラ財務省でのヒアリングに基づく）。

13)　商務部の管轄である無利子借款が債務減免（帳消し）に応じた事例があるのに対し、中国輸出入銀行・中国開発銀行の優遇借款に関しては減免に応じていないのは、前者の場合は、すでに予算支出済みであり、減免に際して新たな追加資金が不要で、会計上、減免分を無償援助の形で相殺できるのに対し、後者の場合、資金回収が前提とされており、減免となった場合は追加的な予算支出が必要であって、こうした会計上の扱いの違いがその対応の違いの背景にあるとの指摘がある。

の返済免除を打ち出すことを表明した[14]。また、G20 の DSSI（Debt Service Suspension Initiative: 債務支払猶予イニシアティブ）での合意の実施に向けて努力することも述べられた[15]。さらに、2020 年五中全会（中国共産党第 19 期中央委員会第 5 回全体会議）では第 14 次 5 カ年計画に関連して、「国際的慣例と債務持続可能性原則に基づき融資体系を健全化」することを表明した。その一方で、その後のアフリカに対する融資にはより慎重になり、融資額は減少傾向にある。

　2000 年以降、中国は、経済力の急速な拡大とともに膨らんだ余剰生産力を、開発ニーズと資金需要の大きな途上国への融資を拡大する形で向けていった。またそれは、欧米が主導する既存の国際金融秩序に対抗して中国が国際金融で占める地位を高めるという中国の国策が背景にあったこともあってか、経済的合理性を軽視してむやみに融資を拡大してきた。やがてその返済期間を迎えるようになって、その無謀な融資がもたらす結果に直面し、その対応に苦慮するようになっているのが近年の状況であろう。2000 年以来約 20 年の経験を経て、かつて伝統的ドナーが直面した途上国の債務問題に、同じような形で対応を迫られているのは、ある意味では皮肉である。

(3)　パリクラブ─国際共通枠組みへの取込みの必要性

　「パリクラブ」とは、主要な債権国政府が集まって債務危機に直面した債務国の救済措置について協議する債権国会合のことである。パリクラブは国際通貨基金（IMF）や世界銀行のような国際機関ではなく、あくまで主要債権国政府が参加する非公式な集まりであり、会合がパリで開催されフランス財務省が事務局および会合の運営を担っていることから「パリクラブ」と呼ばれる。このパリクラブは、主要な先進諸国の債権国団として、対外債務の返済が困難となった債務国に対し、債務国の経済事情を踏まえた債務救済措置をリードする役割を担っている[16]。2022 年末時点では、G7 加盟国を中心に 22 カ国で構成され、韓国・ブラジル・ロシアなどの新興国もメンバーであるが、中国やイン

---

14)　「中国、77 カ国・地域の債務返済を猶予」*Record China*、2020 年 6 月 8 日。「習近平国家主席、債務免除を含めたアフリカへの支援を表明」『JETRO ビジネス通信』2020 年 6 月 24 日。

15)　2020 年 4 月、G20 およびパリクラブは「債務支払猶予イニシアティブ（DSSI：Debt Service Suspension Initiative）」を立ち上げ、低所得国が抱える公的債務の支払いを一時的に猶予する措置に踏み切った。DSSI は 2 年弱実施され、2021 年末にその役割を終えた。

16)　NEXI（日本貿易保険）のホームページの解説参照。

ドは加盟していない。

　中国は、こうしたパリクラブを実質的に西側先進国が主導している国際的枠組みでるあると認識し、「Global South」の立場を外交的に重視する中国としては、こうした西側先進国が主導する枠組みとは距離を置く政策をとってきた。

　しかし、中国輸出入銀行と中国開発銀行の対途上国融資の債権だけで、今やパリクラブのメンバーの有する約3千億ドルの債権のおよそ3分の2に相当する。巨大な債権国となった中国は、中国融資や中国事業に対する国際的な評判を悪化させないためにも、途上国の抱える債務の再編についてグローバルなルールと歩調を揃えることは不可欠であろう[17]。

　こうした国際開発の課題に関する（伝統的な西側先進国を中核とする）国際社会との協調に関しては、外交部やその傘下にある中国国際開発協力機構（China International Development Cooperation Agency: CIDCA）は、どちらかというと宥和姿勢を示してきたが、実際の融資に関わる財政部や人民銀行は固い姿勢を示してきた。しかし、国際金融界の中国金融当局に対する圧力が高まる一方、実際に多くの途上国でこれまでの融資の返済が滞るようになる中で、国際金融界と共同して対処する必要性をより強く認識せざるをえなくなっている。

　2018年3月に開催された20カ国財務大臣・中央銀行総裁会議（いわゆるG20）の声明では、「低所得国における債務水準の上昇はこれらの国々の債務の脆弱性に関する懸念をもたらす」「債権国と債務国の両サイドにおいてより透明性を求める」「新興債権国の幅広い参加に向けてパリクラブが進める作業への支持を再確認する」「IMFと世界銀行の債務の透明性に向けた取り組みに期待する」旨が謳われた。

　途上国債務問題は「国際公共財」であり、単独の「抜け駆け」や「ただ乗り（Free Ride）」は許されない。他の主要債権国の場合には、先進国のみならずロシアやブラジルを含めパリクラブ（主要債権国会合）に加盟しており、債務救済や債務再編において債権にかかる情報を提供する義務を負い、連帯原則を守り

---

17)　河合正弘は以下のように提言している。「また、中国の融資に際しては、借り手が融資条件を公表しないようにする秘密保持条項や、中国の銀行が他の債権者よりも優遇される非公式な担保の取り決めなどがあるとされ、こうした行為は国際的な債務削減にとって有害であり是正されなければならない。」河合（2019）「一帯一路とユーラシア新秩序の可能性」中国総合研究・さくらサイエンスセンター編『一帯一路の現況分析と戦略展望』28頁。

個別債務再編交渉が禁止されている。中国はパリクラブの暫定メンバーとして議論には参加することが可能となっているが、正式メンバーとしての義務を負っていない。そのため、中国をパリクラブの正式メンバーに加えるべきであるとの議論も国際金融専門家の間で提案されているが、正式加盟がなくとも、既存の国際的な債務再編の枠組みに中国が実質的に加わる姿勢を示すことが望ましく、中長期的にはその方向で進めざるをえないのではないかと推測される [18]。

第4章の論点

(1)　G7 が果たしてきた役割は何か。その役割は、今日でも継続しているのか。もはや時代後れとなりその存在意義がなくなってきているとの議論がみられるが、あなたはどう考えるか。また、G20 は G7 に代わって国際経済の役割を果たす枠組みとなりつつあるといえるか。

(2)　国際援助協調の枠組みは、2010 年以降、弱まってきたようにみえるが、その原因は何か。国際援助協調の衰退は、開発途上国側にとってディメリット（マイナスの効果）をもたらすものか、あるいは、何らかのメリット（プラスの効果）もあるのか。自分の考えを理由とともに述べよ。

第4章の主要参考文献
・稲田十一編（2009）『開発と平和―脆弱国家支援論』有斐閣、第5章、第11章。
・稲田十一（2012）「援助機関と被援助国―パートナーシップとオーナーシップ」勝間靖編『テキスト国際開発論』ミネルヴァ書房、第11章。
・木原隆司（2010）『援助ドナーの経済学―情けはひとのためならず』日本評論社。
・国際協力機構・国際協力総合研修所（2004）『PRSP プロセス事例研究―タンザニア・ガーナ・ベトナム・カンボジアの経験から』JICA。
・国際協力銀行開発金融研究所（2007）「新興ドナー特集」『開発金融研究所報』第35号（10月）。
・篠田英朗（2021）『パートナーシップ国際平和活動―変動する国際社会と紛争解決』勁草書房。
・ステイル、ベン（小坂恵理訳）（2020）『マーシャル・プラン―新世界秩序の誕生』みすず書房。
・嶌信彦（2000）『首脳外交―先進国サミットの裏面史』文春新書。
・古川光明（2014）『国際援助システムとアフリカ―ポスト冷戦期「貧困削減レジーム」を考える』

18)　例えば、米国 Brookings 研究所の David Dollar は、パリクラブのメンバーシップを中国など非 OECD 諸国にまで拡大すべきであると提言している（Chhabra et al., 2021: 290-291）。

　日本評論社。
・村田良平（2000）『OECD（経済協力開発機構）―世界最大のシンクタンク』中公新書。
・永田実（1990）『マーシャル・プラン―自由世界の命綱』中公新書。
・中林伸一（2012）『G20の経済学―国際協調と日本の成長戦略』中公新書。
・藤井彰夫（2011）『G20―先進国・新興国のパワーゲーム』日本経済新聞出版社。
・Chhabra, Tarun, Rush Doshi, Ryan Haas, Emilie Kimball (2021), *Global China: Asssessing China's Growing Role in the World*, Brookings Institute Press.
・Woodward, Richard (2009), *The Oranization for Economic Co-operation and Development (OECD)*, Routledge.

第5章　地域的枠組みとアジアにおける地域協力

◆キーワード◆

地域統合、欧州連合（EU）、アジア太平洋協力、ASEAN＋3、CPTPP、RCEP、ASEAN Way、AMF（アジア通貨基金）

1　地域協力の枠組み

⑴　様々な地域経済協力機構

　欧州連合（EU）は世界で最も進化した地域統合体であり、欧州統合の動態とその展開過程は、国際関係論の一分野としての「地域統合論」や「国際統合論」の発展をも促進してきた。1960年代にはミトラニー等の「機能主義」が唱えられ、その考え方はE. ハース等の「新機能主義」に受け継がれ、1970年代後半のレジーム論へと発展してきた。「機能主義」とは、国際機構による機能的な協力を通じて平和の実現を図ろうとするものであり、「新機能主義」の考え方は、非政治的な領域において国際間の協力関係を築いていこうとする活動が隣接する領域へと波及することになり、結果としてそれは政治的な領域に波及するというものである。欧州統合は、こうした議論の事例として頻繁に取り上げられる。

　地域機構は必ずしもその地域の経済発展のみを目的として設立されるわけではなく、広義の「安全保障共同体」として加盟国間の関係を安定的に発展させることや、域内諸国の団結を保ち一致した立場をとることによって域外諸国との関係でもより強固な地位を占めようとすることを目的とすることが多い。代表的な地域機構であるEU（欧州連合）やASEAN（東南アジア諸国連合）も、そうした広義の安全保障共同体であるとみなすことができる[1]。

<hr>

1)　「安全保障共同体（security community）」の概念や統合論については、例えば以下を参照。

関税同盟や共通市場を目指して地域的な枠組みを形成することは、経済的な利益と合理性があるため、様々な試みがなされてきた。欧州地域で経済共同体としての欧州統合が進展してきただけでなく、他地域でも、北米におけるNAFTA（北米自由貿易協定、その後2018年にUSMCAとして再編）、南米におけるメルコスール、アフリカにおけるSADC（南アフリカ開発共同体）やECOWAS（西アフリカ諸国経済共同体）などの例もあり、後述するように、東南アジアにおいてはASEAN（東南アジア諸国連合）やAPEC（アジア太平洋経済協力会議）などの地域協力の試みも進展してきた。ただし、近年、地域横断的な自由貿易協定（FTA）や経済連携協定（EPA）の締結の動きが進展したことによって、地域的な枠組みに固執する必然性が薄れ、共通市場としての地域共同体の形成の意義そのものは相対的に低下してきた側面もないではない[2]。

他方、地域機構は、それ自体が自律的な機関として国際開発における主要なドナーである。EUの行政機関である欧州委員会（European Commission）は、主要援助国である英・仏・独よりも大きな援助供与機関であり、それ以外にも、中東の政府系の基金も大きな役割を果たしており、例えばイスラム開発銀行はアフガニスタンやイラクなどイスラムの開発途上国における主要なドナーの一つである。

(2) 地域統合モデルとしてのEU

20世紀前半に二度の世界大戦を経験した欧州は、互いの壁を取り除き協力することによって安定と繁栄を築く道をたどってきた。以下でその発展のプロセスを概観しておこう。

欧州諸国は、欧州統合の第一歩として1951年に「欧州石炭鉄鋼共同体（ECSC）」を設立し、1953年には石炭と鉄鋼の共同市場が成立した。ECSCは地域（ドイツ・フランス・イタリア・ベルギー・オランダ・ルクセンブルグの6カ国）と分野（石炭と鉄鋼）を限定することによって、伝統的な政府間国際機構の概念ではとらえられない新たな国際的行為主体として出現した。しかし、各加盟国の国家主権に直接関わる政治・防衛分野の早急な統合は困難であるとの認識

Karl Deutsch (1978), *The Analysis of International Relations*, Prentice Hall.

2) 地域共同体よりもFTAやEPAの重要性を説く議論もある。例えば吉野文雄（2006）『東アジア共同体は本当に必要なのか』北星堂。

から、1955年のメッシナ会議で、経済分野の統合から欧州統合を進めること
で合意がなされた。1957年5月に欧州経済共同体（EEC）および欧州原子力共
同体（EAEC／Euratom）の設立条約が調印され、翌1958年1月から両共同体は
原加盟国6カ国で発足し、1967年には、それら三つの共同体をまとめた欧州
共同体（European Community: EC）が創設された。

　それ以来、欧州共同体は経済的分野を中心に統合を推進してきた。1973年
にイギリス・デンマーク・アイルランドが欧州3共同体に加盟して9カ国とな
り、1981年にギリシャが加盟、1986年にスペイン・ポルトガルが加盟し、12
加盟国となった。

　1992年2月「欧州連合条約（マーストリヒト条約）」が署名され、翌1993年
11月に同条約が発効し、これにより、共同体（ECSC、欧州原子力共同体、欧州共
同体という三つの機能的共同体）の柱（第一の柱）、共通外交安全保障政策の柱（第
二の柱）、司法・内務協力の柱（第三の柱）という3本の列柱体制をとる欧州連
合（European Union: EU）体制へと移行した。現在のEUは、経済・通貨など経
済分野にとどまらず、共通外交安全保障政策、司法・内務協力の各分野の統合
を進め、域内外の安定を目指している。

　1995年1月にはオーストリア・スウェーデン・フィンランドが加盟し、加
盟国は15となった。1999年1月には、欧州連合11カ国で欧州統一通貨ユー
ロを導入し（イギリス・アイルランド・デンマーク・スウェーデンはユーロに参加せ
ず）、1999年5月にその統合の拡大は東方および地中海へ向かい、2004年に中
東欧の10カ国、2007年にさらに2カ国がEUに加盟し（合計27カ国）、地域機
構としてのEUは、機能的にも統合の度合いを深め、領域的にもその加盟地域
を拡大してきた[3]。しかし、2010年以降、ギリシャの債務危機を発端にユーロ
圏全体の経済危機に波及するなど、欧州統合の拡大は様々な課題も内包してい
る。

　なお、イギリスは2020年1月31日に、1973年以来47年間にわたって加盟
していたEUを離脱した。2016年6月の国民投票の結果、投票者の51.9%が
EUを離脱することを選択したことにより行われたものであり、英国の EU 離

3)　EUに関する基礎的文献としては、例えば以下を参照。清水貞俊（1998）『欧州統合への道
　—ECからEUへ』ミネルヴァ書房。山下（2002）、庄司（2007）、福田耕治編（2009）『EUと
　グローバル・ガバナンス』早稲田大学出版部、等。

脱は通称ブレグジット（Brexit）と呼ばれる。

　2000年代以降の移民の流入の増大への反発がEU離脱の背景要因の一つと考えられるが、2010年代はじめイギリス独立党の人気が高まり、彼らはEU加盟継続の是非を国民に問う国民投票を求めイギリス議会に影響力を及ぼすようになった。これを受けて、当時の与党である保守党のデビッド・キャメロン首相は2015年の英国総選挙のキャンペーン中に国民投票を約束し、キャメロン首相は残留派だったが投票に敗北し、EU離脱が決定的となった。経済学者の間では、EUからの離脱は中長期的に英国経済に悪影響を与えるという意見でほぼ一致しているが、その後EUとの交渉を経て、2020年に離脱が現実のものとなり、その影響は今後も見守る必要があろう[4]。

2　アジア太平洋における地域協力

(1) アジア太平洋協力の歴史的展開

　欧州における地域統合は、過去70年間に着実に進展してきたが、アジア太平洋地域における地域協力の枠組み形成に向けた動きは、欧州に比べるとかなり遅い。アジア地域において地域経済統合がなかなか進まない背景として、欧州と比較した次のような要因がしばしば指摘される。

　まず第一に、政治体制や文化・民族・宗教的な多様性である。アジアには中国やベトナムなど共産党を中心とする一党支配の国やミャンマーのような軍事政権の国（2011年に民政移管、2021年に再度軍部によるクーデター）もあれば、フィリピンやインドネシアのような民主化が進んできた国、タイのような王政の国、日本のような自由民主主義の国まで様々である。また、欧州がキリスト教を基盤とした共通の文化・価値を共有しているのに対し、アジアは民族的に多様であるだけでなく、宗教に関しても仏教、ヒンドゥー教、イスラム教、キリスト教のほか、儒教・神道や、共産主義に基づく無神論まで混在している。

　また、欧州諸国間の経済格差は、最も所得の高い北欧諸国と最も所得の低いギリシャ等の地中海諸国との1人当たり所得の格差は10倍程度であるが、東

4)　英国のEU離脱については数多くの文献がある。包括的にまとめている文献として例えば以下がある。鶴岡路人（2020）『EU離脱―イギリスとヨーロッパの地殻変動』筑摩書房。細谷雄一（2016）『迷走するイギリス―EU離脱と欧州の危機』慶應義塾大学出版会。

表 5-1　アジア太平洋協力の歩み

年月	出来事	横の広がり	縦の広がり
1965.11	小島清、「太平洋自由貿易地域（PAFTA）」構想提唱	日豪中心	学者・民間主導
1966.6	アジア太平洋協議会（ASPAC）設立（ソウル）		
1966.11	アジア開発銀行（ADB）設立		
1967.8	東南アジア諸国連合（ASEAN）結成		
1968.1	太平洋貿易開発会議（PAFTAD）第1回会議（東京）		
1968.5	太平洋経済協力会議（PBEC）第1回総会（シドニー）		
1976	豪政府、「太平洋貿易開発機構（OPTAD）」の設立を提案	ASEANの関与	政府・民間の協力
1979.3	大平首相、「環太平洋連帯構想」を提唱		
1980.1	大平首相訪豪、豪首相と太平洋協力推進で合意		
1980.5	環太平洋連帯研究グループ、最終報告書を提出		
1980.9.	豪国立大学でセミナー、太平洋経済協力会議（PECC）発足		
1985.1	中曽根首相訪豪、「太平洋協力4原則」を提唱		
1986.11	中国・台湾（中華台北）、PECC への同時加盟決定		
1989.1	ホーク豪首相、太平洋協力推進の政府間フォーラム設立提唱	米国の積極姿勢	閣僚・首脳会議に進化
1989.6	ベーカー米国務長官、「新しいパートナーシップ」演説で太平洋協力推進の公式メカニズム必要と指摘		
1989.11	第1回アジア太平洋経済協力会議（APEC）閣僚会議開催（キャンベラ）		
1993.7	クリントン米大統領「新太平洋共同体」提唱		
1993.11	第5回 APEC 閣僚会議（シアトル）初の非公式首脳会議開催		
1994.11	第6回 APEC 閣僚会議（ジャカルタ）「ボゴール宣言」採択		
1998	ロシア・ペルー・ベトナムの APEC 加盟（拡大はこれが最後）		
2004	FTAAP（APEC 21カ国の FTA）構想の提案	新たな広域経済圏の模索	首脳会議は形骸化
2006	環太平洋戦略的経済連携協定（4カ国の4P協定）発効		
2016	TPP（環太平洋パートナーシップ）12カ国で署名		
2017	TPP から米国離脱、11カ国で署名・発効		
2018	CPTPP（包括的・先進的な環太平洋パートナーシップ）発効		
2020	RCEP（東アジア地域包括的経済連携）署名		

（注）筆者作成

　アジアでは日本・香港・シンガポール等の高所得国と、カンボジア・ミャンマー・ラオス等の低所得国との間の1人当たり所得の格差は50倍程度もある。また、地理的にもアジアは海を挟んできわめて広域である。
　しかしながら、国際経済の理論に従えば、この地域で共通市場や安定した国際通貨制度が確立することによる互いの利益は大きい[5]。そのため、長期的な

5）　経済的議論は例えば以下のような文献で整理されているように、すでに通念化している。
　　Bela Balassa (1961), *The Theory of Economic Integration*, Richard D. Irwin.（中島正信訳（1963）『経済統合の理論』ダイヤモンド社）

この地域の経済発展のために、アジア太平洋協力を進める様々な構想づくりと具体的な取組みがなされてきた。表5-1はその歴史的な進展の過程を整理した年表である。その展開過程は、大きく四つの時期に分けることができよう。

第一の時期は、学者・民間主導でアジア太平洋協力に向けた努力がなされた時期である。第二次世界大戦時に、日本が東アジア地域で「大東亜共栄圏」構想を推進し、現実には軍事的な侵略を伴い最終的に挫折したという歴史は、戦後において日本がアジア太平洋協力のイニシアティブをとることを困難にした。そのため、日本からの構想としては学者による中立的・非政治的な構想という形をとり、一橋大学教授であった小島清の「PAFTA構想」はその最初の提案であった。

他方、現実の国際政治では、1966年に米国主導で反共の共同体としてのASPAC（アジア太平洋協議会）が設立され、他方、日米共同の経済支援の地域的枠組みとしてADBが設立され、また東南アジア諸国は域内諸国の団結を強化するため1967年にASEAN（東南アジア諸国連合）を設立した。

こうした民間主導の太平洋協力のイニシアティブは、1976年以降、政府と民間の協力の中で進展していく。地域協力を促進した最大の背景要因は、1973年のベトナム戦争の終了と1975年の統一ベトナムの成立である。ベトナム戦争後、米国がアジアにおけるその軍事的経済的プレゼンスを低下させていく中で、ASEANはその団結を強化することによって地域安全保障を確保することを目指し、また、インドシナ諸国との共存を目指す中で、周辺域外諸国を含んだ地域協力を望むようになった。こうしたASEANの地域協力に対する姿勢の変化の中で、日本やオーストラリアもアジア太平洋協力の枠組み強化を政府として公式に表明するようになるのである。

日本も1979年には政府として「環太平洋連帯構想」を推進するようになり、1980年にはPECC（太平洋経済協力委員会）が発足、1986年には中国と台湾のPECCへの同時加盟も実現した。台湾はPECCの原加盟国であり、中国が台湾を除名することなく台湾をChinese Taipeiと呼称することで同時加盟が実現したことは画期的なことであった。

ただ、こうしたアジア太平洋協力の枠組み強化には、それまで米国は消極的であった。こうした米国の消極姿勢は、特にクリントン政権が成立した1980年代末に大きく変化する。その背景には、東アジアにおけるASEAN主導の

表 5-2　欧州とアジアの地域統合プロセスの対比

アジア太平洋協力	欧州統合
多様性	同質性
ソフトな地域協力	政治経済両面の統合
市場主導型	統合への強い政治的意志
民間主導型	政治主導
開かれた地域主義	地域ブロック

（注）筆者作成。

（特にマレーシアのマハティール首相が主導する）地域協力の枠組み強化の動きに警戒心を高めた米国が、米国抜きに東アジアで地域協力が進展するよりは、米国が参加した形で緩やかな地域協力にとどめることが有益であると判断したからであると考えられる。その結果、1989 年から APEC（アジア太平洋経済協力閣僚会議）が開催されるようになり、1993 年からは年 1 回の首脳会合が定例化されるようになった。また、1998 年にはロシア・ベトナム・ペルーが APEC に加盟し、地域的にはより広いフォーラムとなっている[6]。

　アジア太平洋協力の枠組みは、多様性を包含した「開かれた地域主義」とされており、その進展のメカニズムを特徴づけるとすれば、政府や政治主導ではなく民間主導あるいは市場主導で進展してきた、ソフトな地域協力であるといえる[7]。こうしたアジア太平洋協力の枠組みを、前述の欧州統合の枠組みと比較すると、概略、表 5-2 のような違いが指摘されている。

　なお、のち（2018 年）にアジア太平洋諸国のうちの 11 カ国の間で CPTPP（包括的・先進的な環太平洋パートナーシップ）が結ばれるが、この地域的な自由貿易促進の枠組みには、「開かれた地域主義」の考え方が踏襲されている。2022 年にアジア太平洋地域に属さない英国の CPTPP への参加申請があり、翌年承認された。この背景には、共通の目標とルールを共有するならば加盟国はアジア太平地域に限定されるものではない、という基本的な理念の存在がある。

---

6)　APEC の近年の動向に関する文献は必ずしも多くないが、次が参考になる。服部崇（2009）『APEC の素顔─アジア太平洋最前線』幻冬舎ルネッサンス。

7)　APEC の歴史的発展過程について整理分析した代表的な文献として、菊地努（1995）『APEC ─アジア太平洋新秩序の模索』日本国際問題研究所。また、ジャーナリストの観点からその歴史を具体的に叙述した文献として、船橋洋一（1995）『アジア太平洋フュージョン─APEC と日本』中央公論社。

(2)　ASEAN の成立と発展

　こうした東アジアの様々な地域的枠組みの中で中核的な役割を果たしている
のが ASEAN である。

　今日の ASEAN 諸国の大半は（タイを除いて）、第二次世界大戦後に植民地支
配から独立した国々である。独立当初の 1950 年代から 1960 年代初頭にかけ
て、国家統合のプロセスは始まったばかりであり、国境画定をめぐって様々な
紛争が生じるなど、互いの関係も必ずしも良かったわけではない。そうした混
沌とした状況下で、様々な地域統合案も存在した。「東南アジア連合」や「マ
フィリンド」構想はその一つであり、後者はイスラム圏として共通の土壌を有
するマレーシア、フィリピン、インドネシアの3地域の統合をより進めようと
するものであった[8]。しかし、これらは結果的には解消ないし瓦解し、1960 年
代後半に ASEAN という形で収斂していくことになる。

　1960 年代半ばからベトナム戦争が激化し、また国内的にも共産主義勢力の
伸長はいずれの国でも大きな国内的不安定要素であり、互いの協調関係の維持
は国家建設の観点からも必要とされた。そうした中で成立したのが、ASEAN
である。ASEAN は 1967 年にインドネシア・マレーシア・フィリピン・シン
ガポール・タイの5カ国を原加盟国として設立された。

　1967 年に設立された ASEAN は、実質的には、ベトナム戦争が激化する中
で、共産主義勢力を国内に抱えた東南アジアの非共産主義諸国がその国家の安
定と安全保障のために一致団結する必要性が高まったことによって成立した。
しかし、その設立宣言（ASEAN バンコク宣言）では、地域全体の経済成長や社
会・文化的発展の促進のために加盟国が協力することが主たる目的として謳わ
れているが、こうした経済・社会文化面の域内協力は必ずしも進んではこな
かった。また、ASEAN バンコク宣言では、「加盟国政府の権利・義務関係は
まったく明記されていない」ため「超国家的な主体でないのはもちろんいうま
でもなく、政府間機構として ASEAN 各国から独立したものでさえない」との
評価もあった[9]。

　実際、ASEAN は 1976 年に第1回公式首脳会議（於：バリ）が開催されるま

---

8)　こうした 1960 年代初頭の東南アジア統合構想については、以下の文献で詳述されている。
　　山影進（1991）『ASEAN—シンボルからシステムへ』東京大学出版会、特に第1・2・7章。
9)　同上、240-241 頁。

で、首脳会談すら定例化されていなかった。1976年にASEANが地域機構として協力関係をレベルアップしたのは、ベトナム戦争の終了によって、米国に頼らない自分たち自身の団結と協力が不可欠となったからである。同年、「東南アジア友好協力条約」「ASEAN協和宣言」「ASEAN事務局設立協定」等の採択がなされ、ASEANの政治的団結が強化された。

　しかし、そうした政治的団結が強化された時期になっても、域内の経済協力は遅々として進展しなかった。1976年に日本が「福田ドクトリン」を表明し、他方でASEAN域内の経済協力を支援するためにASEANの共通事業であるASEAN工業化計画を支援した際にも、それは当初期待したような形では実現しなかった。その最大の要因は、ASEANの主要国であるタイ・マレーシア・インドネシア・フィリピンがほぼ同じ経済発展レベルの開発途上国であり、いずれもが同様な輸入代替工業化戦略を重視しており、域内の分業を目指した事業が困難であったからであるといえる。

　ASEANは、そののちブルネイが加盟するが、1990年代に機能的にも地域的にも拡大・深化を遂げていく。

　機能的深化についていえば、まず1992年にASEAN自由貿易地域（AFTA）の合意がなされた。1994年には、アジアにおける初の安全保障対話の枠組みとしてASEAN地域フォーラム（ARF）が発足した。ARFは北朝鮮やモンゴル・インド・パキスタンなどの周辺諸国や米国・日本・オーストラリア・ニュージーランドなどの域外大国を含んでいる。また、1996年にはASEANを中心とするアジア諸国と欧州諸国間のアジア欧州会合（ASEM）の第1回首脳会合が開催され、その後ほぼ毎年1回のペースで開催されている。さらにアジア金融危機勃発後の1997年12月に、ASEAN非公式首脳会議に合わせてASEANと日本・中国・韓国の3カ国が参加した首脳会合が開催されて以降、「ASEAN＋3」という新たな地域枠組みが事実上始動し、その後様々な「ASEAN＋3」の首脳会合、財務相・中央銀行総裁会合、外相会合が頻繁に開かれるようになっている。

　ASEAN自身も地域的に拡大していった。1995年にはベトナムが加盟、1997年にラオスとミャンマーが加盟し、当初1997年に加盟予定であったカンボジアも少し遅れて1999年に加盟し、これによってインドシナ4カ国すべてを含んだ拡大した「ASEAN 10」が成立した。ただし、このことはそれまでの

ASEAN メンバーとは異なる政治体制と経済水準をもつ国々を抱え込んだこと
を意味し、その後「ASEAN ディバイド」といわれる経済的に先行する ASE-
AN 6 カ国と新規に加盟したインドシナ 4 カ国との間の経済格差の問題をも抱
え込むことになった。

　その一方で、ASEAN は地域一体的な経済統合を推進すべく、「ASEAN 経済
共同体（AEC）」を目指して、ASEAN 共通パスポートの導入などによる人的移
動の円滑化や関税の低減・国境手続きの簡素化などの貿易自由化の努力を進
め、2015 年には実現をみた。ただし、国境手続きなどには依然としてまだ多
くの規制が残されており、共通市場のレベルは依然として高いとはいえない。

(3)　ASEAN とアジア太平洋協力

　他方、ASEAN は設立当初には慎重であったアジア太平洋経済協力にも積極
的に関与するようになり、ASEAN が「運転席（ドライバーズシート）」に座った
形でのアジア太平洋協力を推進していくようになる。その一方で、アジア太平
洋協力の枠組みに関しては、「ASEAN + 3」をベースに、インドやオーストラ
リア・ニュージーランドを含んだ形での「東アジア共同体（EAS）」を目指す動
きもある。

　「東アジア共同体」の方向性をめぐっては、「ASEAN + 3」に重点を置く中
国と、「豪・NZ・印」を含んだ枠組みを目指す日本との間で主導権をめぐる争
いもあった。日本は台頭する中国の影響力を相対的に低下させる意味もあっ
て、2003 年には、当時の小泉首相が日・ASEAN 特別首脳会議を開催し、「東
京宣言」として「新千年期における躍動的で永続的な日本と ASEAN のパート
ナーシップ」を表明、CEPEA（東アジア包括的経済連携）を提唱し、実際に、
2005 年 12 月には、ASEAN ＋日・中・韓に豪・NZ・印を加えた 16 カ国の初
の「東アジア共同体（EAS）」会合がマレーシアで開催された。

　一方で、2005 年 4 月には中国の提案により、ASEAN + 3（日中韓）による
「東アジア自由貿易地域（East Asia Free Trade Area: EAFTA）」構想が提案され、
日中の駆け引きが激しくなっていった。しかし、地域的な協力枠組みを推進す
る上では日本や中国が過度に目立つことは好ましくなく、その後は ASEAN が
主導する形で地域的な枠組みの強化に向けた取組みが進められた。後述するよ
うに、やがて RCEP（東アジア地域包括的経済連携）が発足するが、これも

表 5-3　ASEAN を中核とする地域的枠組みの進展

年	出来事
1967	ASEAN 設立（バンコク宣言）
1976	第 1 回 ASEAN 首脳会議、ASEAN 事務局設置決定
1979	ASEAN 拡大外相会議開催（以後、毎年開催）
1990	マレーシア－EAEG（東アジア経済グループ）呼びかけ
1991	ASEAN－EAEC（東アジア経済会議）提案
1993	AFTA（ASEAN 自由貿易地域）調印
1994	ASEAN 地域フォーラム（ARF）発足
1995	ベトナムの ASEAN 加盟
1996	第 1 回 ASEM（アジア欧州会議）開催—欧州と ASEAN ＋ 3
1997	ラオス・ミャンマーの ASAEN 加盟 AMF（アジア通貨基金）構想の登場と挫折
1999	カンボジア加盟で ASEAN10 が成立
2000	チェンマイ・イニシアティブ
2003	第 2 次 ASEAN 共和宣言
2005	第 1 回東アジア首脳会議開催（ASEAN ＋ 3 ＋印・豪・NZ）以後、毎年開催
2007	ASEAN 憲章採択（2008 年・発効）
2009	チェンマイ・イニシアティブの多国間基金化
2015	ASEAN 経済共同体（AEC）発足
2019	日本・ASEAN 包括的経済連携協定・第一議定書署名・発効 インド太平洋に関する ASEAN アウトルック（AOIP）発表
2020	RCEP（東アジア地域包括的経済連携）署名

図 5-1　東アジアにおける重層的な地域的枠組み

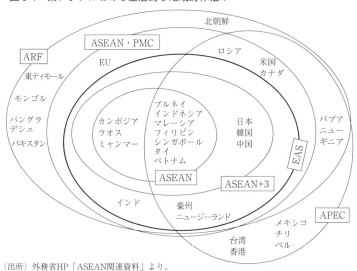

（出所）外務省HP「ASEAN関連資料」より。

ASEAN が中心となる（「ASEAN がドライバーズシートに座る」）形でその成立が推進された。2012 年に ASEAN 関連首脳会議にて RCEP の交渉が開始され、2020 年 11 月に 15 カ国での署名がなされ、2021 年 1 月に 10 カ国の間で発効し、最終的には 2023 年 4 月のフィリピンの批准で RCEP 協定の批准プロセスが完了した。

　今日では、東アジアおよびアジア太平洋地域には、ASEAN、ASEAN ＋ 3、APEC、東アジア共同体構想など、様々な地域機構およびその構想が重層的に存在している [10]。図 5-1 は、それを整理した一覧図である。

3　CPTPP と RCEP

(1)　CPTPP の概要と意義

CPTPP（Comprehensive and Progressive Agreement for Trans-Pacific Partnership: 包括的・先進的な環太平洋パートナーシップ）は、もともとは、アメリカが主導して推進していた TPP（環太平洋経済パートナーシップ連携協定）に端を発し、2015 年には 12 カ国で大筋合意がなされ、2016 年に署名された [11]。しかし、2017 年 1 月にトランプ大統領が TPP からの離脱を表明。そこでアメリカに代わって日本が指揮をとり、アメリカを除いた 11 カ国で TPP 11 の実現へと交渉を再開し、2017 年にアメリカが TPP を離脱したあとに再開された FTA（自由貿易協定）である。関税を大幅に引き下げ、貿易・投資の自由化を進めるとともに、公正な通商ルールの構築を目指している。

　TPP から離脱した米国を除く 11 カ国（日本、メキシコ、シンガポール、ニュージーランド、カナダ、オーストラリア、ベトナム、ブルネイ、マレーシア、チリ、ペルーの 11 カ国）が加盟し、世界の GDP の約 14％を占める巨大自由経済圏であり、2018 年 12 月 30 日に発効した。なお、日本はすでに CPTPP の他の加盟国 10 カ国のうち 8 カ国と経済連携協定（EPA）を締結しており、EPA 未締結の国は、カナダとニュージーランドのみである。なお、CPTPP の 11 カ国は 2023 年 3 月、イギリスの加盟に合意している。

10)　全体像については例えば次を参照。吉野（2007）。Mark Beeson (2009), *Institutions of the Asia-Pacific: ASEAN, APEC, and Beyond,* Routledge. 大庭三枝（2014）『重層的地域としてのアジア―対立と共存の構図』有斐閣。
11)　この交渉過程については、例えば、以下を参照されたい。大矢根聡・大西裕編（2016）。

　一方、2021年9月、台湾が加盟申請したことに対応して、中国も加盟申請をした。しかし、CPTPPは後述するRCEPと異なり、①政府調達の開放、②国有企業への非商業的援助の禁止、③労働についての基本的な原則および権利の採用・維持、等を共通ルールとして定めている。CPTPPは、高水準の貿易自由化率を達成し、モノの自由化だけではなく、サービスや直接投資、国営企業、電子商取引、労働・環境まで幅広い分野を対象とすることから、国際通商推進と秩序づくりの観点から「高いレベル」の制度と評価されている。他方、中国は管理経済体制をとっており、こうした事項について規制緩和や自由化を含むFTAであるCPTPPは、中国にとって加盟のためのハードルは高い。

　中国はこうした制約を承知の上で、台湾の加盟を牽制する目的で加盟申請をしたとする見方もある。また、こうした中国の姿勢の解釈としては、「中国の強い政治意思の基底にあるものは、『制度に埋め込まれたディスコース・パワー』の拡大・追求であり、グローバル経済秩序形成における発言力を高め、そうした秩序形成に決定的な影響力を有する大国となることによって、国際社会において自国権益を拡張することを意図している」との見方もある[12]。

　日本は、当初はTPPへの参加に慎重であり、交渉への参加も2013年と遅れた。その理由は、特に農産物などの貿易自由化によって日本国内の生産者が打撃を受けることへの警戒からであるが、最終的には日本経済全体への裨益効果が上回ることから積極姿勢に転じた[13]。

　CPTPPの日本にとってのメリットとして指摘されている点は、今までより加盟国の市場への進出が容易になる点である。加盟国には、ベトナムやマレーシアを中心に経済成長が著しい国が多く、段階的な関税撤廃により、製品によっては輸出入にかかる関税のコストを削減できる。例えばベトナムでは、政府調達の開放により、外資系企業のベトナムでの経済活動を拡大させることが見込まれる。日本とベトナムの間にはすでに経済連携協定（EPA）が締結されており非関税品目が定められているが、CPTPP発効によりその品目が増える。

　他方、段階的な関税撤廃により国際競争に晒される国内市場では、農林水産物を中心に、特にニュージーランドやカナダなどの食料自給率の高い国からの

12）　渡邉真理子・加茂具樹・川島富士雄・川瀬剛志（2021）「中国のCPTPP参加意思表明の背景に関する考察」RIETI Policy Discussion Paper Series 21-P-016。
13）　TPPをめぐる交渉については例えば以下を参照されたい。石川幸一・馬田啓一・渡邊頼純編（2014）『TPP交渉の論点と日本─国益をめぐる攻防』文眞堂。

安価な農作物の輸入が拡大することが見込まれ、国内の農業従事者にとって厳しい競争になる。これに対し農林水産省は、2017 年に「総合的な TPP 等関連政策大綱」を発表し、国産農作物・水産物の輸出を拡大することで国内市場の拡大・海外市場への展開を目指すとしている。

⑵　RCEP の概要と意義

　RCEP（Regional Comprehensive Economic Partnership: 東アジア地域包括的経済連携）は、ASEAN 10 カ国と 5 カ国（日本・中国・韓国・オーストラリア・ニュージーランド）によるメガ FTA 構想である。2012 年に ASEAN 関連首脳会議にて RCEP の交渉が開始され、長い交渉を経て、2020 年 11 月、第 4 回 RCEP 首脳会議の機会に署名がなされ、2022 年 1 月に発効した。

　RCEP は、もともとは ASEAN が提案した自由貿易協定（FTA）である。ASEAN は、RCEP 締結国とすでに FTA を締結していたため、RCEP による貿易効果は非 ASEAN 諸国に比べ大きくはない [14]。にもかかわらず、ASEAN 諸国が長期にわたる RCEP 交渉にコミットしたのは、上記の TPP が動き始めたことに ASEAN が危機感をもったことが背景にあるのではないかとの指摘がある [15]。なお、RCEP は上記の 15 カ国にインドを加えた 16 カ国で交渉が進められていたが、インドは最終的に署名を見送った。中国製品をはじめとした安い製品が国内産業に多大な被害を与えることを懸念したことが背景にあるとされる。

　税関手続きや知的財産、電子商取引等の 18 分野が交渉対象となり、税関手続き・貿易円滑化などの制度的事項について合意した。農林水産品や工業製品などへの関税の減免に加え、輸出入の手続きの簡素化、サービスや投資のルールなど様々な分野について定められており、参加国全体での関税の撤廃率は品目数でみると約 91 ％で、これは撤廃率の品目数が 99.3 ％にのぼる CPTPP と比較するとやや低い数値ではある。

　RCEP には中国が加盟していることもあって、RCEP は、世界人口の約半分、世界の GDP の約 3 割、世界の貿易総額の約 3 割を占める広域自由貿易経

14）　熊谷聡・早川和伸（2021）「地域的な包括的経済連携（RCEP）協定の経済効果―IDE-GSM による分析」『アジ研ポリシー・ブリーフ』No. 143。
15）　助川成也「RCEP と日本の東アジア生産ネットワーク」石川幸一・馬田啓一・清水一史編（2019）『アジアの経済統合と保護主義―変わる通商秩序の構図』文眞堂。

済圏となっている。しかし、中国の経済力は圧倒的で、そのうち、人口の61％、GDPの55％、輸出の45％、輸入の54％を中国が占め、中国のアジアでの存在感が増すことも予想される。RCEPによって地域内で貿易取引や企業間サプライチェーンのさらなる深化と拡大が進めば、必然的に加盟国の貿易・投資の中国への依存度が高まると予想されている。

　一方で、日本にとっても、その貿易総額のうち約47％がRCEP参加国で占められており、これらの地域との貿易の活性化が見込めることは、日本にとっても重要な経済連携協定であるといえよう。特に、RCEPには、中国と韓国が締結国に含まれていることから、長年、実現に向けて取り組みがなされてきたものの遅々として進まなかった日・中・韓のFTAを実質的に含むものでもある。

　実際、これまで日本の対中国工業製品輸出の約8％が無関税であったが、RCEP発効後はその割合が86％へと大幅に上がるとされる。日本企業にとって特に恩恵を受けられそうなのは、自動車関連や鉄鋼製品・家電製品などの輸出分野である。農林水産品分野については、段階的に関税が引き下げ・撤廃され国内市場での競争は激しくなる一方で、ASEAN市場へ参入しやすくなり、アジアの大きな市場でビジネスチャンスが広がる。また、ASEANにとっても、ASEANで製造した製品の中国などでの販売拡大が見込まれる[16]。

　一方、日本への輸入関税が減免されることによって、例えば、安価な工業製品や農産物が輸入されることで、国内の企業や生産者が価格競争に巻き込まれることにもなる。ただし、「重要5項目」と呼ばれる「コメ」「牛肉・豚肉」、「乳製品」などは関税撤廃の対象外とされた。

　また、多くの分野でCPTPPよりも自由化やルールの面で水準が低く、また安全保障を理由にした貿易規制が各国独自に設定可能にされたり、紛争解決の対象の不適用分野などの面で、自由貿易協定の内容としてはレベルが低く、より高いレベルへの見直しと改善が将来的には求められよう。そうしたRCEPの実施と運用に関する問題の協議など、課題解決のための多国間の枠組みの整備や強化も今後の課題である。

　なお、CPTPPにもRCEPにも参加していない米国は、バイデン大統領が2022年5月に「IPEF（Indo-Pacific Economic Framework for Prosperity: インド太平

16）　前掲、熊谷聡・早川和伸（2021）、等を参照。

146

図5-2　RCEPとCPTPPの参加国の比較

RCEP
東アジア地域
包括的経済連携
日中韓など5カ国
とASEAN 10カ国
による域内経済圏
構想。インドが最
終的に離脱

CPTPP
環太平洋
パートナーシップ
環太平洋の11カ
国による幅広い
分野における経
済連携協定。米国
はトランプ大統
領が2017年に離
脱表明

(注)関連資料をもとに筆者作成。

洋経済枠組み)」を提唱し9月に初の閣僚級会合を開催した。これはインド太平
洋地域における経済面での協力について議論するための新たな枠組みであり、
「デジタル分野を含む貿易(関税撤廃を除く)」「サプライチェーン」「エネルギー
安全保障・クリーン経済」「脱汚職・公平経済」の4分野で政策協調・協力を
協議する比較的緩やかな枠組みとなっている。参加国は、米、日、豪、NZ、
韓国、インドネシア、シンガポール、タイ、フィリピン、ベトナム、マレーシ
ア、ブルネイ、インドおよびフィジーの14カ国である(2023年11月時点)。

　IPEFはアジア太平洋地域で米国が参加する唯一の地域多国間枠組みとな
り、それはRCEPから離脱したインドも同様である。その意味で、米中対立
の大きなアジェンダとなっているサプライチェーンを含めた経済安全保障につ
いて、アジア太平洋の主要経済である日米印が協働することができる唯一の枠
組みがIPEFであるといえる。ただし、この枠組みは発足したばかりであり、
米国内で共和党の一部を中心に反対(破棄)論まであり、今後の行方について
は不確実な面も少なくない。

4　テーマ研究Ⅰ―ASEAN Way

(1) ASEAN Way とは何か
以下では、アジアにおける代表的な地域機構であるASEANを取り上げ、特

に ASEAN 域内協力の行動規範の特徴をとらえた概念としての「ASEAN Way」に焦点をあて、その意味を整理してみよう [17]。

　地域組織として ASEAN が注目を浴びたのは、その地域機構としての独自の行動規範であり、それは「ASEAN Way」と呼ばれた。「ASEAN Way」という用語が論壇に頻出し国際社会の注目を集めるに至ったのは、特に 1990 年代のことである。「ASEAN Way」に明確な定義があるわけではなく、黒柳米司は、先行研究を概観した結果、導き出される結論として、「ASEAN Way」は以下の三つの要素からなると整理している（黒柳、2003）。

　第一は、紛争の平和的解決とか内政不干渉原則のように、国連憲章にも明示されるような「普遍的な規範」であり、第二は、協議を通じた全員一致の原則とか、弱者に配慮した漸進主義のような「手続き的な原則」であり、そして第三は、公然たる論争を避けて水面下の根回しを重視したり、法的厳密性より玉虫色の解決を優先したりすることなどからなる「アジア的了解事項」である。

　こうした「ASEAN Way」の基本精神は、ASEAN の設立文書である 1967 年の「ASEAN バンコク宣言」にも萌芽的な形で反映されている。例えば前文では、地域協力は「平等とパートナーシップの精神」に基づいて推進されること（主権の対等・平等性の原則）が指摘され、域内の経済と社会の安定を確保するのは域内諸国の第一義的責任であること（地域自助の原則）、そのために「外部の干渉から地域の平和と安全を保全する決意」であること（内政不干渉の原則）が強調されている。

　さらに重要なことは、「ASEAN Way」が本質的には不文律であるということであり、「ASEAN Way」は、ASEAN 結成以来営々として蓄積されてきたものであるだけに、非定型かつ流動的であって、ASEAN の生成発展過程に連動しつつ、ときに解釈を変更させてきた。しかし、いずれにせよ「ASEAN Way」の中核にあるのは、①内政不干渉、②コンセンサスによる合意形成、の 2 点にあると考えることができる。

⑵　ミャンマー問題への対応

　1990 年代に至って「ASEAN Way」のあり方は、ASEAN にとっても国際社

　17）　ASEAN 研究の代表的な文献として次のようなものがある。前掲、山影進（1991）、山影（1997）、佐藤（2003）、等。

会にとっても大きな関心事項として取り上げられるようになった。その背景には、冷戦構造の終焉に伴って、先進諸国と ASEAN の間に人権・民主化という価値をめぐる見解の不一致が表面化したことがある。

　特に、民主化を抑圧する政権の象徴として国際社会の指弾を浴びていたミャンマーの ASEAN 加盟問題は、欧米先進諸国からは ASEAN の人権尊重・民主化促進に対する無理解の証とみなされた。しかし、ASEAN は「ASEAN Way」の問題として内政不干渉と地域の自律性を重視し、ミャンマーの民主化問題には原則として不介入の立場をとりながら、説得によって自発的な変化を促す「建設的関与」を行ってきた。

　こうした「ASEAN Way」は、その後、変容ないし再検討される兆候もあった。例えば、2003 年には、「第二 ASEAN 協和宣言」が出され（於：バリ）、2004 年には「ビエンチャン行動プログラム」が採択され、2005 年には「ASEAN 憲章創設に関する宣言」が発出された。こうした新たな宣言における「ASEAN Way」の軌道修正の焦点は、①内政不干渉原則、②コンセンサス方式、③制裁条項、に関してであり、こうした諸点に関する議論の焦点となったのは、ミャンマーにおける民主化の展望とこれに向けての ASEAN の関与であった（黒柳、2005）。

　こうした ASEAN Way の軌道修正の背景要因として、1997 年に発生したアジア経済危機の影響もあろう。それは経済的な影響だけでなく、東南アジアの政治社会状況にも大きな影響を与え、とりわけその後のインドネシアの民主的社会に向けた急速な変容は、この地域の民主化をめぐる状況に大きなインパクトを与えた。近年、インドネシアは東南アジアにおける民主化のモデルとして他国の民主化の促進要因の一つになっているといっても過言ではない。インドネシアの民主化によって、ASEAN 全体の議論においても、ミャンマーに対して民主化を求める圧力は高まったようにみえる。例えば、2003 年外相会議共同声明では、当時軍部による独裁が続いていたミャンマーに関する項目には、「民主主義への移行に向けた全勢力間の国民的和解と対話」を求める文言が書かれた。

　ミャンマーの民主化問題は、その後も ASEAN にとって難題となっていった。ミャンマーは 2011 年に当時のテインセイン政権のもとで民主化に舵を切り、その後 NLD（国民民主同盟）が多数を占める政権が選挙によって成立した

が、2021 年 2 月に勃発したミャンマー軍部による政権奪取は、加盟国全体の統合体である ASEAN に再度難題を突きつけることになった。

ASEAN はこうした事態を必ずしも傍観したわけなく、ASEAN は従来の内政不干渉原則から大きく踏み出し、事態の打開に向けて積極的にミャンマー情勢に関与した。インドネシアのイニシアティブにより、2021 年 4 月（ジャカルタでの）首脳会議の場で、ミャンマー軍政の最高指導者であるミンアウンフライン国軍司令官との間で「五つのコンセンサス」（暴力の即時停止、すべての当事者間の対話、ASEAN 議長国特使による仲介、人道支援の実施、特使とすべての当事者間の面会）について合意し、その実現に向けて圧力をかけた[18]。

2021 年の議長国ブルネイのエルワン第二外相は、同年 6 月にミャンマーを訪問し軍政側と協議したが、スーチー顧問らとの面会ですら実現しなかった。こうした軍政側の姿勢に対し、2021 年 4 月の ASEAN 首脳級会議で ASEAN は、同年 10 月の首脳会議にミンアウンフライン司令官を招待しないことを決定した[19]。この決定に対し、ミャンマー外務省は、ミャンマー政府が行ってきた建設的な努力が含まれていないとし、声明の内容が内政への干渉に相当するとして、ミャンマーを含む ASEAN 加盟国すべての関与なしに議論や決定を行うことに反対すると表明した[20]。

ミャンマー軍政への対応に関して、ASEAN 内は大きく二つに分かれている。インドネシア、マレーシア、シンガポールといった国々は、民政への復帰を強く促すべきとする積極介入派であり、マレーシアからはミャンマーを除名処分にすべきとの議論まで提示された。それに対し、タイやベトナムは消極派である。2022 年の ASEAN 議長国となったカンボジアは、自身も権威主義体制を指摘される国であるが、ASEAN 議長国としてのリーダーシップをアピールする観点から、ミャンマーを対話の場に引き込むべく仲介外交を進めたが成

---

18) 「ASEAN 首脳級会議を開催、ミャンマーへの特使派遣など 5 項目を発表」『JETRO ビジネス短信』2021 年 4 月 27 日。

19) ミャンマー情勢に対応する ASEAN の仲介外交については、庄司智孝「ミャンマー危機と ASEAN—仲介外交の展望」2021 年 7 月 21 日、「ミャンマー情勢と ASEAN—仲介外交の限界と新たな試み」2022 年 6 月 21 日、『国際情報ネットワーク分析（IINA）』、および、鈴木早苗（2022）「ASEAN 議長国によるミャンマー政治危機への対応」『IDE スクエア—世界を見る眼』アジア経済研究所、4 月、鈴木早苗（2023）「ASEAN のミャンマーへの関与とその変化」『アジア研究』69(3)、等で詳述されている。

20) 「The Global Light of Myanmar」11 月 13 日。

果にはつながらなかった。

　こうした民主化問題に関しては、依然として ASEAN 内で意見の相違があり、民主主義の規範は必ずしも ASEAN 全体には根づいているとはいえない。そのため、ASEAN による仲介外交も各国の思惑が交錯し、有効な対応を打ち出すことができていない。この事例は、ASEAN の自律性と全体の合意を重視する「ASEAN Way」が、民主化問題についての行動を制約する「規範」として、依然として大きな重しになっていることを示すものといえよう。

(3)　東ティモール加盟問題

　2002 年に独立した東ティモールは、独立後の早い段階から ASEAN 加盟を希望していた。独立後の東ティモールは、2002 年にポルトガル語圏諸国共同体（CPLP）および国連に加盟し、2005 年には ASEAN 地域フォーラム（ARF）に参加、2007 年に東南アジア友好協力条約（TAC）に署名し、2011 年に ASEAN 加盟を正式に申請した。

　ASEAN の加盟には、ASEAN 調整理事会（ACC）の推薦を受けた ASEAN サミットにおいて、加盟国の全会一致の採択が必要である。東ティモールは2019 年頃から ASEAN の三つの共同体（政治安全保障、経済、社会文化）からの派遣を受けて、加盟の準備ができているかどうかなどの評価を受けて ACC にあげられ、さらにサミットに推薦されるというプロセスを通ってきた [21]。

　2022 年の ASEAN 議長国を務めたカンボジアは、フンセン首相が東ティモールの加盟に積極的な支援を表明した。シンガポールは、東ティモールの加盟に対し各国との経済格差を考慮して当初は否定的な姿勢をみせていたが、その後は支持に傾いた。インドネシアは、東ティモール独立直後には関係は冷えていたが、東ティモールの政治指導者グスマンが同国との和解に動いたことから友好関係を築き加盟を支持するようになった。

　他方で、ミャンマーは否定的な立場をとっている。ミャンマーからすると、東ティモールが主張する「人権」や「民主主義」は内政干渉になるととらえているものと推測されるが、東ティモールの ASEAN 外相会議へのオブザーバー参加などに反対し、東ティモールの加盟にもミャンマーは反対してきた。一方

21)　第 95 回政策本会議「ASEAN 加盟をめぐる東ティモールの現状と課題」メモ、2023 年 4 月 21 日、東アジア共同体評議会（CEAC）事務局。

で、東ティモール自身は「敵もつくらず、同盟にも参加しない」という外交方針をとり、ASEAN との会合ではあえて人権や民主化を声高に唱えることは控え、現実主義的な姿勢を示してきた。

　ASEAN 調整理事会（ACC）は東ティモールの正式加盟に向けた推薦をし、その推薦を受けて正式加盟に向けた道筋が示されたことで、2022 年 11 月 11 日の ASEAN サミットにおいて、東ティモールの ASEAN 加盟が「原則」合意された。ミャンマーのミンアウンフライン司令官は 2021 年 10 月に続いて 2022 年 11 月の首脳会議に招待されず、ミャンマーは公式な形で拒否できなかったという経緯もあり、「コンセンサスによる合意形成」という「ASEAN Way」が破られたとは必ずしもいえない。

　その結果、2022 年 11 月の ASEAN サミットにおいて、第 11 番目の加盟国として ASEAN 加盟が原則として承認された。正式加盟まではオブザーバーとしての地位が与えられ、首脳会議を含むすべての ASEAN 関連会合への参加が認められる。また、正式加盟に向け ASEAN 調整委員会（ACC）に客観的な基準ベースのロードマップの作成を指示し、2023 年に行われる第 42 回 ASEAN 首脳会議で採択する予定とした [22]。

　一方で、実務的な負担に目を向けると、ASEAN 加盟により年間 250 万ドルの運営費の負担が義務づけられる。ASEAN では運営費はすべての加盟国が同額を支払わなければならない。また、ASEAN では年間 750 以上の各種会議が行われるが、東ティモールははたしてそのために必要な人材を確保できるのか。東ティモールはテトゥン語とポルトガル語を公用語としており、ASEAN の会合での公用語である英語の教育が進んでいないことも課題である [23]。

5　テーマ研究Ⅱ—AMF（アジア通貨基金）構想

　日本や ASEAN 諸国が主張するアジア中心の地域的な金融支援・金融協力の枠組みと、米国が主導する IMF を中心としたグローバルな枠組みの綱引きの問題は、しばしば議論となる大きな論点である。以下では、1997 年のアジア

22）「ASEAN 首脳会議ステートメント」2022 年 11 月、カンボジアにて。
23）　山田満（2023）「ASEAN 加盟をめぐる東ティモールの課題」『東アジア共同体評議会会報』7 月 1 日号。

金融危機の際に登場した AMF（アジア通貨基金）構想を取り上げ、その両者の相剋の姿をより具体的に整理してみることにしたい[24]。

(1) アジア経済危機の発生と AMF 構想

1997年夏に発生したアジア金融危機は、経済のグローバル化とアジアの地域主義との相剋をあらためて表面化させる出来事であった。

1997年7月にタイで経済危機が生じたときには、日本が率先してアジア諸国を中核とするタイへの経済支援策をまとめていった。タイの経済危機は、その時点ではまだアジア全体に及ぶとは必ずしも思われておらず、日本はタイと経済的関係が深いため、タイ支援策の取りまとめは日本が中心となるべきだと考えられたのである。IMF の40億ドルと並んで、日本が40億ドル、その他アジア諸国が中心となって資金を拠出した。この時点では、アジア主導でタイを救済するメカニズムをつくることに主眼が置かれ、また米国もアジアの問題はアジア諸国で解決すべきだとの姿勢をとりこの枠組みには加わらなかった[25]。

ところが、タイの経済危機が他のアジア諸国全体に波及し、1997年末には韓国・インドネシアに波及するに至って、米国も座視しえなくなった。インドネシア支援、韓国支援の際には、米国も安全保障上の考慮、外交上の考慮もあって、アジア経済危機の収拾に深く関与するようになった。

アジア経済危機への対応は IMF が主導し、IMF は支援対象国に対して様々な構造改革をその支援の条件として求め、その一方で経済危機はより悪化し社会的政治的危機にまで拡大していった。そうした中で、IMF が主導する国際的枠組みに対する批判が高まり、アジア各国が主導する地域的な金融協力の枠組みをつくろうとする動きが高まった。

1997年9月に香港で開催された IMF・世銀総会に合わせて出てきた、AMF（アジア通貨基金）構想はその代表的なものである。

24) 本節は、筆者が執筆した、下村恭民・稲田十一共編（2001）『アジア金融危機の政治経済学』日本国際問題研究所の関連論文の一部をもとにまとめなおしたものである。

25) アジア経済危機への対応については多くの文献がある。例えば下村・稲田編（2001）。T. J. Pempel (ed.) (1999), *The Politics of the Asian Economic Crisis*, Cornell University Press. Stephen Haggard (2000), *The Political Economy of the Asian Financial Crisis,* Institute for International Economics. 等

　アジア地域において通貨を共同で防衛する仕組みをつくろうという考え自体は、1997 年のアジア通貨危機で突然出てきたわけではない。以前より、ASEAN 諸国からも提案されていた。1997 年夏のタイの通貨危機に対応して、日本やアジア諸国がタイへの支援パッケージをまとめたことで、支援の枠組みをつくる経験ができたことから、アジア域内で通貨を共同で防衛する基金をつくる構想が本格化した。

　日本やアジア諸国がこの構想を支援した論理は次のようなものであった。第一に、IMF の支援資金が限られているために（多くのアジア諸国は IMF への拠出金が少ないために受けられる支援金額に制約がある）、それを補完する基金があることが望ましい。第二に、危機が起きてから対応するのではなく支援の枠組みをあらかじめつくっておくことが大切で、そのためにあらかじめ拠出された基金があることが望ましい、といったものであった。

　それに対して米国と IMF は強く反対した。その主張の骨子は次のように整理できよう。第一に、支援金が不十分ということであれば、IMF を中心により多額の支援ができるよう改革すべきである。別個に基金や事務局をつくるのは二重投資になり無駄である。第二に、IMF とは別個に独立して支援がなされると、IMF の被融資国に対するコンディショナリティの交渉力を弱め「モラル・ハザード」を引き起こす、というものであった[26]。

　同年 9 月の IMF・世銀総会の場でも、米国のサマーズ財務次官（当時）は強く反対し、この構想は実現困難となった。また、アジア諸国の中でも必ずしも積極姿勢ばかりがあったわけではなく、例えば中国は日本のイニシアティブに対する警戒から、AMF 構想には慎重な姿勢を示していた[27]。1997 年秋の AMF 構想は、日本がアジア地域の金融秩序づくりで積極的な役割を果たそうとするものであったが、結局、日本のアジアでの影響力の拡大を警戒する米国の強い反対や、中国の慎重な姿勢によって頓挫した。そのため、日本政府はこうしたアジアにおける新たなマルチの枠組みづくりから、1998 年 10 月の「新宮澤構想」によるバイ（二国間）の支援へと重点がシフトした。

---

26)　伊藤隆敏（1999）「アジア通貨危機とアメリカの対応」『国際問題』2 月（第 467 号）、等。
27)　大橋英夫（1999）「域外大国と ASEAN—経済危機支援問題を中心に」『国際問題』7 月（第 472 号）、等。

⑵ 「チェンマイ・イニシアティブ」の枠組みと「IMF リンク」

　米国と IMF の強い反対の結果、AMF 構想は挫折したが、アジアで金融危機に対処するメカニズムをつくるべきであるという論議自体はその後も根強く存在した。そのため、AMF に代わるものとして、1997 年 11 月にマニラで開催されたアジア太平洋蔵相・中央銀行総裁代理会議（14 カ国参加）で「マニラ・フレームワーク」が形成された。これは、アジア地域の経済・金融状況を監視し、状況に応じて各国の金融当局が支援し合う枠組みをつくることに合意したものであった。マニラ・フレームワークは、基金の拠出や事務局の設置など、AMF で提案された基金としての側面は含まれていないが、域内の金融協力の枠組みがつくられたことは大きな前進であった。

　こうしたアジア地域での金融協力の議論はその後も着実に進展し、2000 年 5 月にタイのチェンマイで開かれた「ASEAN ＋ 3（日・中・韓）」財務大臣会議で、いわゆる「チェンマイ・イニシアティブ」（以下 CMI と略称）が合意された。これは、ASEAN 諸国相互の取決めに、新宮澤構想（1998 年 10 月）の一環として日本がマレーシアや韓国と結ぶことになるスワップ取決めなどを加えて、緊急時において外貨準備を融通する通貨交換協定としてスワップ取決めの二国間ネットワークを張りめぐらし、実質的な地域金融支援の枠組みにする構想である。もっともこの構想では、基金の設立や事務局の創設といった要素は含まれておらず、AMF とは異なる。

　しかし、2005 年 5 月には、CMI の有効性の強化策が財務大臣間で合意され、その規模の拡大や集団的意思決定の導入等が当局者間で検討された。2006 年 5 月の ASEAN ＋ 3 の財務大臣・中央銀行総裁会合では、ADB が打ち出したのと同様なアジアにおける地域通貨ユニットの可能性を検討することが表明された。

　実際、CMI の通貨スワップ協定の総額も徐々に拡大されてきている。2010 年の CMI のマルチ化（多国間の通貨スワップに関する契約の発効）に伴い、従来の CMI の二国間の通貨スワップ協定のネットワークが一本にまとめられ、各国の貢献額の総額は 1,200 億ドルとなり、さらに、2012 年 5 月の ASEAN ＋ 3 財務大臣・中央銀行総裁会合において、2,400 億ドルに倍増された。

　また、見逃してはならないことは、CMI の通貨スワップ協定においては「IMF リンク」なる条件が課されている点である。これは、通貨危機に直面し

て CMI の通貨スワップ協定を実行したい政府は、IMF に金融支援を申請し、IMF から提示されるコンディショナリティを受け入れて初めて、CMI の通貨スワップ協定が発動されるというものである。ASEAN ＋ 3 が通貨スワップを制約なしに独自に発動できる金額（IMF に依存しない比率）は、当初、IMF との合意条項により締結枠の 10％に限られ、その後 2005 年に 20％まで増額され、上述の 2012 年 5 月の会合で 2012 年中に 30％へ引き上げられ、さらに 2014 年に 40％へ引き上げることが決定された[28]。実際には、2013 年に 30％、2020 年に 40％に引き上げられた[29]。

　CMI のもとの通貨スワップ協定を実効的な地域通貨協力とするためには、IMF に頼ることなく、自分たちの判断で通貨スワップ協定を発動することを意思決定する体制を構築しなければならない。当初は IMF のサーベイランスおよび金融支援の意思決定に頼らざるをえないのが実情であったため、ASEAN ＋ 3 の通貨当局が、通貨危機を予防するための実効的なサーベイランスを日常的に実施する体制づくりの一環として、2011 年 4 月に、アジア金融・経済のリスクを監視する「ASEAN ＋ 3 マクロ経済リサーチ・オフィス（AMRO）」が発足した。当初は非営利法人であったが、2016 年 2 月に AMRO は国際機関となり機能と役割が強化された。

　また、アジア地域の通貨安定のための仕組みとして、例えば、ユーロの前身となった ECU（ヨーロッパ通貨単位）にならった ACU（アジア通貨単位）のような構想や、そこに至る過渡的メカニズムとして、東アジアでの為替取引を複数の主要通貨に連動した安定的な為替相場にしようとする「通貨バスケット」構想などが検討されてきたが、そうした構想は依然として実現していない。

(3)　AMF 構想の意義と評価

　1997 年秋の AMF 構想は、日本がアジア地域の金融秩序づくりで積極的な役割を果たそうとするものであったが、結局、日本のアジアでの影響力の拡大を警戒する米国の強い反対や、中国の慎重な姿勢によって頓挫した。そのため、こうしたアジアにおける新たなマルチの枠組みづくりから、1998 年 10 月の

---

28)　小川英治（2012）「アジアの通貨スワップ協定は機能するか」『PRESIDENT』12 月 31 日号。

29)　赤羽裕（2022）「チェンマイ・イニシアティブ 20 年の振り返りと ASEAN の視点」大泉啓一郎編『新たな国際経済環境と ASEAN および各国の課題』亜細亜大学アジア研究所、65-74 頁。

「新宮澤構想」によるバイ（二国間）の支援へと重点がシフトする。しかし、日本の国際金融当局は、バイの支援強化と並行して、アジア地域における地域的な金融協力の枠組みづくりには、その後もきわめて熱心に動いたといえよう[30]。

　日本政府（財務省）が、こうしたアジア地域の地域金融協力の枠組みづくりに熱心な理由は何であろうか。財務省は、1997年に国際金融・開発を担当する国際金融局（1998年に国際局と改称）の中に「アジア金融協力室」をつくり、1999年にはこれが「地域協力課」へと格上げされた。国際金融担当財務官であった榊原（当時）はこうした地域的枠組みづくりに積極的であり、また、周辺にはこうしたイニシアティブを支持するエコノミストもいた[31]。

　現実に、「ASEAN＋3」の枠組みは、その後、いろいろな場面で強化されていった。例えば、ASEANが1996年から始めたASEM（アジア欧州会合）では、その参加国としてASEAN諸国に加えて日・中・韓を呼び、アジア側メンバーを実質的にASEAN＋3にしてきた。その意味で、これらの地域的枠組みは、1994年にマレーシアのマハティール首相が提唱したEAEC（東アジア経済協議体）構想の延長上にあるとみることができる。EAECは米国の強い反対とそれを受けた日本の慎重な姿勢によって挫折したが、マレーシアをはじめASEANは、アジア経済危機を通じて実質的にASEAN＋3の枠組みづくりに努力してきた[32]。日本は、EAECの構想が登場した当時は米国との協調を重視したが、1997年頃には、AMF構想の挫折もあって、むしろASEANとより密接に協調しながらASEAN＋3の枠組み形成に協力してきた。

　こうした地域的な金融協力の枠組みづくりがもつ意味については、エコノミストの間でも議論がなされているが、その国際政治経済的な意味づけの問題も重要である。グローバルな体制である世界銀行・IMF体制（ブレトンウッズ体

---

30)　当時のAMF構想については、例えば次の文献を参照。経済企画庁総合計画局（1999）『通貨金融危機の克服と21世紀の経済安定化に向けて』大蔵省印刷局。Fred Bergsten (1998), *Reviving the Asian Monetary Fund*, Institute for International Economics, December.

31)　例えば、のちに財務省財務官になった伊藤隆敏、アジア開発銀行の地域金融協力局長になった河合正弘など。

32)　菊地努（2001）「『東アジア』地域主義の可能性—ASEAN＋3（日中韓）の経緯と展望」『国際問題』5月号（第494号）。Noble, Gregory and John Ravenhill eds. (2000), *The Asian Financial Crisis and the Architecture of Global Finance*, Cambridge and New York: Cambridge University Press. 等。

制）は、アジアのリージョナリズムの動きにどう対応するのか、アジアのリージョナリズムは、今日、ASEAN＋3（日・中・韓）を中核に動いているようにみえるが、アジア各国の思惑は何か、米国はどう対応するか、等の問題は、ますます大きな論点となりつつある。この問題についての著書・論文は近年きわめて多く、引き続き焦点の一つであり続けている。

第5章の論点

(1)　欧州統合とアジア太平洋協力の地域統合の特徴として、どのような違いがあるか。また、アジア太平洋地域で、今後将来、欧州のように地域統合が進む可能性はあると思うか。その理由とともに説明せよ。

(2)　RCEP と CPTPP を比較して、日本にとって、どちらがより重要で大きな意味をもつ自由貿易の地域的枠組みだと思うか？　理由をあげて説明せよ。

第5章の主要参考文献
・石川幸一・清水一史・助川成也編（2013）『ASEAN 経済共同体と日本』文眞堂。
・石川幸一・清水一史・助川成也編（2022）『RCEP と東アジア』文眞堂。
・梅﨑創（2023）「日・ASEAN 経済協力の50年」濱田美紀編『ASEAN と日本―変わりゆく経済関係』日本貿易振興機構アジア経済研究所、第10章。
・大矢根聡・大西裕編（2016）『FTA・TPP の政治学―貿易自由化と安全保障・社会保障』有斐閣。
・黒柳米司（2003）『ASEAN35年の軌跡―'ASEAN Way' の効用と限界』有信堂。
・黒柳米司（2005）「『ASEAN Way』再考」同編『アジア地域秩序と ASEAN の挑戦』明石書店。
・黒柳米司・金子芳樹・吉野文雄・山田満編（2024）『ASEAN を知るための50章（第2版）』明石書店。
・佐藤孝一（2003）『ASEAN レジーム―ASEAN における会議外交の発展と課題』勁草書房。
・下村恭民・稲田十一編（2001）『アジア金融危機の政治経済学』日本国際問題研究所。
・庄司克宏（2007）『欧州連合―統合の論理と行方』岩波書店。
・鈴木早苗（2014）『合意形成モデルとしての ASEAN―国際政治における議長国制度』東京大学出版会。
・鈴木早苗編（2016）『ASEAN 共同体―政治安全保障・経済・社会文化』日本貿易振興機構アジア経済研究所。
・田中明彦（2007）『アジアのなかの日本』NTT 出版。
・濱田美紀編（2024）『ASEAN と日本―変わりゆく経済関係』日本貿易振興機構アジア経済研究所。
・山影進（1997）『ASEAN パワー―アジア太平洋の中核へ』東京大学出版会。
・山影進（2011）『新しい ASEAN―地域共同体とアジアの中心性を目指して』日本貿易振興会アジア経済研究所。

158

・山下英次（2002）『ヨーロッパ通貨統合―その成り立ちとアジアへのレッスン』勁草書房。
・吉野文雄（2007）『ASEAN と APEC―東アジアの経済統合』鳳書房。
・吉野文雄「RCEP と TPP」黒柳米司編（2014）『「米中対峙」時代の ASEAN―共同体への深化と対外関与の拡大』明石書店。
・吉野文雄（2023）『ASEAN 経済共同体』唯学書房。
・Cremona, Marise, David Kleimann, Joris Larik, Rena Lee, and Pascal Vennesson (2015), *ASEAN's External Agreements: Law, Practice and Quest for Collective Action*, Cambridge University Press.

BOX-3　ASEAN に対する主要ドナーの開発資金供与

　オーストラリアの有力シンクタンクであるローウィ研究所（Lowy Institute）が、2023 年に「東南アジア援助マップ（Southeast Asia Aid Map）」を作成し、東南アジア（ASEAN 10 カ国と東ティモール）への開発資金の詳細なデータ集を公開している（seamap.lowyinstitute.org）。この統計の「開発資金（ODF）」には ODA（政府開発援助）だけでなく OOF（その他政府資金）を含めており、そのため、正確な ODA 統計を把握しにくい中国からの資金について、中国輸出入銀行などの国営金融機関の非譲許的融資を含めた一体的な統計をみることができる。

　これをみると、東南アジア 11 カ国への域外からの開発資金（支出金額）は、2015－21 年全体の数値としては約 2,000 億ドル、そのうち中国の比率が 19％、ADB 16％、世界銀行 14％、日本 14％、韓国 10％、その他 27％となっている。AIIB は別項目で 1％である。中国の比率が高いことがわかるが、世界銀行や ADB などの伝統的国際機関の比率もかなり高いことがわかる。

第6章　台頭するドナーとしての中国と国際規範[1]

◆キーワード◆

三位（四位）一体の経済協力、中国式発展モデル、北京コンセンサス、質の高いインフラ、「リベラル化」仮説

1　台頭するドナーとしての中国

(1)　中国の経済的台頭

　近年の中国の世界経済の中での存在感の拡大は著しい。それを端的に示す指標は、中国のGDP（国内総生産）の拡大である。中国は2010年には日本のGDPを抜いて世界第2位の経済大国となり、2022年には日本のおよそ4倍の規模にまで拡大した[2]。世界全体のGDPに占める比率も、2020年の統計で、日本が約6%であるのに対して中国の比率は約17%であり、米国の約25%に次ぐ経済大国である。2000年には、米国31%、日本15%に対し中国は4%にすぎなかったことを考えると、この20年間の中国の急速な経済的台頭のスピードは驚くばかりである。

　また、中国の輸出額や海外投資額も2000年を超えるあたりから急拡大した。図6-1が示すように、世界輸出に占める中国の比率は2009年にドイツを抜いて世界一となった。また、その国際収支の黒字額も拡大し、その結果、中

1)　本章は以下の研究助成の研究成果の一部である。(1)平成30年－令和5年（2018－2023年）度・文部科学省科学研究費（基盤研究C・一般）「援助供与国としての中国の台頭と国際援助体制へのインパクトの分析」。(2)令和4年－令和7年（2022－2025年）度・文部科学省科学研究費（基盤研究B・一般）「国際開発援助体制の変容と開発途上国のナショナル・ガバナンスの相互連関に関する研究」。

2)　2022年の日本の名目GDPは4兆2601億ドルで米国・中国に次ぐ3位の地位は維持したものの、世界全体に占める割合は4.2%、中国の名目GDPは17兆9,632億ドルでその比率は17.7%であった。

表 6-1　主要国の名目 GDP とその世界に占める比率 （米ドル建て）

	2000 年			2010 年			2020 年		
	国名	10億ドル	%	国名	10億ドル	%	国名	10億ドル	%
1	米国	10,285	31	米国	14,964	23	米国	20,894	25
2	日本	4,888	15	中国	6,066	9	中国	14,688	17
3	独	1,950	6	日本	5,700	9	日本	5,040	6
4	英国	1,648	5	独	3,423	5	独	3,846	5
5	仏	1,368	4	仏	2,652	4	英国	2,757	3
6	中国	1,211	4	英	2,444	4	印	2,668	3
7	伊	1,142	3	ブラジル	2,208	3	仏	2,630	3%

（出所）IMF, *World Economic Outlook* より作成。

　国の外貨準備高も 2011 年には 3 兆ドルを超え、以来ずっと 3 兆ドルを超える規模で世界一の金額となっている（図6-2）。なお、2022 年時点で日本は約 1.2 兆ドルで世界第 2 位である。

　中国の対外経済協力は援助ばかりでなく融資（商務省所管の無利子借款、中国輸出入銀行の優遇借款や中国開発銀行の融資）が急拡大しているが、企業進出・投資の拡大も顕著である。通常、援助と貿易・投資が同時並行で拡大することを「三位一体」の海外進出として取り上げることが多い。しかし、中国の場合、これに加えて中国企業と中国人労働者の進出を伴った経済関係の強化が進展しており、これを「四位一体」の海外進出と称することもある（稲田、2013）。

　中国の経済的台頭は、特に 2000 年代後半以降に顕著であり、例えば、末廣昭の研究によれば、「2001 年を基準にすると 2009 年までの 9 年間に中国の輸出額は 4.5 倍、中国からの直接投資は 11.4 倍、対外援助支出は 3.4 倍、対外経済合作契約金額は 6.9 倍と、2000 年代に入って急拡大している」と整理している[3]。

(2)　中国の国際開発援助体制の中での台頭

　世界経済の中での中国の重要性についてはあらためて述べるまでもないが、開発協力（経済協力）の分野における中国の比重も急速に高まっている。

　中国は OECD 加盟国でないこともあって、中国の開発協力に関する統計は整備されておらず、国際社会にとって、あるいは中国の関係者自身にとって

3)　末廣昭・大泉啓一郎・助川成也・布田功治・宮島良明（2011）『中国の対外膨張と大メコン圏（GMS）／CLMV』東京大学社会科学研究所、55 頁。

図6-1　主要国の世界輸出に占める割合（1995-2017）

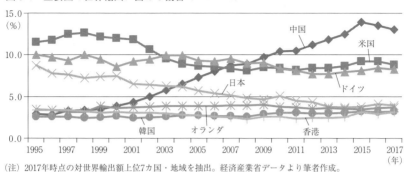

（注）2017年時点の対世界輸出額上位7カ国・地域を抽出。経済産業省データより筆者作成。

図6-2　中国の外貨準備額の推移（1990-2022）（単位：10億米ドル）

（注）World Trend Plus, *Global Economic Monitor Table: Foreign Exchange Reserves* より。

も、中国の対外援助の実態（どの地域で、どのような具体的活動を、どのような規模で行っているか）を正確に把握することは決して容易でない。このような状況のもとで、国際社会では十分なデータに裏づけられない挿話的情報に頼った論議が広がる傾向にあり、中国の経済協力事業に対する疑念や警戒心を増幅している面がある。そのためか、中国自身も次第に情報公開に努めつつあり、2011年4月および2014年7月に「中国の対外援助」と題する文書が中国国務院から公表されたが、国別・地域別の供与情報や供与条件など詳細なデータは含まれておらず、情報量としては依然として十分とはいえない[4]。

　しかし、近年は、米国 William & Mary's Global Research Institute の Aid Data や、ボストン大学の China Research Initiative、あるいは日本の北野尚宏の研究などにより、中国の対外経済協力の統計が整備されてきた。それぞれの推計値は多少異なるが、そのいくつかの例をあげておこう。

4）　中華人民共和国国務院新聞弁公室『中国の対外援助』2011年4月、2014年7月。

図 6-3　中国のODF額（内訳）の推移（2001 – 2020）（単位：10億ドル）

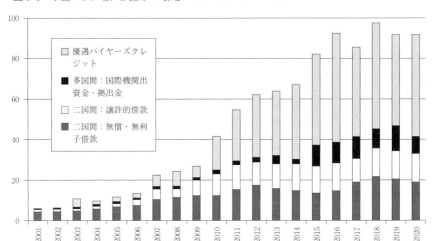

（注）Naohiro Kitano and Yumiko Miyabayashi (2020), Estimating China's Foreign Aid: 2019-2020 Preliminary Figures, *JICA Research Paper* のデータより筆者作成。

　図 6-3 は、2001 年から 2020 年までの 20 年間の中国の対外援助（ODA 相当額）の推計額、および ODA の範疇に入らない中国輸出入銀行の優遇借款を含めた金額の急増を示した北野による収集データに基づく図である。

　また、近年は、中国の経済支援の多くが ODA のカテゴリーではなく、ODA ほど譲許的な資金ではない OOF（その他政府資金）に該当する資金であることから、両者を合算した ODF（Official Development Finance）という言葉でまとめた統計が作成されている [5]。

　図 6-4 は、ボストン大学の China Research Initiative による中国の ODF 額の 2008 年から 2021 年の金額の推移を整理したものである。この図からわかることは、中国の ODF 額は ODA 換算の金額のおよそ 10 倍の規模であること、また、その金額が 2016 年までは拡大していたが、2017 年以降は減少傾向にあることである。2017 年以降の中国の ODF の減少の原因については、近年、中国が途上国で拡大してきた巨大事業のうち、事業として採算がとれないとか相手国の政変や政権交代によって事業が中断・停止するなどの事態に直面する事業が少なからずあり、中国政府もやみくもに対外融資を拡大することに関して、より慎重になってきたことが背景にあると考えられる。

　5)　公式の和訳語はないが「政府開発資金」と訳すことができよう。

図 6-4　中国のODF総額の推移（2008 – 2021）（単位：10億ドル）

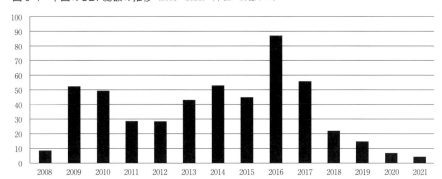

（注）Kevin P. Gallagher, et al. (2023), *The BRI at Ten: Maximizing the Benefits and Minimizing the Risks of China's Belt and Road Initiative*, Boston University-Global Development Policy Center, p.10 より）。

(3)　中国の経済支援をめぐる言説

　このような、特に 2000 年代以降、過去約 20 年間の中国の開発途上国への援助や融資・投資の拡大とともに、特にアフリカの資源国への援助やミャンマー、スーダン、アンゴラなど紛争関連国での中国の関与が大きいこともあって、国際社会に中国の経済支援に対する様々な疑念や警戒心を生んでいることも否定できない。

　中国の対外援助については、中国人（金熙徳、馬成三など）、日本人（渡辺紫乃、小林誉明など）の研究者・専門家による研究成果がある程度蓄積されてきている [6]。これらの業績を包括的に取りまとめた下村恭民・大橋英夫らによる文献も近年刊行された（下村等、2013）。また、東南アジアでの中国事業の事例研究を取りまとめた文献も刊行された（廣野、2021）。近年は特にアフリカにおける中国の経済的プレゼンスが国際的議論の焦点となり、それに伴って欧米でも数多くの文献が登場している。例えば、具体的な中国の経済的活動の実態を描いたものとしてミッシェルとブーレによるものがあり [7]、またブローティガムのようなアフリカにおける中国の経済協力に焦点をあてた詳細な学問的分析が

---

6)　渡辺紫乃（2009）「中国の対外援助政策―その変遷、現状と問題」『中国研究論叢』第 9 号（10 月）。小林誉明（2007）「中国の援助政策―対外援助政策の展開」『開発金融研究所報』第 35 号（10 月）。馬成三（2007）「変貌する中国の対外援助」『中国経済』第 498 号（7 月）。金熙徳（2003）「戦後中国の援助政策」『東亜』第 438 号（12 月）。

7)　セルジュ・ミッシェル／ミッシェル・ブーレ著（中平信也訳）（2009）『アフリカを食い荒らす中国』河出書房新社（Serge Michel et Michel Beuret (2008), *La Chinafrique*, Grasset & Fasquelle.）。

164

次々と出ている⁸⁾。

　一方、近年の中国の公式の対外援助関連の文書・発言を追ってみると、以下のような文書や発言がある⁹⁾。

　中国は長らく、中国の対外援助についての情報公開をしてこなかったが、2011年4月および2014年7月に、国務院新聞弁公室が『中国の対外援助』という政府白書を公表した。ただし、そこでは個々の支援対象国の詳細なデータは載せておらず、地域ごとあるいは分野ごとの中国の援助の概要を説明したものである。また、援助の「理念」としては、「中国は世界最大の開発途上国として他の途上国を援助」をしていると説明しており、いわゆる「南南協力」としての意義を強調していた。また、2010年に公表された政府白書「中国とアフリカの経済貿易協力」では、「中国とアフリカは、平等な関係、実行の追求、互恵共栄、共同発展の原則に基づき、Win-Win の実現に尽力している」と述べられている¹⁰⁾。

　2017年10月の中国共産党第19回全国代表大会（全人代）活動報告では、「中国が世界最大の開発途上国であるという国際的地位に変わりない」としていた。その一方で、「中国の特色ある社会主義が他の途上国に発展モデルを提供する」側面にも言及している。

　2013年には、いわゆる「一帯一路」を打ち出し、2017年には公式の戦略として「一帯一路」を通じた国際協力を一層強化する方針を示した。2020年8月の外交部広報発言として「われわれはいわゆる中国モデルを他の国に輸出するつもりはない」と表明する一方、2022年頃からは「Global Development Initiative」という用語を使って、グローバルな課題としての開発推進や貧困削減などに焦点をあて「Global South」との連携を強調するようにもなっている。

　その一方で、拡大する中国の援助に対する評価は様々である¹¹⁾。中国の途上

8）　次のような文献がある。Robert I. Rotberg (ed.) (2008), *China into Africa: Trade, Aid, and Influence*, Brookings Institution. Ian Taylor (2009), *China's New Role in Africa*, Rienner. Deborah Brautingam (2009), *The Dragon's Gift: The Real Story of China in Africa*, Oxford University Press. Lowell Dittmer & George T. Yu (eds.) (2010), *China, the Developing World, and the New Global Dynamics*, Rienner.

9）　中国の「開発学」の理論・言説とその変遷を包括的に整理・論述した近年の文献として、汪牧耘による業績がある（汪牧耘、2024）。

10）　中华人民共和国国务院新闻办公室（2010）『中国与非州的经贸合作』（中国とアフリカの経済貿易協力）。

11）　次の文献でアンゴラを事例として取り上げ、中国の援助をより詳細に評価した。稲田十一

国への経済協力に対する批判的な議論がある一方で、それを肯定的にみる議論もある。その概要は以下のようなものである。

(4)　「悪玉論」

「中国の経済協力は、自国に必要な資源獲得のためであり、資源の収奪により経済構造をゆがめ、時に環境破壊を引き起こしている」との批判は強い。こうした議論は新聞報道などでも頻繁に取り上げられ、論壇でもしばしばみられる（朝日新聞取材班、2019）（ミッシェル他、2009）。実際、援助の目的の観点からは、天然資源保有国への援助が目立ち、また中国政府もそういった分野への投資を促しており、資源獲得という要素が色濃くみえる。さらに必ずしも経済水準が低い貧困国に援助・融資をしているわけではなく、DAC 諸国の援助方針やガイドラインを共有しているわけでもない。

中国国内の外交論議の中でも、1990 年代から「経済安全保障」という概念が登場し、中国の経済発展に必要不可欠なエネルギー資源などを確保するために援助や投資を促進すべきであるとの議論が、公式的にも言及されるようになった。また、資源獲得などのための支援の拡大や、貿易や投資と一体になった形での経済関与の拡大は、1994 年に始まる中国輸出入銀行による優遇借款の拡大によって顕著になってきた。優遇借款とは、開発途上国・地域に対する中国政府からの公的支援の性質を有する中長期低利の有償資金協力である。

また、資源確保のための援助という批判と並行して、「中国の援助や低利融資は中国企業の受注を条件とした、いわゆるタイド（紐付き）援助であり、相手国の開発を目的にしたものというよりは中国自身の経済利益のためである」という批判も根強い。実際、中国の援助・融資とともに中国企業が進出し、多くの中国人労働者が相手国で働くといった請負契約と労務提供方式は、中国の経済利益にはつながるが、現地の雇用や技術移転にはつながらないという指摘も少なくない。

また、中国の習近平国家首席が 2013 年に打ち出し、2017 年に中国政府の公式の政策としても打ち上げられた「一帯一路構想」（Belt and Road Initiative: BRI）の、東南アジアや南アジア諸国への経済的インパクトは大きい。その一方、スリランカ、パキスタンやマレーシアなどでの関連事業やその過大な債務

（2013）。

負担に起因する課題は「債務の罠（debt trap）」として国際的にも大きな議論となっている。

中国の「一帯一路」に関連する事業のために中国から多額の融資を借り入れ、将来的に返済困難に陥るリスクを問題視する報告書や報道が、近年相次いで出された。中でも、2018年に出された二つの報告書が有名である。一つはハーバード大学ケネディスクールの調査報告書「借金外交（Debtbook Diplomacy）」であり（Paerker, 2018）、もう一つはワシントンのグローバル開発センター（CGD）が出した報告書である（Hurley et al., 2018）。米国では、こうした中国の経済協力の急拡大を「略奪的」な行動として非難する議論も高まっている[12]。

他方で、中国は援助供与に際して内政への不干渉を唱えており、援助にあたって相手国の意思決定プロセスの透明性や腐敗のないこと、民主的な手続きを求める欧米の姿勢とは一線を画している。中国の援助の拡大が、こうした内政不干渉の方針のもとに進められることで、援助を梃子にした欧米の「民主化圧力」の効果は低下しているとの批判もある。OECD／DACや世界銀行を中心に進んできた援助ルールの共通化や効率化に向けた協調の枠組みに中国が入るか入らないかは、他の先進国の援助のあり方や、途上国の政策改善圧力を左右する可能性がある。

また、中国の無償援助の多くが重要な政府関連庁舎建設に向けられており、それは相手国政府との政治的関係の強化を目的としていることは明らかである。こうした支援は相手国政府の基盤強化にもつながることは事実であり、またこうした支援を通じて、中国との外交関係の強化にもつながっていることも事実として否定できない。その一方で、相手国政府・支配層との間で不透明な形で支援が決定され、それは腐敗を温存ないし助長する側面があることも否めず、これは中国がとっている「内政への不介入」方針の負の側面といえよう。

中国の支援が拡大している多くの国で、中国との経済関係が強化される中で、その過剰なプレゼンスへの警戒感が徐々に強まっているということも指摘されている。すなわち、資源開発や中国への輸出の拡大、中国の物資や労働者の流入を通じた中国との経済関係強化が目にみえて進展している一方で、民衆

---

12) 例えば、2020年5月にトランプ政権が連邦議会あてに送った「米国の中国に対する戦略的アプローチ（United States Strategic Approach to The People's Republic of China）」と題する公式文書の中でも、中国の「略奪的な経済慣行（predatory economic practices）」に歯止めをかけることが謳われている。

レベルでの対中意識はアンビバレントな面もある。

　こうした状況は、1960-70 年代に東南アジアに対する日本の経済援助が拡大し、その経済的プレゼンスの拡大とともに日本と東南アジアの関係が緊張した時代とも似ている。

(5)　「善玉論」

　貿易・投資と一体となった借款の供与は、1970 年代に中国が外国借款を導入し、外国企業の投資を受け入れ輸出を拡大していった、中国自身の「改革・開放」開発モデルの輸出でもある。

　欧米の専門家の中にも、援助・借款の供与と貿易・投資の拡大とが一体（三位一体）となった開発モデルを肯定的にとらえる論者もいる。これは、中国の援助を、人道支援や社会開発を重視する西側先進国の開発援助モデルを離れて、途上国の産業化の視点から評価しようとするものであるともいえる。例えば、もともと中国研究者であったブローティガムはその代表的な論者であり、近年の中国の援助や経済協力は、相手国への投資の促進や製造業の振興や雇用の創出という点できわめて肯定的な効果をもたらしているとみている（Brautigam, 2009）。また、モヨは、アフリカ開発に焦点をあて、援助だけでは成長は達成できず、途上国にとっての貿易（輸出）の拡大や（現地への）直接投資の拡大はアフリカの経済発展にとって不可欠である、と論じている（モヨ、2010）。

　実際、受け手国の視点から援助と開発の実像をみれば、中国事業は支援対象国のインフラ建設や物資の流入を促進し、人々の生活改善に直結し、しかも足の早い目にみえる成果をあげているとの評価もある。また、相手国政府の基盤強化を通じた政治的効果もあり、中国との外交関係の強化にもつながっている。また、資源開発や中国への輸出の拡大、中国の物資や労働者の流入を通じた中国との経済関係強化も目にみえて進展している。

　中国の近年の援助や経済協力は「フルセット型支援」方式をとり、中国タイドで工事建設のため中国人労働者が送られることが多いことから現地の雇用につながっていないという批判もある一方で、中・長期的には中国との貿易取引の拡大や中国企業の投資拡大につながり、製造業や雇用の創出という点で、きわめて肯定的な効果をもたらしているとの見方もある。中国はこうした肯定的な成果を、近年は積極的に公表する姿勢もみせており、2023 年 10 月に北京で

開催した「一帯一路・国際協力ハイレベルフォーラム」では、協力事業リストや成果文書を公表して広報に努めていた[13]。

2 「ワシントン・コンセンサス」対「北京コンセンサス」

(1) 「中国式発展モデル」

中国の台頭とともに「中国式発展モデル」という言葉が出てきたが、それが何であるかについては、いくつかの使い分けがある[14]。

「中国式発展モデル」の定義は様々であるが、一つの見方として「内在する資源（天然資源・人的資源等）を活用し、経済的自立を達成していく」という、ある種の「自力更生」モデルを指すことも以前はあった。

また、「改革・開放政策（FDI受入れ、輸出志向の工業化）」や「投資、貿易、融資・援助の三位一体の経済協力」を取り上げる人もいる。また、中国は、途上国との経済貿易関係、経済技術協力・交流を強化し、他方で、対外進出戦略と資源戦略とのリンクによって中国自身の「経済安全保障」を確保するという形での経済関係の強化・拡大を、「Win-Winの原則」に基づくものと位置づけ、双方に利益をもたらすものであるとしている。例えば、2010年に公表された政府白書で、「中国とアフリカは、平等な関係、実行の追求、互恵共栄、共同発展の原則に基づき、Win-Winの実現に尽力している」と述べている[15]。

中国の開発経験は、政府の強力な経済介入のもとで外国からの融資や投資を受け入れることが経済的成功の源であることを強調し、貿易と投資による経済関係の拡大を通じて工業化を促進しようとするアプローチを「中国式発展モデル」と呼ぶ議論もある。実際、かつて1970-80年代の日本や韓国の経済協力は経済インフラの建設を重視しており、教育や保健衛生分野等への援助を重視する欧米と対比することができ、当時から、経済開発支援の異なるモデルという形で対比されることもあった。先に述べたブローティガムやモヨはその代表

---

13) 中国外交部による「一帯一路国際フォーラム・多国間協力成果文書（多边合作成果文件）」「実務協力プロジェクト一覧（坞务实合作项目清单）」など。

14) 「中国式発展モデル」について詳細な分析をした文献として、例えば以下があげられる。丁学良（丹藤佳紀監訳）(2013)『検証「中国経済発展モデル」の真実―その起源・成果・代償・展望』科学出版社東京。

15) 中華人民共和国国務院新聞弁公室（2010)『中国とアフリカの経済貿易協力』。

的な論者である。

　しかし、中国自身は、中国の発展の経験は中国独自のものであり、個々の開発途上国にはそれぞれの発展モデルがあると公言している[16]。その一方、2017年10月の中国共産党第19回全国人民代表大会（全人代）活動報告では、「中国の特色ある社会主義が他の途上国に発展モデルを提供する」側面に言及している。実際、中国の急速な経済発展は、多くの途上国で、中国の開発の経験を「中国式発展モデル」としてそれにならう動きも拡大してきたようにみえる。

(2)　「北京コンセンサス」

　一方、第二次世界大戦の終了後の世界の開発に大きな役割を果たしてきた世界銀行は、「ワシントン・コンセンサス」と呼ばれる自由化、規制緩和、民営化の政策に基づく自由主義的な経済運営によって経済成長を実現すべきであると主張してきた。中国の急速な経済発展に伴って、その経験に基づく開発モデルが世界的に広まってきている現象をとらえて、「ワシントン・コンセンサス（Washington Consensus）」に取って代わる「北京コンセンサス（Beijing Consensus）」の台頭を指摘する議論もある。

　「ワシントン・コンセンサス」は自由化・規制緩和・民営化といった自由主義的な経済運営による経済成長を主張するのに対し、「北京コンセンサス」は（内政干渉をせず）外国借款や投資を受け入れ、貿易投資の拡大など経済関係強化を通じて工業化を推進しようとする開発モデルでもある。近年は、政府の介入と指導のもとでの工業化の有効性を強調する「新構造主義経済学」を論じる者もいる（Lin, 2012）。

　政治学や国際関係の分野では、国家の経済発展と権威主義的な性格をもつ「強い政府」との相関に着目しつつ、権威主義的な政府のもとでの国家主導の開発体制といった開発モデルの是非を議論することが多い。このような観点から、中国の経済的台頭とその発展モデルが国際関係の文脈で途上国に与える影響に関して警鐘を鳴らした代表的な文献として、ハルパーの「北京コンセンサス」がある（ハルパー、2011）。

---

　16)　例えば、次の文献 Li Rougu (2008), *Institutional Sustainability and Economic Development: Development Economics Based on Practices in China*, China Economic Publishing House. 著者は中国輸出入銀行の理事や総裁を務めた人物である。

　ハルパーは、中国モデルをアフリカ、中東、ラテンアメリカの新興国を席巻している「権威主義的市場経済モデル」とみており、中国の国家資本主義的市場経済と権威主義的政治体制モデルが合体したモデル（北京コンセンサス）が、「市場経済・民主体制という西洋モデル」（ワシントン・コンセンサス）に取って代わりつつあるとして、「中国モデル」が21世紀の国際秩序に影響を与え続けていることを強調し警告した。

　実際、例えばフリーダムハウスはその報告書の中で、世界の自由（政治的権利と市民的自由）が2014年以降特に悪化していると指摘しているが、この「民主主義の後退」の原因については諸説あるものの、民主化の後退がみられる国の多く（カンボジア、エチオピアといった国がその例としてよく取り上げられる）は、近年、中国との経済関係が拡大している国である。したがって、中国のプレゼンスが高まっている国の発展や政治に対する中国の影響をどうみるかも大きな論点となる。

　一方、中国の最近の台頭が国際的なルールの範囲内にあることを考慮し、必要以上に警戒する必要はないとする対照的な見解もある[17]。

　要するに、「北京コンセンサス」や「中国モデル」という言葉は近年よくみかけるが、経済学者がそれを政府主導型の開発モデルとして議論するのに対して、政治学・国際関係論では、それを権威主義的な政治体制下の開発体制として議論することが多く、いまだ定まった定義はない状況である。その議論の行方は、かつての「日本モデル」と同様、中国の経済発展と政治体制の行方（開発途上国の成功モデルとなりうるか）にも左右されるように思われる。

(3)　中国型援助はかつての日本型援助と類似か

　また、中国の援助の特徴そのものが、かつての日本と類似しているという指摘もある。表6-2は欧米・日本・中国の各ドナーのODAの特徴を、「かつて」と「現在」に分けて整理したものであるが、その要点は以下のような点である。

　すなわち、①欧米の援助の特徴は「アフリカ重視、社会セクター重視、DACルール、無償中心、貧困削減に焦点、原則アンタイド、政治動機が中心」

---

17)　G. John Ikenberry (2008), "The Rise of China and the Future of the West: Can the Liberal System Survive?" *Foreign Affairs*, Jan/Feb.

表 6-2　欧米・日本・中国の各ドナーの ODA の特徴の比較

	欧米	日本	中国
かつて	アフリカ重視 社会セクター DAC ルール 無償 貧困削減 アンタイド 政治動機	アジア重視 インフラ DAC ルール外 有償中心 自立重視 タイド 経済動機	アフリカも重視 軽工業 DAC ルール外 無償 自立重視 タイド 政治動機
現在		アジア中心＋アフリカも？ インフラ DAC ルール 無償＋有償 自立重視 アンタイド 政治動機	アフリカも重視 インフラ DAC ルール外 無償＋多額の有償 自立重視 タイド 経済動機

（出所）小林誉明「アジア新興ドナーの台頭と日本の援助」FASID 国際開発援助動向研究会第 73 回会合報告資料（2008 年 3 月 10 日）より引用。

である。②それに対して日本の援助は、かつては「アジア重視、インフラ中心、DAC ルール外、有償中心、自立重視、タイド、経済動機が中心」という特徴をもち、近年は欧米的な援助の性格に近づいてきた（引き続きアジア中心、インフラ重視、有償支援の大きさは継続している）。③中国の近年の援助は「インフラ中心、DAC ルール外、多額の有償、自立重視、タイド、経済動機中心」という点で、かつての日本にきわめて似ている、という議論である[18]。

(4)　国際援助コミュニティとの協調の行方

いずれにせよ、中国の援助の拡大は、世界経済における経済的影響力の高まりと並行して生じているものである。他方で、中国自身が共産党の一党支配のもとで政治的自由を制約しながら経済発展を遂げてきていること、その対外援助に際して内政不干渉の原則を掲げていることにより、結果として中国の援助の拡大は、これまで世界銀行や欧米援助国が主導してきた市民社会や民主的社会を前提とする自由主義モデルである「ワシントン・コンセンサス」を掘り崩し、専制的な国家のもとでの経済発展という開発モデル（「北京コンセンサス」と称することもある）を世界に広め、途上国における民主化を逆行させるものであるとの論調も登場している。

18）　小林誉明（2007）「中国の援助政策―対外援助改革の展開」『開発金融研究所報』第 35 号。

172

　中国の援助国としての台頭が、国際援助協調の枠組みに与える潜在的な影響
は決して小さくない。従来、国際援助社会の中心的アクターである OECD や
国際機関（特に世界銀行）では西欧諸国の影響が強かったが、日本に続いて韓
国の DAC 加盟が実現し、中国の援助が拡大するなど、非西欧援助アクターの
比重の増加が認められる。国際援助社会のこのような変化は、国際援助潮流に
も変化をもたらす可能性がある。

　実際、中国はすでに DAC に様々なチャネルを通して参加しており [19]、かつ
て日本が 1964 年に OECD に加盟する前に、東南アジアに対する最大の援助国
として 1961 年に DAC に加盟したように、中国も OECD には加盟しなくとも
援助協調に加わる可能性はないわけではない。最低限の要求として、援助に関
する情報の公開やルールの共通化やその遵守を中国に対して求める圧力は高
まっている。また、世界銀行のチーフ・エコノミストに中国人であるリン（林
毅夫／Justin Lin）が採用されたが、これは中国を世界銀行の進める国際援助協
調の枠に引き込むための一つのステップであるとみることもできる。

　中国自身は、非欧米ドナーとしての新しい国際開発のあり方を追求するので
あろうか。あるいは日本自身が非西欧ドナーでありながら国際援助協調を重視
する方向に変化してきたのと同様に、中国もそのように変化していくのだろう
か。

　中国の援助の進め方や考え方は、かつて（1970‒80 年代）の日本の援助と似
ている面もあり、また、日本自身が中国との間での非西欧ドナーとしての協力
関係の構築を模索する動きもある。後発援助国であった日本の経験を視野に入
れて、中国の経済成長が途上国の持続的発展や貧困緩和にどのように貢献しう
るか、国際社会との間でどのような問題に直面するかを検討することは、新た
な大きな研究課題であるといえよう。

3　国際開発金融機関での中国の台頭

⑴　世界銀行における中国の地位

　中国の経済的な台頭と、開発途上国への援助・融資・投資の拡大は、既存の
国際開発金融機関における中国の地位にも大きなインパクトを及ぼすように

---

19)　2007 年より、China-DAC Study Group という対話の場がもたれている。

なっている。

　2008 年には、世界銀行のチーフ・エコノミストとして、当時中国の北京大学の教授であったリン（Justin Lin［林毅夫］）を招聘し（2012 年までの 4 年間）、リンは、在任中に、世界銀行でそれまでの主流であった「新古典派経済学」に基づく経済開発の処方箋を修正する「新構造主義経済学」（new structural economics）と称する、経済開発に関してより政府介入の意義を強調する議論を展開している（Lin, 2012）。

　また、中国の GDP とその世界に占める比率の急拡大は、世界銀行や IMF の出資比率およびそれと連動する投票権のシェアの見直しにもつながってきた。

　第 3 章の表 3-3（68 頁）では、世界銀行（IBRD）設立以来の主要国の投票権の長期的な変化を示した。1945 年の設立以来、1970 年代までは、中国の代表権は中華民国（台湾）にあった。国連での中国の代表権の中華民国から中華人民共和国への交代があった 1971 年 10 月に遅れはしたが、1980 年には世界銀行においても中華人民共和国に代表権が移った。その後、長らく第 6 位の投票権を有する時期が続いたが、2010 年にはついに独・英・仏を抜いて、米国（15.9%）・日本（6.8%）に次ぐ第 3 位（4.4%）の投票権をもつ地位となることが合意された。

　こうした変更にあたっては、理事会での承認が必要であるが、2010 年には中国の GDP がついに日本を抜いて世界第 2 位となった現実を受けて、投票権の第 3 位の地位への変更が実現したといえよう。その後も中国の GDP の拡大に伴って、増資のたびに中国の出資額と投票権のシェアの拡大が議論となったが、その再度の拡大はなかなか実現に至らなかった。

　しかし、2018 年に、2010 年 4 月以来 8 年ぶりの変更の合意がなされ、中国の投票権の比率は 4.4% から 5.7% に引き上げられた。出資比率に応じた投票権の割合は、増資後も日本が米国に次ぐ第 2 位の座を維持するが、中国の発言力が一段と高まった。2010 年以降は、中国の GDP がすでに日本を超えている状態なので、中国の出資比率と投票権を拡大する案は、何度も議論されているが、最大出資国である米国の反対により、中国の投票権が日本を抜いて第 2 位になることはまだ実現していない。重要事項の議決には投票権で 85% 以上の賛成が必要で、15% 超の比率を維持している米国が事実上の拒否権をもち続けているからである。

　また、第2位の出資比率・投票権比率を維持したい日本政府の立場は，以下のようなものである。

　「世銀グループのガバナンスの根幹をなす投票権を調整する際には、責任ある株主による貢献が適切に評価され、その発言力に十分に反映されるべきです。（中略）新興国や途上国の投票権シェアが国際経済におけるウェイトの増加を反映し上昇することは歓迎されますが、他方、投票権シェアの調整がこれまでの貢献の歴史を反映しつつ漸進的に行われることが、世銀のガバナンスの在り方として最も望ましいものと考えます。」（第96回世界銀行・IMF合同開発委員会での日本国ステートメント（2017年10月14日））

(2) IMFにおける中国の地位

　また、IMF（国際通貨基金）においても、同様な変化が生じている。世界銀行・IMFはいずれも1945年に設立され、その設立が合意された場所の地名にちなんで「ブレトンウッズ機関（体制）」と呼ばれている。いずれも米国ワシントンDCに本部があり、世界銀行総裁は米国から、IMF専務理事は欧州から出すという慣行がいまだ踏襲されている。

　同じ第3章の表3-3の右側に、IMFにおける2010年、2018年および2023年時点の投票権シェアの推移が記載されている。世界銀行と同様、IMFの重要政策は、187の加盟国の85％以上の投票率を獲得しなければ可決されない。米国はIMFでも重要事項への拒否権をもつ「15％」以上を維持している。IMFにおける中国の出資比率・投票権比率の拡大は、世界銀行よりもさらに難航してきた。

　IMFの資本増強は2010年に決まり、中国が独・英・仏を抜いて第3位の地位になることが予定されたが、中国の議決権が大幅に増すため、対中警戒感の強い米議会が反対して約5年にわたって棚ざらしになっていた。米議会が2015年末に資本増強案をようやく承認し、翌2016年1月に発効した。中国人民銀行（中央銀行）は、IMF改革を歓迎するとともに、中国の出資比率が第6位から第3位に浮上すると指摘し、「改革プランはIMFにおける新興国および発展途上国の代表権と発言力を向上させ、IMFの信頼性、正当性、有効性を守ることになる」と評価した。第二次世界大戦後の設立以来で最も大きなIMFの統治改革となった。

　ところが、2018 年に IMF 理事会に提出された中国の投票権をさらに引き上げる案に関しては、2019 年になって、加盟各国の出資比率見直しを伴う増資を 2023 年 12 月以降に先送りする方針を決定した。増資が実現すれば、経済規模が拡大している中国の出資比率が日本を抜き米国に次ぐ第 2 位に浮上することになるが、とりわけ当時のトランプ米政権が中国の影響力拡大を警戒するなど各国の理解を得られず、2023 年時点で、米国が首位で日本第 2 位、中国第 3 位の体制を維持している。

(3)　AIIB（アジアインフラ投資銀行）

　AIIB（Asian Infrastructure Investment Bank: アジアインフラ投資銀行）は、中国の主導で設立されたアジア地域のインフラ整備事業に投資する多国間開発金融機関である。2013 年、習近平中国国家主席がその創設を表明し、2014 年 10 月に 21 カ国で設立覚書（北京）を締結し、2015 年 3 月末には参加手続きを締め切ったが、その時点で、英・仏・独・伊・韓・豪等の国々が参加を表明した。2015 年 12 月に正式に AIIB が設立され、当初加盟国 57 カ国、2023 年 6 月時点で 92 カ国・地域となっている。

　当初、日本の財務省は中立的な立場をとり、米国の国際金融専門家の中には参加に肯定的な意見もないではなかったが、米国政府は中国の影響力増大を危険視する対中警戒感から、特に議会が否定的な姿勢を示し、米国は参加せず、日本も米国と歩調を揃えて参加を見送った[20]。

　中国が議決権の 4 分の 1 以上（出資比率 29.7%）をもち、次いでインド 8.3%、ロシア 6.5%、ドイツ 4.4%、韓国 3.8% 等となっている（創設時）。この出資比率が投票権と連動するため、中国が圧倒的に大きな影響力をもっている。重要な議決事項は 75% 以上の賛成が必要とされ、中国に事実上の拒否権があることになる。また、北京に本部が設置され、金立群（元・中国輸銀総裁）が AIIB 総裁となった。

　世界銀行や IMF での中国の拠出や投票権が、急速な中国の GDP の拡大ほどには遅々として進まず、これらブレトンウッズ機関は結局のところ米国に牛耳られている国際機関であると認識した中国は、それとは異なる国際開発金融機

---

20)　浅川雅嗣（2020）『通貨・租税外交 協調と攻防の真実』日本経済新聞出版。第 4 章「アジアインフラ投資銀行参加問題」等を参照。

関を独自に設立したものと位置づけられよう。先に述べた IMF での中国の拠出比率を拡大し第3位に引き上げる案が実現したのは2015年末であるが、このタイミングは、しびれを切らした中国当局に対する妥協の産物であったとみることもできなくはない。

　AIIB については、様々な異なる評価がある。途上国、特にアジアで増大するインフラ需要のための追加的な資金提供をする組織ができることは途上国の開発に有益であるとの見方がある一方で、中国の「一帯一路構想（BRI）」と連動し、既存の世界銀行やアジア開発銀行が主導する国際ルールや慣行とは別の独自の機関ができることで、国際開発金融秩序を堀崩す危険性を指摘する意見もあった。AIIB の設立は、中国の経済的利益を実現するための、BRI といった二国間の経済協力の枠組みに続く中国主導の多国間の枠組みづくりであるが、そのガバナンスの不透明さが当初は問題視されていた。

　しかし、事業開始後の AIIB の融資案件は、世界銀行や ADB との協調融資が半分程度を占めており、これら国際開発金融機関と同じ環境・社会的配慮のガイドラインや調達のガイドラインを共有している[21]。また、北京に本部を置いたものの、多くの（元・世銀や ADB の）国際スタッフを積極的に採用し、事業情報を HP で公開するなど運営の透明性に努めている様子が窺われる。

⑷　国連関係機関における中国の影響力の拡大

　また、21世紀にはいってからの中国の経済的な台頭はめざましく、2010年には日本の GDP を抜いて世界第2の経済大国となった。中国の GDP とその世界に占める比率の拡大は、国連関係機関の中での存在感の拡大をももたらしている。

　第2章（1の⑵）で述べたように、中国の GDP の拡大と実際の分担比率の拡大とはタイムラグを伴っているが、2019年には日本の分担金比率を追い越した。また、安全保障理事会の常任理事国であるため、PKO の分担金では2016年に日本を上回ったことに加え、中国は軍（人民解放軍）の PKO としての海外派遣にも熱心である。

---

21)　渡辺紫乃（2019）「アジアインフラ投資銀行の役割（中国の国内情勢と対外政策の因果分析）」『China Report』日本国際問題研究所、7月号。

表6-3　中国の国連諸機関への拠出額推移（単位：百万米ドル）

年	PKO	UN	FAO	IAEA	ICAO	IFAD	ILO	ITU	UNDP	UNEP	UNESCO	UNIDO	WFP	WHO	WTO
2010	n.a.	71	14	11	4	8	11	3	25	2	13	4	4	1	13
2011	n.a.	78	16	14	4	7	13	3	33	2	12	4	20	3	14
2012	n.a.	80	19	15	4	7	14	4	21	2	14	6	5	17	16
2013	384	135	20	15	4	10	14	4	21	4	23	8	6	21	17
2014	518	149	30	23	5	10	20	4	22	7	23	11	12	32	16
2015	561	151	28	21	5	7	19	4	17	4	22	13	10	26	17
2016	700	399	29	23	6	20	31	5	13	6	30	10	20	29	20
2017	807	212	28	40	10	20	31	5	29	10	33	9	72	46	21
2018	746	208	47	38	7	25	31	7	11	8	33	17	33	45	19
2019	889	350	42	38	10	32	31	7	28	9	45	15	31	46	22
2020	1044	385	69	65	10	26	49	8	29	9	48	27	12	90	23
2021	1034	401	64	61	11	29	55	7	22	9	52	22	26	84	22
2022	1075	480	67	59	11	33	52	8	15	9	60	22	12	70	23

（注）UNSCEB (UN System Chief Executives Board for Coordination), *Revenue by Government donor* のデータより筆者作成。（https://unsceb.org/fs-revenue-government-donor）

　また、表6-3に示されるように、国連関係専門機関に対する中国の拠出金額は近年急拡大しており、その発言力を増している。2022年時点で、UNESCO（国連教育科学文化機関）に対する最大拠出国となっているほか、IAEA（国際原子力機関）、UNIDO（国連工業開発機関）、WTO（世界貿易機関）に対する第2位の拠出国である。また、2020年時点で、国連食糧農業機関（FAO）、国際電気通信連合（ITU）、国際民間航空機関（ICAO）、国連工業開発機関（UNIDO）の四つの国際機関で中国人がトップ（事務局長）となっている。

4　テーマ研究Ⅰ―「質の高いインフラ」と中国

　第二次世界大戦後のアジアのインフラ開発では、歴史的には日本が大きな役割を果たしてきた。しかし、2000年を超えるあたりから中国の台頭がめざましく、特に2013年に「一帯一路」政策を打ち出したあとは、中国の交通インフラやエネルギー・通信分野での進出が顕著であり、全体的に日中の役割交代がみられる。そうした中で、特に日本政府が近年主張しているのが「質の高いインフラ」である。

(1) 中国のインフラ輸出の拡大

　開発途上国の経済発展や国際開発を推進する上で、インフラ建設は最も重要な要素の一つである。また、そのための資金をどのように工面するかは国際開発の重要テーマであり続けてきた。

　近年、こうした開発途上国のインフラ建設のための資金を提供するドナーとして急速にその存在感を高めてきたのが中国である。中国政府は2013年に「一帯一路構想（Belt and Road Initiative: BRI）」を公表し、2017年に公式の政策とした。その後、鉄道・道路・港湾・空港などの「連結性（connectivity）」に関連する運輸・交通インフラを中心にその開発資金の供給を拡大してきた[22]。中国の融資と企業による途上国でのインフラ事業が急拡大する状況を受けて、欧米からは、中国の途上国への経済協力の拡大は自国の経済利益を追求するものであり、新重商主義あるいは新植民地主義的であるとの批判がなされている。他方で、こうしたアプローチは途上国の開発に資するものだとの議論もあり、こうした論争は、1970年代に日本の途上国への経済協力の拡大に対してなされた議論を彷彿とさせるものである。

　現実をみると、特に2013年に「一帯一路構想（BRI）」が打ち出されて以来、中国による途上国地域での産業・経済インフラ関連事業が拡大しており、これは途上国にとっては多様な資金源の追加あるいは選択肢の拡大として歓迎されている側面もある。また、インフラ資金提供国としての中国の急速な台頭は、それまでの国際開発金融の秩序を攪乱する側面も含むものである。近年では、中国の開発途上国のインフラ建設のための資金提供は、その融資条件が不透明であり、被融資国の「債務の罠」につながってきているとして問題視する議論も出ている（Parker et al., 2018）。

　実際、日中のインフラ関連企業における競合の実態はどうなのであろうか。開発途上国での現場の実態として、インフラ建設事業において中国企業が競争力を有するようになってきたことは否定しがたい。日中企業の優位性を比較したレポートでは、「中国企業の強みは、資金量、意思決定の速さ、多様な気候・施工条件でのプロジェクト経験、新興国でのプレゼンスなどである。一方で日本企業は、リスク評価能力や技術力、国際信用力などに優位性があると考

22）　2022年3月の時点で146カ国と32の国際機関が一帯一路の枠組みでの協力協定を締結している。

えられる。このような双方の優位性を踏まえると、日中企業が正面から競合した際に、日本企業が劣勢になることは容易に理解できる。」と指摘されている[23]。

　要するに、中国のインフラ輸出の強みは、中国政府の借款を供与する場合、DACのアンタイド・ルールに従わなくてもよく、中国企業タイドで資金が供与されているだけでなく、競争入札においても価格、速さ、柔軟な交渉などの点で優位性があり、日本の円借款に際してもアンタイドでの国際競争入札になった場合、中国企業が受注することが多い。

　日本政府（JICA）は、ODAにおけるSTEP円借款の供与スキームのように、日本企業タイドで日本企業の受注を支援する枠組みを活用してはいるが、DACルールにより、これは低所得国に限定され中所得国に対してはアンタイドとなる[24]。その結果、円借款による開発途上国のインフラ建設支援事業の現地での調達の多くは中国企業が受注する事例が大半となっているのが実態である。近年では、現地での国際競争入札に参加しても価格面で到底太刀打ちできないことから、日本企業が応札すらしない事例も出てきている。

⑵　「質の高いインフラ」の議論

　こうした現実を背景に、日本政府は、国際社会のインフラ開発に関する議論の場において、2015年5月に「質の高いインフラパートナーシップ―アジアの未来への投資」を発表し、2016年5月には「質の高いインフラ投資の推進のためのG7伊勢志摩原則」を主導して、「質の高いインフラ」の重要性を国際的に訴えてきた。その結果、2019年6月のG20大阪サミットで本格的な議題として取り上げられることになり、「質の高いインフラ投資に関するG20原則」が承認されるにいたった。

　同原則の具体的内容として、以下の6項目があげられている。①持続可能な成長と開発へのインパクトの最大化、②ライフサイクルコストからみた経済性、③環境への配慮、④自然災害等のリスクに対する強靱性、⑤社会への配

23)　野村総合研究所（2017）「インフラ輸出における日中の競合と補完」『知的資産創造』11月号、49-50頁。
24)　円借款の本邦技術活用条件（STEP）は、「日本の優れた技術やノウハウを活用し、開発途上国への技術移転を通じて我が国の『顔が見える援助』を促進するため」として、日本企業タイドを供与条件とする円借款のことであり、2002年7月に導入された。

慮、⑥インフラ・ガバナンス（調達の開放性・透明性、債務持続可能性等）、である。

　以来、日本政府は、第三国において日中企業が事業を進めるにあたっては、①プロジェクトの経済合理性、②開放性、③透明性、④借入国の債務持続可能性、の４条件を満たすことが必要だとする立場を繰り返し示している。国際社会で広く共有されている考え方に留意し、「質の高いインフラ」が正当に評価され、相手国に導入されやすい環境整備を図るべく、「質の高いインフラ」の国際スタンダード化を推進するとしている。

　一方で、日本企業は開発途上国におけるインフラ建設において、急速に台頭してきた中国企業に価格だけでなく事業のスピードなどにおいても国際競争力を失いつつあることはすでに述べたとおりである。日本政府は「質の高いインフラ」を主張して、日本企業のインフラ輸出においてその強みを生かそうとしているが、「質の高いインフラ」を声高に叫んでも必ずしも日本企業の受注につながるわけではない。

　むしろ、インフラ建設の国際ルールの普及と定着、すなわち、より良い開発を進める国際的取り組みを推進し支援する観点からこそ、こうした方針を堅持し、中国をもそうした国際的な基準に取り込む努力をすべきであろう。国際基準としての「質の高いインフラ」の普及・定着は、「公共財」として国際的な共通利益かつ目標であり、入札の透明性、環境・社会セーフガードの遵守、債務の持続性（経済性や開発効果）を個別事業において確保するだけでなく、当該国に適した質の高いインフラ事業が確保されるような国際的な枠組みを強化していく必要がある[25]。

(3)　中国の対応

　中国は援助や融資の提供に際して内政への不干渉を唱えており、援助にあたって相手国の意思決定プロセスの透明性や腐敗のないことや民主的な手続き

---

[25]　国際金融ルールに精通した専門家である河合正弘は、「中国当局は批判を真摯に受け止め、運営原則・方式を大きく改善すべきである。この事業を、開放性、透明性、持続可能性、多国間主義の指針の下で再構築していくことが欠かせず、そのことが一帯一路構想を国際公共財に押し上げることにつながろう。」と指摘している。河合正弘（2019）「一帯一路とユーラシア新秩序の可能性」中国総合研究・さくらサイエンスセンター『一帯一路の現況分析と戦略展望』科学技術振興機構、28頁。

を求める欧米の姿勢とは一線を画していることから、中国の援助の拡大は、途上国の腐敗と汚職を助長したり、権威主義的な政権を結果として支えるものであるといった批判もある。そのため、最低限、情報の公開やルールの共通化やその遵守を中国に対して求める国際的圧力は高まっている。

　実務的な面でも、事業にあたっての適切な資金計画の判断や経済合理性に基づく決定、決定プロセスの透明性の確保や汚職の排除、適正な環境アセスメントの実施などに関して課題が指摘されている。近年、中国が途上国で進めるインフラ整備に関して、「質の高いインフラ」が国際的に求められるようになっているゆえんである。

　実際、次節（テーマ研究Ⅱ）の「表6-5　途上国での中国関連事業が中断あるいは見直しを迫られた事例」で示されるように、2010年代以降、中国の経済協力の拡大に伴って、中国の投資に対する住民の反発がメディアで取り上げられたり、国内の政治権力争いに伴う政変や政治家の逮捕によって中国企業の汚職が表面化する事例が多くの国でみられた。こうした事態を受けて、中国の経済協力・投資案件が、相手国の政情変化とともに頓挫するケースが頻発する事態に直面して、中国の援助・融資政策が国際社会の共通ルールを共有する方向に変化してきている兆候もないではない。

　表6-4は、中国政府による、中国企業の対外投資に関して打ち出された一連の強化策である。このように、2013年以降、環境社会配慮を含め、対外投資に際しての規則やガイドラインづくりを進めてきたことがわかる。

　また、2019年4月25-27日に北京で開催された「第2回一帯一路・国際協力フォーラム」では、習近平国家主席は閉幕後の記者会見で、一帯一路に関わるインフラ事業について「国際ルールや標準を幅広く受け入れることを指示する」と述べ、また、「質が高く価格が合理的なインフラ設備を建設する」とも語った。中国側も、事業にあたっての適切な資金計画の判断や経済合理性に基づく決定をより重視しつつあるように見受けられる。ただし、多くの一帯一路関連事業ごとに、国際ルールを遵守する仕組みがどのように構築されるのか、されているのかについては、今後の状況をよく見極める必要があろう。

表6-4　中国政府の対外投資に関する規則・ガイドラインの策定

年	内　容
2013年 （2月）	対外投資に関連した規制・ガイドラインの策定 「対外投資協力環境保護指針」発表（商務・環境保全省）26)
2014年	国家発展改革委員会による「対外投資事業の検証・承認・実施記録保存に関する行政令」、および商務省による「対外投資に関する行政令」の策定
2016年	「非合理な投資活動の防止に関する取組み」の開始
2017年 （1月）	国務院・国営企業資産監督管理委員会が「中央企業の対外投資の監督管理に関する法令」を発効
（8月）	国務院が「対外投資の指針に関する指導見解とさらなる指導・規制」を策定
（12月）	「民間企業の対外投資に関する規則」および「企業の対外投資に関する行政令」を策定
2018年 （9月）	北京・アモイで「開発金融における環境社会配慮ワークショップ」開催（アジア開発銀行と中国銀行保険監督管理委員会・生態環境省・中国銀行協会が主催、演説の中で金融機関における環境社会配慮とアカウンタビリティー向上の必要性強調）27)
2021年	商務部・生態環境省が「グリーン開発ガイドライン」を公表、地元関係者との対話や苦情聴取のメカニズムを国際基準に則って採用
2022年	商務部・生態環境省が「投資・建設ガイドライン」を公表、2021年のガイドラインに加えエネルギー・石油化学・鉱業・運輸等の分野のガイドラインを追加 国家発展改革委員会が「グリーンBRI」を公表、中国企業の国外での環境基準を提示 中国銀行保険監督管理委員会・国家金融監督管理総局が「グリーン融資ガイドライン」を公表、融資銀行に独立した苦情対応メカニズムの設置を求める

（注）Zhu Xianghui (2019) "China's Mega-Projects in Myanmar: What Next?" *Perspective*, ISEAS (Singapore), p. 5. をもとに、関連情報を追加して筆者作成。

5　テーマ研究Ⅱ—国際的援助規範と中国の「リベラル化」仮説

(1)　中国の国際援助規範への対応

　国際開発援助コミュニティでは、OECD／DAC（開発援助委員会）を中心に、援助に際しての共通ルールの追求に長年取り組んできた。例えば、援助政策・実態に関する情報公開、ルールの共通化・遵守、途上国の民主化や汚職・腐敗の撲滅といった事項である。さらに、1990年代末から、いわゆる「援助協調」の枠組みと財政支援を中核とする援助志向が、DACを中心とする伝統的ドナーの主導で急速に進展してきた。

　中国の援助は「内政不干渉」を原則とし、こうした国際的潮流とは一線を画してきた。援助協調の進展の中で、途上国側で開催される主要ドナーが一堂に

---

26)　「中国政府、海外での事業に対する環境保全指針を発表」『メコン河開発メールニュース』2013年5月9日。
27)　「中国でも広がるか？　開発金融での環境社会配慮」『ハフポスト』2018年9月27日。

会して議論するセクター会合には中国は参加せず、相手国政府との二国間の交渉を重視してきた。近年、欧米各国の国益志向、それに加え非伝統的ドナーとしての中国の台頭もあって、援助協調や財政支援の潮流は退潮気味になっている。また、DACや世界銀行を中心に進んできた援助ルールの共通化や効率化に向けた協調の枠組みに中国が入らないことは、民主化に関する先進国の援助アプローチはもとより、開発に関わる途上国の政策改善圧力を低下させることにつながってきた。

　例えば、1990年代にはカンボジアへの主要援助国は日本と欧米諸国であったが、2000年代後半に中国の影響力が拡大するにつれ、与党であるカンボジア人民党のフン・セン首相は、人権問題で改善を求める国連機関やフン・セン一族の森林不法伐採を糾弾するNGOなどを排除するような政策をとるようになった。また、政府による強引な土地の接収や汚職・腐敗の蔓延などを理由に、世界銀行のカンボジア政府に対する支援の一部が凍結される事態も生じた。

　実務的な面でも、事業にあたっての適切な資金計画の判断や経済合理性に基づく決定、決定プロセスの透明性の確保や汚職の排除、適正な環境アセスメントの実施などに関して課題が指摘されている。近年、中国が途上国で進めるインフラ整備に関して「質の高いインフラ」が国際的に求められるようになっているゆえんである。

　なお、開発途上国での中国関連事業が中断あるいは見直しを迫られた事例としては、表6-5のような多くの事例がある。

(2)　日本の行動変容との比較

　援助の歴史を振り返れば、中国の援助の進め方や考え方は、かつて（1960-70年代）の日本の援助と類似しているという議論もある。

　例えば、資源確保などの経済的利益の重視、多国間の枠組みよりも二国間援助による国益の追求を重視、支援対象国の政治体制や内政に関して口を出さない「内政不干渉主義」、あるいはある種の実利主義、などである。援助と貿易・投資の「三位一体型の経済協力」は、1970年代に当時の通産省が打ち出していた日本の経済協力アプローチでもあった。しかしながら、日本の援助政策は、欧米などからの圧力もあり、国際協調をより重視する姿勢を強め、特に

表6-5　途上国での中国関連事業が中断あるいは見直しを迫られた事例

国	時期	概　要
ミャンマー	2011年	カチン州において、イラワジ川上流の七つのダムを建設する計画が、2006年にミャンマー電力省とCPI（中国電力投資公司）との間の合弁事業として署名され、2009年12月に工事が開始され、ミッソンダムはその中核となるダム計画である。発電量は600万kw、発電の90％は中国に輸出するものとされ、中国側の投資金額は36億ドルとされた。 2009年の合意以降、建設が進められたが、土地収用や環境問題で反対運動が高まり、2011年3月に、当時のテイン・セイン政権のもとで、民政移管とともに「国民の意思」として中断された。
スリランカ	2015年	ハンバントタ港プロジェクト（約15億ドル）はラジャパクサ政権時代の2008年に開始され、2010年に完成。第1期として、中国輸出入銀行が工費3.6億ドルの85％を融資。第2期は計画を一部縮小したが、8.1億ドルの工費で中国輸出入銀行から7.5億ドルの融資を受けて進められた。当初、スリランカが港湾施設を管理運営する計画であったが、中国が追加資金を提供する代わりに、スリランカ港湾局が30％、中国（国営）企業が70％のシェアを持つ共同運営となった。 その後、スリランカ側が資金返済の目途が立たなくなる中で、2015年に交代したシリセーナ新政権は同プロジェクトを見直し、中国側と交渉を行い、港湾運営会社の株式の80％を11億ドルで中国側に譲渡するとともに、それを対中債務返済に充当し債務を削減する代わりに、中国国営企業に港の管理運営権を99年間渡すこととなった
マレーシア	2018年7月	中国が支援するマレーシアの巨大プロジェクト「東海岸鉄道」（ECRL）は、一帯一路の目玉プロジェクトで、当初の総事業費が550億リンギ（約1兆5,000億円）、総事業費の85％を中国の輸出入銀行が20年間金利3.25％で融資。タイ国境近くからマレー半島を東西横断する形で、クアラルンプール近郊と東西の重要港を結ぶ総距離約688kmの一大鉄道事業で、ナジブ前政権時代の2017年8月に着工し、すでに全体13％ほど建設工事が進んでいた。
	2019年4月	財政再建を掲げて2018年5月に発足したマハティール政権は同年7月に、政府債務の拡大や中国人労働者の流入を懸念し、東海岸鉄道と2本のパイプラインの建設を中断し、クアラルンプール－シンガポール高速鉄道の建設を延期するとした。しかしその後、中止していたマレーシア東海岸鉄道の建設を再開することで合意。財政再建が急務のマレーシアに配慮して、建設費用を655億リンギ（約1兆7,700億円）から215億リンギ（約5,800億円）圧縮して440億リンギ（約1兆1,900億円）に削減することで、政府傘下のマレーシア・レール・リンク社と国有の中国交通建設が合意したと発表。
パキスタン	2018年10月	カラチ・ラホール・ペシャワル鉄道の改修・高速化事業に中国が85％の資金を提供し、2018年7月初期調査終了、2022年完成予定であった。これは南部カラチと北西部ペシャワルを結ぶ鉄道の改修事業であり、「中国パキスタン経済回廊」（CPEC）に基づいて、事業費82億ドルは中国の融資で賄う予定だった。 2018年7月に総選挙で勝利したパキスタン正義運動（PTI）の党首イスラム・カーンが8月に新首相に選出されると、カーン新政権は、対中債務の拡大に歯止めをかける動きに出た。10月には、北西部ペシャワルと南部カラチを結ぶ1,872kmの主要鉄道路線について、中国からの融資規模を82億ドルから62億ドルに20億ドル削減したと発表し、さらに42億ドルへの削減も目指すと表明した。
シエラレオネ	2018年10月	中国からの融資を受けて首都近郊に空港を建設する計画が決定された。建設計画はシエラレオネのコロマ前大統領が2018年3月に契約し、新空港は2020年に完成予定で、3億1,800万ドル（約357億円）規模の巨大プロジェクトで、建設には中国企業が携わっていた。しかし、政権交代により、この建設計画は中止された。

（注）内外のニュース記事をもとに筆者作成。

1990 年代以降、欧米の伝統的ドナーと、その理念（経済利益の追求の低下）、重点分野としての教育・保健分野の重視、アンタイド化の推進、民主化支援など、欧米の伝統的ドナーの援助スタンスに接近し、国際援助協調の動きにも同調してきた。

　一方、上記の議論の延長として、日本の政策が時代とともに変化してきたのと同様に、中国も今後、援助ドナーとして「成熟」してくるにつれ、反汚職や環境社会的配慮などの課題により真剣に取り組むようになり、欧米など国際援助コミュニティとの協調を重視するようになるとのではないかとの仮説もありえよう。

　日本政府・援助機関が、途上国のダム建設計画に関し、住民移転や環境への影響などを理由に地元住民の強い反対で見直しを迫られた出来事として、1990 年前後に大きな問題となったインドのナルマダ・ダム事業がある[28]。この「事件」の後、日本政府・援助機関は大規模な住民移転を伴うようなダム建設事業への融資を行わないようになった。また、上記のインドのナルマダ・ダム事業やインドネシアのコタパンジャン・ダム（1979 年建設開始、1996 年完成）などの巨大ダム建設事業支援をめぐる論争を受けて、日本の援助機関でも住民移転や環境への影響に関する配慮の必要性がより強く認識されるようになった[29]。

　日本がその援助に際しての「環境社会配慮ガイドライン」を正式に策定したのは、JICA（国際協力機構）の場合、1990 年に最初の「環境配慮ガイドライン」を策定したのち、2004 年 4 月に「JICA 環境社会配慮ガイドライン」に改定されている。JBIC（旧国際協力銀行）の場合、2002 年 4 月に「環境社会配慮確認のための国際協力銀行ガイドライン」が策定され、JICA との組織統合の

28）　ナルマダ川周辺では、1980 年代に 30 の大規模ダム、135 の中規模ダム、3,000 の小規模ダムの建設を含む「ナルマダ渓谷開発計画（NVDP）」という巨大計画がつくられた。この計画のうちの一つが「ナルマダ・ダム」として有名な「サルダル・サロバル・プロジェクト」（世界銀行が融資後、国際的な抗議を受けて 1993 年に撤退）であり、その環境・社会面での多くの問題について、1980 年代後半－1990 年代初頭に世界および日本で大きな懸念の声があがり、日本政府（JBIC）も円借款供与を中止した。批判論の典型的な文献として、鷲見一夫（1984）『ODA 援助の現実』岩波新書。支援賛成論の典型として、渡辺利夫・草野厚（1991）『日本の ODA をどうするか』NHK 出版。

29）　日本の ODA の「問題案件」として、インドネシアでの「コタパンジャン・ダム」などを取り上げ批判した代表的な文献として、次があげられる。村井吉敬他（1989）『無責任援助大国ニッポン―フィリピン、タイ、インドネシア現地緊急リポート』JICC 出版局。

のち、2010 年に「国際協力機構・環境社会配慮ガイドライン」となった[30]。中国の環境社会配慮に関する取組みの強化は、日本に遅れること約 15-25 年ということができよう。

　また、援助に関わる汚職の問題は、日本の場合、1980 年代半ば、フィリピンのマルコス政権が（1986 年 2 月に）倒れたあと、日本の ODA 事業を受注していた商社や企業がマルコス政権の発注権限のある高官などに賄賂を贈っていたことが表沙汰になり、その額は新聞情報では受注額の約 2-3 割にも達したとされる[31]。フィリピンのマルコス政権崩壊後の民主化と前政権下の事業の情報公開により、こうした日本の ODA 事業の問題点が浮き彫りになった経緯は、ミャンマーの民主化・政変（民政移管）によってそれまでの中国主導の事業の問題が表面化した経緯と重なる。

　OECD／DAC でも 1989 年以来反汚職に取り組み、1999 年には「国際商取引における外国公務員に対する贈賄の防止に関する条約（OECD 外国公務員贈賄防止条約）」が発効し、日本政府は 1998 年に署名、1999 年に発効し、海外での贈賄防止について同条約に基づく措置を講じることとなった[32]。中国は OECD に加盟しておらず、上記の条約に加盟しているわけではないが、日本に遅れること約 20-30 年たって、同じような状況に直面しているともいえる。

(3)　中国の経済協力の「リベラル化」仮説

　実際、中国の援助政策の「リベラル化」の兆候もないではない。ここでいう「リベラル化」とは、「自国の国益追求を進めながらも、そのためにも国際社会との協調を重視する行動をとること」を意味する。

　その一つの兆候は、ミャンマーのミッソンダムの中断事例（表6-6 参照）にみられるように、中国政府や経済協力事業を進める国営企業が、相手国での事業に伴う環境問題や住民移転の制約をより認識し始めた兆候があることである。相手国でのインフラ建設などの事業実施に際して、中国国内のように政府

30)　地球・人間環境フォーラム『開発プロジェクトの環境社会配慮』（環境省委託事業報告書）2001 年 3 月。
31)　日本の援助とマルコス政権の汚職の関係についてのいわゆる「マルコス疑惑」に関する文献は少なくなく、例えば、次のような文献がある。横山正樹（1994）『フィリピン援助と自力更生論―構造的暴力の克服』明石書店。
32)　「贈賄・汚職との闘い」『OECD 政策フォーカス』2001 年 3 月。

の一方的な決定で住民移転を実施できるわけでもなく、住民や世論の反対で事業が頓挫することもある、住民の意向や環境への配慮なしでは事業が進められないとの認識を強めてきた可能性がある。インドネシアのジャカルタ―バンドン間の鉄道建設事業は、日本との受注をめぐる競争を経て中国企業による建設事業となったが、住民移転問題などがネックになって事業期間が大幅に伸びた。

　実際、中国開発銀行や中国輸出入銀行の融資事業に際しての、調達の入札手続きがより透明になったり、事業の審査が慎重になってきた兆候がある。例えば、バングラデシュの中国事業において、中国企業タイドなので中国企業間ではあるものの競争入札方式がとられたり、ケニアの「北部回廊鉄道ネットワーク（ケニア標準軌鉄道）事業」の第 2 期（ナイロビ―マラバ鉄道部分）の後半部分は、事業の採算性などへの懸念から中断となったとされる[33]。

　第二の兆候は、債務問題への対応である。欧米日の OECD／DAC（経済協力開発機構／開発援助委員会）を中核とする国際援助コミュニティでは、2000 年に重債務貧困国（HIPCs）に対してそれまでの債務を帳消しにし、その後の支援は主として無償援助の形態で支援を行うようになった。ところが、そうした債務帳消しが行われた途上国の多くに対して、2000 年以降、中国は多額の融資を供与し始めた。その意味では、中国は HIPCs に対する債務帳消しの国際的枠組みにフリーライドして自国の経済的利益を追求した形である。それはそうした途上国にとってもありがたい資金提供ではあったが、やがて「債務の罠」といわれるように債務が急速に拡大し、中国支援の大規模事業の融資資金の返済が困難になる事例が増えつつある。表 6-5 で示したように、中国による巨額の融資を原資とした巨大事業の将来の返済のリスクを問題視した新政権により、事業の見直しあるいは縮小がなされた事例も、マレーシアやスリランカなどで生じている。

　これは中国政府・国営企業にとっても悩ましい事態であり、部分的な債務の帳消しに応じざるをえなくなっている。中国政府による無利子借款の最初の債務減免は 2003 年に生じたとされ、すべてアフリカ諸国であった。こうした事例はその後も毎年拡大し、2012 年時点での承諾済み債務減免の累計額は 838

---

33)　北野尚宏（早稲田大学理工学術院教授）の研究会での報告より（専修大学社会科学研究所「中国の国際経済体制へのインパクト」研究会、2020 年 10 月 3 日）。

188

億元に達したとされる[34]。

　また、2018年の第7回中国・アフリカ協力フォーラム（FOCAC）に際しては、多くのアフリカ諸国に対する政府借款（商務部の無利子借款など）の帳消しに応じた[35]（ただし、中国輸出入銀行や中国建設銀行などの政府系金融機関の融資は別[36]）。さらに、2020年6月には、開発途上国でのCOVID-19の拡大に対応し、中国政府は、77の発展途上国・地域に対して債務返済の一時猶予措置をとること、および2020年末に満期を迎える中国政府の無利子貸付の返済免除を打ち出すことを表明した[37]。

　第三の兆候は、AIIB（アジアインフラ投資銀行）の行動規範である。中国は2015年に、中国主導でアジア地域のインフラ建設資金を供与する国際的な枠組みとしてAIIBを設立した。AIIBの設立は、中国の経済的利益を実現するための、二国間の経済協力の枠組みに続く中国主導の多国間の枠組みづくりである。しかし、事業開始後のAIIBの融資案件は、世界銀行・ADBとの協調融資が中心であり、これら国際開発金融機関と同じ環境・社会的インパクトのガイドラインを共有しており、また調達のガイドラインも共有している。

　ただし、AIIBは中国財政部の管轄であり、中国財政部はIMF／世界銀行やADBなどの国際開発金融機関を管轄し、長年、これら国際機関の理事室などで政策判断を共有してきた組織であり、中国の政策決定メカニズムの中では最も「国際協調派」の組織・人々である。彼らが管轄するAIIBが世銀やADBなどの国際金融担当官庁が主管する国際機関と協調行動をとるのは、グレアム・アリソンが提示した「組織過程モデル（官僚政治モデル）」に則して考えて

34）　同上。

35）　具体的な対象国・金額は明らかではないが、例えば、2017年にスーダンに対して1億6千万ドルの債務帳消しに応じたとされる。ただし、アンゴラの中国からの借款の大半は中国輸出入銀行や中国開発銀行の融資であるため、アンゴラの対中国債務の大半は減免されなかった（2018年10月、アンゴラ財務省でのヒアリングに基づく）。

36）　商務部の管轄である無利子借款が債務減免（帳消し）に応じた事例があるのに対し、中国輸出入銀行・中国開発銀行の優遇借款に関しては減免に応じていないのは、前者の場合は、すでに予算支出済みであり、減免に際して新たな追加資金が不要で、会計上、減免分を無償援助の形で相殺できるのに対し、後者の場合、資金回収が前提とされており、減免となった場合は追加的な予算支出が必要であって、こうした会計上の扱いの違いがその対応の違いの背景にあるとの指摘がある（前掲、北野尚宏の研究会での質疑応答による）。

37）　「中国、77カ国・地域の債務返済を猶予」*Record China*, 2020年6月8日。「習近平国家主席、債務免除を含めたアフリカへの支援を表明」『JETROビジネス通信』、2020年6月24日。

も自然である[38]。その意味で、AIIB の経済協力に際しての実務的な「国際規範」との協調は、中国国内の経済協力に関わる担当省庁や実施機関の政策・姿勢に関するものであって、中国の政府首脳や共産党組織の上層部の政策や外交姿勢は別のアジェンダである点は留意しておかなくてはならない。

(4)　「リベラル化」の要因説明─いくつかの異なる視角

　要するに、中国の経済協力政策には、自国の国益追求の結果生じてきた制約に対応する形で「リベラル化」の傾向もいくつかみられる。この仮説が正しいとすると、その中国の経済協力政策の「リベラル化」を促す要因は何であろうか。

　第一に考えられる要因は、高まる国際的圧力・批判である。しかし、そうした国際的圧力だけでは、中国の政策の「リベラル化」は説明しにくい。

　1990 年代以降の日本の援助政策が欧米ドナーのスタンスに近づいてきたことは、経済大国にふさわしい国際貢献を求める国際的圧力もあって、日本の外交的スタンスが欧米との協調をより重視する方向に変化してきたことと連動している。その背景には、国際協調の中でより広い視野で国益を定義するようになったことがあると考えられる（国際関係論で定義するリベラリズムの議論）。

　一方、中国は 2000 年代以降、急速にその経済力・金融力を拡大してきており、こうした国力の拡大局面で、あえて国際協調に転ずるインセンティブは大きくはないであろう。もちろん、経済大国化するに伴って、国際的な貢献をより強く意識するようになるとの仮説も可能かもしれない。あるいは、中国の経済協力や事業に対する批判の声が国際社会での中国の立場に有利に作用しないとの判断につながり、その意味で国際的な圧力や市民社会を中心とする国際世論の影響もないとはいえない（国際関係論で定義する、ある種のコンストラクティビズムの議論）。

　しかし、より説得力のあるもう一つの説明の仕方は、これまでの自国・自国企業中心の進め方ではうまくいかない現実に直面して、自国・企業の利益保護を実現可能な範囲で追求する上で、事業実施上の実務的な必要性に迫られて否

---

38)　Graham T Allison (1972), *Essence of Decision: Explaining the Cuban Missile Crisis*, Little, Brown and Company.（グレアム・T. アリソン（宮里政玄訳）(1977)『決定の本質─キューバ・ミサイル危機の分析』中央公論社）

応なく政策を変えてきた、とする見方である（国際関係論で定義する、ある種のリアリズムの議論）。より具体的には、①途上国で経済協力事業（および経済活動）を円滑に実施するためには、住民移転や環境への影響への配慮を無視することはできず、より重視せざるをえない、②住民移転や環境への影響への配慮を示す方法として、環境社会配慮ガイドラインや調達手続きなどに関して国際社会ですでに定着している国際基準に合わせざるをえない、③債務返済困難の状況に対処するには、IMF などの国際的枠組みによる債務返済能力の審査や債務削減手続きを共有し、最終的には返済猶予や帳消しなどの対応に応じざるをえない、という現実に直面するようになった、ということである。

　中国の行動様式を説明する仮説としては、上記の後者の見方のほうがより現実に近いと思われるが、上記のいずれの要素も考えられる。もちろん、中国国内の政策決定に関連する様々な主体（党首脳、商務部、財政部、等）によって、考え方やスタンスには濃淡があるであろうが、全体的にみると、それらの複合的な要因ということができるかもしれない。

第 6 章の論点

(1)　中国の大きな経済的関与が開発途上国の国づくりに与えたインパクトとして、何がプラスのインパクトで何がマイナスのインパクトだと思うか。全体として、プラスとマイナス、どちらがより大きいと思うか。講義内容を踏まえて、自分の考えを述べよ（唯一の正解があるわけではなく、エビデンスと記述の論理性が重要）。

(2)　中国はその対外経済協力によって、伝統的ドナーの共通ルールよりは独自の国益・アプローチを重視してきた。今後、中国は国際社会との協調や共通の枠組みをより重視する方向に変化していくと思うか。

第 6 章の主要参考文献
・朝日新聞取材班（2019）『チャイナスタンダード―世界を席巻する中国式』朝日新聞出版。
・稲田十一（2013）「中国の四位一体型の援助―アンゴラ・モデルの事例」（下村等、2013）。
・稲田十一（2020）「ドナーとしての中国の台頭とそのインパクト―カンボジアとラオスの事例」

　金子芳樹・山田満・吉野文雄編『一帯一路時代の ASEAN—中国傾斜の中で分裂・分断に向かうのか』（第 7 章）明石書店。
・稲田十一（2024）『「一帯一路」を検証する—国際開発援助体制への中国のインパクト』明石書店。
・汪牧耘（2024）『中国開発学序説—非欧米社会における学知の形成と展開』法政大学出版局。
・下村恭民・大橋英夫・日本国際問題研究所編（2013）『中国の対外援助』日本経済評論社。
・ハルパー、ステファン（園田茂人・加茂具樹訳）（2011）『北京コンセンサス—中国流が世界を動かす』岩波書店。（Stefan Halper (2010), *The Beijing Consensus: How China's Authoritarian Model Will Dominate the Twenty-first Century,* Basic Books.）
・廣野美和編（2021）『一帯一路は何をもたらしたのか—中国問題と投資のジレンマ』勁草書房。
・モヨ、ダンビサ（小浜裕久監訳）（2010）『援助じゃアフリカは発展しない』東洋経済新報社。（Dambisa Moyo (2009), *Dead Aid: Why Aid is Not Working and How There is Another Way for Africa*, Penguin Books.）
・ミッシェル、セルジュ、ミッシェル・ブーレ（中平信也訳）（2009）『アフリカを食い荒らす中国』河出書房新社。（Serge Michel et Michel Beuret (2008), *La Chinafrique*, Grasset & Fasquelle.）
・AidData (2021), *Banking on the Belt and Road Insights from a new global dataset of 13427 Chinese development projects*, A Research Lab at William & Mary.
・Brautigam, Deborah (2009), *The Dragon's Gift: The Real Story of China in Africa*, Oxford University Press.
・Chhabra, Tarun, Rush Doshi, Ryan Hass, Emilie Kimball (eds.) (2021), *Global China: Assessing China's Growing Role in the World*, Brookings Institution Press.
・Gallagher, Kevin P. et al. (2023), *The BRI at Ten: Maximizing the Benefits and Minimizing the Risks of China's Belt and Road Initiative*, Boston University-Global Development Policy Center.
・Global Development Center (2023), *The BRI at Ten: Maximizing the Benefits and Minimizing the Risks of China's Belt Road Initiative*, Boston University.
・Hurley, John, Scott Morris, Gailyn Portelance (2018), *Examining the Debt Implications of the Belt and Road Initiative from a Policy Perspective*, CGD Policy paper 121.
・Lin, Justin Yifu (2012), *New structural economics: A framework for rethinking development and policy*, World Bank.
・Parker, Sam, Gabrielle Chefitz (2018), *Debtbook Diplomacy: China's Strategic Leveraging of its New-found Economic Influence and the Consequences for U.S. Foreign Policy*, Harvard Kennedy School.
・Vines, Alex, and Creon Butler, Yu Jie (2022), The response to debt distress in Africa and the role of China, *Research Paper*, Royal Institute of International Affairs (Chatham House, U.K).

第**7**章　グローバル市民社会と国際規範形成

◆キーワード◆

NGO、市民社会、規範カスケード、債務帳消し運動、グローバル・タックス、革新的資金調達メカニズム、航空券連帯税、通貨取引税

1　NGOと市民社会

　国際社会は多様なアクター（主体）から構成されているが、開発途上国援助のあり方を議論する切り口として、これまでの章では、国家や政府が大きな役割を果たすことを前提に、国家間の協調の枠組みやルール形成、国家を超える国際組織・地域組織や国際的枠組みに焦点をあててきた。しかし、開発援助や国際支援の具体的な担い手として、また、その政策形成に影響を与える主体として、国家や政府ではなく、NGO（非政府組織）が果たす役割は近年ますます拡大しつつある。また、国家の枠組みに対峙する概念として「市民社会」の意義と役割がますます強調され、実際、NGOや市民社会が国家や国境を超えて連携しながらネットワークを形成し、開発政策や具体的な支援のあり方を左右する事例も少なくない。

　以下では、国際協力のレジームにおけるNGOや市民社会の役割と意義を、具体的な事例を含めながら検討することにしたい。

(1)　開発とNGO

　NGOは「非政府組織」と訳されるが、国連によるNGOの定義はかなり広く、「経済社会理事会と協力関係をもつ国際民間団体」を指すが、より一般的には「民間開発協力団体」を意味し、市民による海外協力団体を指すことが多

194

い[1]。

　NGO のうち、開発事業への住民参加の担い手として、貧困層の利益を促進したり環境を守ったり基本的サービスを提供したりする民間組織は、「コミュニティ組織」と呼ばれることもある。その一方で、自国の経済社会開発に関して政府や企業の活動を監視・批判し、必要に応じて異議申立てを行ったり、あるいは地方自治や開発事業実施の機会を利用して行政の意思決定や遂行に参加する団体・組織を、「市民社会組織（CSO）」と呼ぶことも近年多くなっている。

　他方、関連用語として NPO（非営利団体）があるが、NPO は「利潤をあげることを目的としない公益的活動を行う民間の法人組織」と定義されており、国内での活動のみを行う団体や開発以外の公益活動を行う団体も含むより広い概念である。日本では NPO 法の適用を受ける団体という意味でより厳密に範囲を確定しうる[2]。

　NGO の支援活動は、その決定や実施にあたって途上国政府の行政・官僚組織を介さなくてもよいので機動的で柔軟な対応が可能であり、相手国住民に直接支援を届けたり現地事情に応じたきめ細かい活動をすることも可能である。その一方、多くの NGO は会費や寄付などを元手に活動しており、参加・貢献意識は高いがその資金規模は必ずしも大きくはなく、個々の支援事業のインパクトも限定的であることが多い。

　しかし、NGO が途上国開発において果たす役割は、世界の ODA 資金の約 1 割を構成していることからもわかるように小さいものではない。NGO の中には、Oxfam、CARE、World Vision など、開発専門家を多数有し比較的豊富な資金で多くの具体的な支援事業を行っている開発援助団体や、ビル＆メリンダ・ゲイツ財団やロックフェラー財団、フォード財団のように、貧困削減や社会貢献事業に多額の資金を提供している団体もある。こうした NGO が果たす役割はきわめて大きく、政府による ODA 活動以上の影響力を相手国政府に対

---

1)　NGO に関する文献は数多いが、次がよくまとまっている。重田康博（2005）『NGO の発展の軌跡―国際協力 NGO の発展とその専門性』明石書店。重田康博（2017）『激動するグローバル市民社会―「慈善」から「公正」への発展と展開』明石書店。
2)　「特定非営利活動促進法」が、特定非営利活動を行う団体に法人格を付与すること等により、ボランティア活動をはじめとする市民の自由な社会貢献活動としての特定非営利活動の健全な発展を促進することを目的として、1998 年 12 月に施行された。また、2011 年 6 月に、NPO 法人の財政基盤強化につながる措置等を中心とした大幅な法改正が行われた（2012 年 4 月施行）。

して行使する場合も少なくない。

　また今日、国際機関や日本の援助当局にとって、こうしたNGOとの連携を強めることがODA実施にあたっても重視されるようになってきている。日本でも、例えば、2000年にジャパン・プラットフォーム（JPF）と称する外務省とNGOの連携の枠組みが設立され、その後、海外の紛争や自然災害などの際に、より迅速かつ効果的な国際緊急援助を行うためのNGOとの協力の枠組みとして積極的に活用されている[3]。

(2) 「市民社会」論と国際協力

　「市民社会」という概念は、いくつかの異なる使われ方をされているとみることもできる。第一は、イデオロギーや規範としての「市民社会」であり、政治思想、社会思想、政治理論では引き続きこうしたこうしたとらえ方をしている。第二は、分析概念としての「市民社会」であり、比較政治や国際政治では、開発途上国地域を含めた各国の政治社会制度を分析する際の共通のある種の民主的な社会モデルとして使われている[4]。第三は、政府以外の（NGOを含めた）様々な社会集団の総体を意味するものとしての「市民社会」であり、国際機関や援助ドナーが実務の世界で使っているのはこうした使い方である。

　「市民社会」という概念は、そもそもは、中世以来の封建社会の解体、近代的な資本主義的経済の発展、特にイギリスやフランスにおける政治革命の達成といった過程を通じて台頭してきた概念である。すなわち、歴史的には、都市を基盤とする第三身分あるいはブルジョアジー（この言葉自体が語源的に「都市民」のことである）が構成する社会、あるいは彼らの社会的要求や生活原理・イデオロギーを指していた。そこでは、独立・自由な人格と私的所有権の確立、法のもとの平等、自由な経済活動、議会を通じた政治権力への参加といった性格をもつ社会が想定されており、これが欧米的な「市民社会」の原イメージといえよう。

　こうした「市民社会」を基盤とする近代社会のあり方を論じた古典的な業績が、例えば、ジョン・ロックやヘーゲル等の古典的な「市民社会論」であり、

---

3)　ジャパン・プラットフォームの歴史と活動については次が詳しい。大西健丞（2006）『NGO、常在戦場』徳間書店。

4)　アジアにおける市民社会を論じた代表的な文献として次がある。岩崎育夫（2001）『アジア政治を見る眼—開発独裁から市民社会へ』中公新書。

これらは今日の欧米をモデルとした市民社会論の先駆であるといえる。

　「市民社会」論と並行して議論されてきたのが「国家」論である。マックス・ウェーバーは、国家を「ある一定の領域の内部で正統な物理的暴力行使の独占を（実効的に）要求する人間の共同体」ととらえた[5]。その一方で、国家を「人間が何らかの目的を達成するために契約によって設立した人工的組織である」と考える見方があり、こうした議論の代表がトマス・ホッブスやロック、ルソーらが主張する「社会契約説」である。ホッブスが「万人の万人に対する闘争」の状況に置かれる「自然状態」から脱するために自らの自由意志に基づいて「主権的権力」を樹立したと考えるのに対し[6]、ジョン・ロックやジャン・ジャック・ルソーはむしろ、各人のもつ権利を政府に信託する形での自由主義的な政府の設立を議論した[7]。そこでの政府と市民社会の関係は、今日の政治学で「本人―代理人（プリンシパル―エージェント）関係」ととらえる見方の原型ともいえる。こうした社会契約説的な国家と市民社会のとらえ方は、20世紀後半以降（第二次世界大戦終了後の）今日の国家や市民社会の役割に関する代表的で主流の見方を形成しているということができよう。

　もっとも、こうした「市民社会」の概念は、第二次世界大戦後の政治学で民主的社会について論じる際の基本的概念であったが、主として先進国の民主的政治制度を議論する際に使われ、途上国社会についての分析概念としては必ずしも一般的ではなかった。こうした「市民社会」の概念が途上国の政治社会に関して、国際援助機関・二国間ドナー・NGOなど国際開発コミュニティにおいて多用される言葉となるのは、主として冷戦後の1990年代以降のことであるといってよい。冷戦の終わりとほぼ同時並行で世界的に民主化が進展していく中で、欧米型の自由民主主義において歴史的に形成されてきた「市民社会」が肯定的に評価され、政策的にも「市民社会」の育成を是として途上国支援と民主化の促進を直結させる考え方が世界的に浸透していった。

　また、国際援助機関や二国間ドナーの「市民社会」重視という政策方針のもとで増大した資金が、NGOを通じて途上国に向けられるようになった結果、多くのNGOが援助資金を受け入れる受け皿としての役割を果たすようになっ

5）　マックス・ウェーバー（脇圭平訳）（1980）『職業としての政治』岩波文庫。
6）　トマス・ホッブス（水田洋訳）（1982 – 85）『リヴァイアサン（1 – 4）』岩波文庫。
7）　ジャン・ジャック・ルソー（桑原武夫訳）（1954）『社会契約論』岩波文庫。ジョン・ロック（田中成明訳）（1968）『市民政府論』岩波文庫。

たという側面もある。そうした中で、開発における NGO や市民運動の役割を
重視する議論が広められてきた。例えば、ヘルドは、途上国でも国内開発の堅
実な政策のためには、労働組合、市民グループ、NGO や幅広い市民団体の発
展が不可欠であると議論した[8]。また、エドワーズはその著『市民社会とは何
か』の中で、「市民社会」の思想的歴史を記述する一方で、具体的事例とし
て、南アジア・アフリカ・中南米の NGO を取り上げた（エドワーズ、2008）。
近年はこれらを、CSO（市民社会組織）と呼称することも多く、世界銀行はそ
のような呼称を用いている代表的な国際機関である。

　実際、1990 年代以降、「市民社会」育成支援は開発援助政策の国際的潮流の
一つとなっているといっても過言ではない。DAC や UNDP も開発政策のガイ
ドラインとして、参加、反汚職、民主化・人権等と並んで「市民社会」の育成
を謳うようになっている。こうして、「市民社会」は、途上国を含めた普遍的
な民主的社会のあり方のモデルとしてとらえられるようになった。1990 年代
以降、特にアフリカの多くの国において民主化に取り組まれているのは、これ
らの国々が欧米からの援助に依存している中で、欧米ドナーの要求する民主化
や市民社会の育成を政府エリートが部分的に取り入れたためであるとも考えら
れる。ただし、こうした市民社会を強調する議論は、世界銀行や欧米ドナーの
イデオロギー政策によるものであるとして批判する議論も少なくない[9]。

(3)　グローバル市民社会論

　さらに近年は「グローバル市民社会」の成立を議論するものも登場してい
る。マイケル・ウォルツァーは、グローバルな市場経済に対抗して、NGO や
NPO の国際のネットワークに期待する地球市民的な概念としての「市民社会」
を提唱した[10]。グローバル市民社会についての最も有名な論客の一人であるメ
アリー・カルドーは、1989 年前後の東欧で生じた革命を契機に、「国家領域に
基礎を置く垂直的な市民社会形態に代わって、水平的で国境横断的な、市民的

8)　ヘルド（猪口孝訳）（2007）『論争グローバリゼーション—新自由主義対社会民主主義』岩波
書店。（D. Held "Globalization: The Danger and Answers," in D. Held, et al.(eds.) (2005), *Debating Globalization*, Polity Press.）

9)　例えば、土佐弘之（2006）『アナーキカル・ガヴァナンス—批判的国際関係論の新展開』御
茶の水書房。

10)　マイケル・ウォルツァー編（石田淳ほか訳）（2001）『グローバルな市民社会に向かって』日
本経済評論社。（M. Waltzer (1995), *Toward A Global Civil Society*, Berghahn Books.）

表7-1 「市民社会」の様々なとらえ方

社会類型	領域的拘束	グローバルな特徴	支援・関与主体（例）
市民社会	法の支配・市民性	コスモポリタン的秩序	国連人権規約等
ブルジョワ社会	国家―家族間に存在する組織化された社会生活	経済・社会・文化的なグローバリゼーション	世銀等の新古典派的開発支援
市民活動家	社会運動・市民活動家	グローバル化した公共空間	人権団体、反地雷キャンペーン、債務帳消し運動、等
ネオリベラル	慈善事業、ボランティア団体、第三セクター	民主主義構築の民営化、人道主義	米・豪の民主化支援、NGO支援
ポストモダン	上に加えて、民族主義者・原理主義者	異議申立てのグローバルなネットワーク	アルカイダのネットワーク、等

（出所） M. カルドー（2007）の五分類（16頁）をもとに右端を筆者が追加。

及び非市民的なネットワークの両方を含むグローバルなネットワークの台頭を目の当たりにしている」と説明している。そして、一般に使用される五つの異なった「市民社会」概念が、グローバルな文脈で何を示唆するのかについて整理した（カルドー、2007）。そうした様々な市民社会概念とグローバルな意味合いを整理したのが表7-1である。

　開発援助で、国際機関や欧米を中心とする主要ドナーが主として想定する「市民社会」は、上記の分類でいえば「ブルジョワ社会」と「ネオリベラル」であろう。「ブルジョワ社会」は欧米で歴史的に形成されてきた市民社会モデルであり、資本主義的な経済社会システムの世界的な広まり（すなわち、いわゆる経済のグローバル化）を推進する立場である。「ネオリベラル」は、より狭義の市民社会育成支援や民主化支援を重視する考えであり、米国などのNGOを通じた支援に代表されるものといえる。

　カルドー自身は、これらすべてを含んだ「グローバルな社会運動、国際NGOs、トランスナショナルな政策提案ネットワーク、市民社会組織、グローバル公共政策ネットワーク」全般をグローバル市民社会ととらえている。

2　国境を越えた規範形成

(1)　市民ネットワークの役割

　実際、NGOや市民ネットワークは開発分野においてもその役割を拡大してきている。

　例えば、地球環境に関連する分野での NGO の活動は著しい。環境問題は典型的な「国際公共財」の議論が適用できる分野であり、また国際的関心も高く、日本の貢献をアピールしやすいこともあって、日本政府も近年、地球環境問題でイニシアティブをとることに熱心である。1997 年 12 月に京都で地球温暖化防止会議（国連気候変動枠組条約締約国第 3 回会議：COP3）を主催し、温室効果ガス（二酸化炭素、メタン、亜酸化窒素、代替フロン等）の総排出量を世界全体で規制する「京都議定書」の取りまとめにあたった。京都議定書とは、1997 年の京都会議で採択された気候変動に関する国連枠組条約京都議定書のことで、先進国の温室効果ガスの排出量を、2008 年から 2012 年までに 90 年の水準の原則 5％削減することを義務づけたものである。

　ただし、気候変動枠組条約は、米国の不参加や中国・インドなど開発途上地域で多量の CO_2 等を排出している国が先進国にも開発途上国にも共通の規制を設定しようとする動きに反対するなど、依然として交渉途上である。多くの先進国は、気候変動に対して「すべての国が責任を負う」ことを主張し、その基本的な認識を共有する「パリ宣言」が 2015 年 12 月に採択されたが、多くの開発途上国は「共通だが差異のある責任（Common But Differentiated Responsibility: CBDR）の原則」を主張し、この考え方は 2015 年 9 月に成立した SDGs の中にも挿入されている。

　一方で、国連気候変動枠組条約締約国会議（COP）や SDGs 策定のための会議などで注目すべきことは、NGO（非政府組織）が果たした役割と影響力である。これら会議の過程においては、国際 NGO が国際世論の形成のみならず、情報の収集・普及および具体的な政策の内容づくりにおいても少なからぬ影響力を発揮した[11]。

(2)　フェアトレード運動

　また、途上国支援の分野で、市民活動家によるグローバルなネットワークやその活動も、近年、その存在感と影響力を増している。そのような市民社会に

---

[11]　1997 年の地球温暖化防止京都会議と後述する対人地雷禁止条約の交渉過程は類似しており、その背景と構造の共通性について、短い研究ノートではあるが次にまとめた。稲田十一（1998）「グローバル・イシューズをめぐる日本の政策決定―97 年の地球温暖化防止会議・対人地雷禁止条約交渉の事例」『八千代国際大学（秀明大学）国際研究センターOccasional Paper』No.5、3 月。

よる国際的な規範形成の取組みの一つとして、「フェアトレード」運動につい
て言及しておこう。

　「フェアトレード」は直訳すれば「公正な貿易」であるが、ここで取り上げ
るのは貿易論・国際経済理論でいう「公正な貿易」ではなく、主としてNGO
などが主導してきた「公正かつオルタナティブな貿易」という意味でのフェア
トレードであり、途上国の零細な生産者や労働者が人間らしい生活を送れるよ
う、NGOなどが公正な対価を約束し、従来とは違う公正かつオルタナティブ
な貿易を実現しようとするものである。

　2001年に四つの国際的なフェアトレード連合体が協議の上、以下のような
共通の定義を打ち出した。すなわち、「フェアトレードとは、より公正な国際
貿易の実現を目指す、対話・透明性・敬意の精神に根ざした貿易パートナー
シップのこと。フェアトレードは、とりわけ南の疎外された生産者や労働者の
人々の権利を保障し、彼らにより良い交易条件を提供することによって、持続
的な発展に寄与するもの」である[12]。

　フェアトレードは世界中の発展途上国で多くの団体によって行われており、
先進国のNGOと連携ないし支援を受けながら実施している場合も少なくな
い。有名なのはコーヒーのフェアトレードである。コーヒーの現地での買い上
げ価格は仲介業者によって安く買いたたかれる傾向がある上、国際価格が不安
定であり、生産農民は「搾取」されることが少なくないため、生産者から適切
な価格で直接買い上げて農民の生活改善に貢献しようとするものである。コー
ヒーのほか茶やココア（チョコレート）などの農産品のほか、手工芸品や織物
などを対象とする場合もある。コーヒー・フェアトレードについてまとめた代
表的な文献として、箕輪在弘が取り上げたラオスの事例や[13]、辻村英之が長年
取り組んできたタンザニア・ルカニ村の事例などがある[14]。

　また、途上国の開発資金調達のため主として先進国の比較的余裕のある大企
業や消費者の賛同を得ながら資金を集める仕組みを創っている事例も少なくな
い。例えば、こうした市民ネットワークの取組みの例として、Product RED

12) 渡辺龍也（2010）『フェアトレード学―私たちが創る新経済秩序』新評論、3頁。
13) 箕輪在弘（2014）『フェアトレードの人類学―ラオス南部ボーラヴェーン高原におけるコー
　　ヒー栽培農村の生活と協同組合』めこん。
14) 辻村英之（2009）『おいしいコーヒーの経済学―「キリマンジャロの」苦い現実』太田出版。

について紹介しておこう[15]。

　これはアフリカ支援のための資金調達を目的とした比較的単純なプログラムである。まず、賛助企業が Product RED の製品を生産・販売するために必要な使用許可権を、仲介する市民団体である RED から買う。Product RED の製品を消費者が購入し、その収益の一部をグローバル・ファンド（「世界エイズ・結核・マラリア対策」）に直接送る。Product RED はある種のビジネスモデルであると同時に、世界でも有名なブランド企業とチームを組むことで一般の消費者の意識啓蒙を行うことを目的としている。Product RED は、ロック歌手で開発分野での活動家でもあるボノが 2006 年にアフリカの人々の生活環境改善を図るプラットフォームとして着想したものであったが、これは一つの代表的な例にすぎない。このような方法で開発に係る資金を集めようとする取組みは、そのほかにも世界中で様々に存在する。

(3)　グローバル・タックスの議論

　近年、国家の枠を越えたルールーづくりを目指す動きの一つとして「グローバル・タックス」の議論がある。主に研究者や NGO などによって唱えられてきた概念で、国際公共財の創出または地球規模課題のための資金調達に向けた各国共通のシステムづくりを目指す議論である。

　「グローバル・タックス」の定義としては、上村は、「グローバルなモノや活動にグローバルに課税し、グローバルな活動の負の影響を抑制しつつ、税収をグローバルな課題の解決のために再分配する税の仕組み」と定義し（上村、2009）、また諸富は「自国の課税権の範囲で自己完結しない税で、新しい国際共通ルールをつくって、その下で各国が協力しつつ実施していくタイプの税金」と定義している[16]。

　上村はグローバル・タックスのより具体的な態様として、次のように説明している。「グローバル・タックスとは、大きく捉えれば、グローバル化した地球社会を一つの『国』とみなし、地球規模で新たな税制を制度化すること。具体的には以下の三本柱から構成される。①主としてタックス・ヘイブン対策で、世界の税務当局が、課税に関する口座や金融情報を共有すること、②国境

---

15)　How (Red) Works, https://www.red.org/products/
16)　諸富徹（2020）『グローバル・タックス―国境を超える課税権力』岩波新書。

を超えた革新的な課税を実施すること、③課税・徴税・分配のための新たなガヴァナンス（統治）を創造し、より透明で、民主的で、説明責任を果たすグローバル・ガヴァナンス構築に向けた改革に連動させることである。」

本章（テーマ研究Ⅰ・Ⅱ）では、上記のうち、開発のアジェンダに最も関連する事例として、②の具体的な事例である「革新的資金調達メカニズム」について取り上げる。

3　カスケード型影響力波及のメカニズム

(1)　トランスナショナル主体による国際的規範形成過程

開発以外のグローバルな課題にも目を向けると、市民運動やNGOから発した運動が、国境を越えて連携し各国政府を動かし、新しい国際的規範形成に成功した事例も少なくない。

有名な取組みの例として、国際NGO「対人地雷禁止キャンペーン」を中心に世界にその活動が広まっていった対人地雷禁止条約（オタワ・プロセス）の事例や、同様なプロセスを経て成立したクラスター爆弾禁止条約（オスロ・プロセス）の事例がある。いずれも、NGOの活動からその実現に至った政治過程を分析した業績が存在する[17]。

こうした近年の国際状況を踏まえて、国際的規範の形成過程をトランスナショナル主体の行動と結びつけてモデル化しようとする努力もなされてきた。シキンクとフィンモアは、国際規範の発生・発展・確立段階を区別した上で、「規範カスケード」という概念を導入して、特有のメカニズムがあることを主張した[18]。表7-2はこうした「規範カスケード」が発生するメカニズムを整理した表である。

「発生」の段階とは、新しい規範が社会に提示される過程を指す。こうした

17)　対人地雷禁止条約については、西谷真規子（2008）「グローバル規範形成のトランスナショナル」大賀哲・杉田米行編『国際社会の意義と限界―理論・思想・歴史』国際書院。足立研幾（2004）『オタワプロセス―対人地雷禁止レジームの形成』有信堂、等。クラスター爆弾条約については、福田毅（2009）「オスロ・プロセスの意義と限界―クラスター爆弾条約とダブリン会議の分析」『レファレンス』2月号。目加田説子（2009）『行動する市民が世界を変えた―クラスター爆弾禁止運動とグローバルNGOパワー』毎日新聞社、等。

18)　Finnemore, Martha & Kathryn Sikkink (1998), "International Norm Dynamics and Political Change," *International Organization*, 52-4, Autumn, pp.887-917.

規範の中には国際ルールや国際
的枠組みの形で制度化されるも
のがあり、それが「内面化」さ
れると、その規範は社会の中で
当然のものとして広く受容され
浸透する。規範の発生から内面
化までの間に起こるのが「規範
カスケード」であり、その規範
の賛同者が漸増し一定数の賛同
者が得られると、ある時点で転
換点（「閾値」）を迎え加速度的
に賛同者が増加して社会の主体
の大半を占めるまでに至る、と
いうメカニズムである[19]。

表 7-2　「規範ダイナミズム」

段階	構成要素
第 1 段階：発生 　アクター 　動機 　主要メカニズム	規範推進者／組織的基盤 真理・共感・理想 説得
転換点	参加国の 1／3 の賛同 「決定的国家」の賛同
第 2 段階：発展 　アクター 　動機 　主要メカニズム	国家・国際機関・ネットワーク 正当性・賞賛・評価 社会化・制度化・展開
第 3 段階：確立 　アクター 　動機 　主要メカニズム	法・専門家・官僚 順応 慣習・制度化

出所）　Finnemore and Sikkink（1998）p.898.

　「階段状の滝」を意味するカスケードという言葉は、国際規範のドラスティックで急激な変化を指して名づけられたものである。すなわち、何らかの社会的行為に参加するプレーヤーの数が一定数に達すると、他のプレーヤーもそれに参加すべきであるとの圧力に晒され、ある時点を境に加速度的に参加プレーヤーが増えるという現象を指す。

　他方、関連した概念として「バンドワゴン」という概念があり、これは機会主義的に優位な勢力に付和雷同する（勝ち馬にのる）行動を指す。規範的信念に基づいて行動するのではなく、国際的に有利な政治的立場を獲得するためや評判を保つために機会主義的に行動する主体（機会主義者）と、規範の意義の理解と立場の確定に時間がかかったために遅れて賛同する主体（真性の支持者）とは区別するべきだとの見解もある。

(2)　債務帳消し運動の事例

　開発分野でのカスケード型の規範形成の最も典型的な事例は、2000 年に実

---

19)　「規範カスケード」のメカニズムは西谷によってきわめて詳細に理論的に整理されている。西谷真規子「規範カスケードにおける評判政治（上）（下）」『国際協力論集』（神戸大学）Vol. 12、No. 3（2005 年 3 月）、および Vol. 16、No. 2（2008 年 11 月）。

現することになった HIPCs（重債務貧困国）の債務帳消し運動であろう。これは、「ジュビリー2000」という国際 NGO が「規範起業家」の役割を果たし、その後各国政府・国際機関を動かし、1999年6月のケルン・サミットにおいて、先進諸国により重債務貧困国への大規模な債権救済政策が採択された事例である。そこに至る政治過程をみると、NGO を中心的アクターとする国際的なネットワークの形成とカスケード型規範形成の典型的なプロセスが示されている。以下で、債務帳消し運動の事例をもう少し詳しくみていくことにしよう。

1982年以降、中南米の債務問題が関心を集めたが、すでにその頃から世界の最貧国の債務の重さが指摘され、先進国の政策担当者の間ではそれらの債務が事実上返済不能なほどの額に達していること、また債務が経済発展の足かせとなっていることが指摘され始めた。1988年のトロント・サミットにおいて33％の債権救済が打ち出されたが、ほどなくそれでは不十分だということが明らかになり、1991年のロンドン・サミットで50％、1994年のナポリ・サミットでは66％にまで引き上げられた。そして、G7諸国の債務救済策に IMF と世界銀行が加わり、初の包括的救済策としてまとめられたのが1996年の「HIPCs イニシアティブ」であり、そこでは債権の80％が救済の対象となった。

こうした債務国側の論理は、重債務貧困国（HIPC）や他の途上国に加えて、先進国・途上国の双方の NGO からも主張された。特に NGO は債務帳消しを求めるキャンペーンを行い、それは1996年には「2000年に先進国はすべての債権を放棄せよ」との「ジュビリー2000」運動となり、G7を中心とする先進国への政治的働きかけを行っていった。

もともとは、イギリスのキリスト教系 NGO を中心に始まったこの運動には宗教団体のみならず国際医師連盟や開発 NGO など多様な NGO が参加し、その事務局をロンドンに置き、各国に国内ジュビリーを結成した。こうした運動の矛先はまずイギリスの（当時与党であった）労働党政権に向かい、ほどなくしてイギリス政府は、主要先進国の中では最初に債務帳消しを政府の公式の政策として採用した。労働党政権は1997年の選挙での大勝により政権に就いたが、当初より途上国開発に熱心であり、その背景として、社会民主主義政党としての弱者重視の政策に加えて、旧植民地諸国からの移民の多い地域が労働党政権の選挙基盤であったことが指摘されている。また、イギリスの国内ジュビ

リーが広範な団体を包含するにつれて、大きな票田としてのこうした団体の主張を取り入れることに意義を見いだしたとの説明もある。

　また、1998年に主要国サミット（G7／8）がイギリスのバーミンガムで開催されたことから、イギリスに続いて、ほどなくイタリアやカナダ、アメリカなどの政府がジュビリー2000の債務帳消しの主張に賛同していった。1998年のサミットでは消極的であったフランスもその後、賛成に回り、1999年初頭の時点で、主要先進国（G7）の中で債務帳消しに否定的な姿勢を継続していたのは、途上国への債権を最も多く抱える日本とドイツのみとなった。

　この運動が一つのピークを迎えたのが1999年のケルン・サミットであり、G7によって大幅な債務の削減策が提示された（非ODA債権の90％、ODA債権については100％を放棄し総額約1,000億ドルの途上国債務を帳消しにするという「ケルン債務イニシアティブ」）。この頃にはほとんどの先進国が債務救済策へ積極的な姿勢に転換した。

　東西ドイツ統一後の財政赤字を背景に、ドイツは長らく途上国債務救済に消極的であったが、社会民主党が政権に就くと、シュレーダー首相（当時）は開催国となったケルン・サミットでは積極策へと転換した。ドイツが主要国サミットのホスト国になったことがこの政策転換に大きな影響を与えたと考えられるが、社会民主党が途上国の債務削減に積極的であったという側面もある。また、他の国に追随する形で日本もケルンでの債務救済の枠組みに加わった。

　ケルンでの合意を受けて、債務免除の対象国を一定の基準を設けて拡大すること、二国間の非ODA債権についても90％減免から100％削減に拡大すること、等の合意が国際的に急速に進展した。日本は2000年の九州・沖縄サミットで最終的に同意するが、日本の同意は、他の主要国が債務帳消しに応じる方向に変化する中で、G7／8サミットのホスト国として、そうした国際潮流に逆らえなくなったものと考えられる。実際、日本は長年、円借款を中心に途上国支援をしてきたことから、主要先進国の中で最大の途上国への債権を有する国であり、財務省は最後まで抵抗したが、最終的には抗しがたい国際潮流の中での政治的決断となった。

　上述のように、債務帳消し運動をめぐる「規範カスケード」の「閾値」は、1998年から2000年にかけての時期であったと考えられる。主要国の間でも利害はそれぞれに異なり、日本が最後まで消極的であったのにはそれなりの理由

がある。しかし、上記の「規範カスケード」の議論では、日本の行動は「バンドワゴン」行為であるととらえることができ、国際規範の「真性の支持者」ではなく「機会主義者」という解釈になる。

なお、ケルン債務イニシアティブは「拡大 HIPCs イニシアティブ」(HIPCs-2) とも呼ばれ、債務帳消しと同時に、帳消しとなった債務が有効に使われることを保証するため、債務帳消しのための条件が付け加えられることになったのもこの HIPCs-2 の大きな特徴である。すなわち、様々な議論の末、その債務帳消しの条件として、途上国政府が貧困削減を進める具体的道筋を記載した PRSP を作成し、債務救済を受けてどのような貧困削減政策を進めていくかを明らかし、世界銀行と IMF の合同審査と理事会の承認を得なくてはならないという仕組みをつくった [20]。規範が成立したあとの「確立」の段階では、専門家や官僚により、より実務的な制度化が行われるとの「規範カスケード」の理論と整合する動きと解釈できよう。

(3) 「革新的資金調達メカニズム」をめぐる国際的議論

開発援助の分野における国際的規範形成の近年の新しい例として考えられるのが、急速に議論が進んだ「革新的資金調達メカニズム（Innovative Financing Mechanism: IFM）」の議論である。近年は「革新的資金創出メカニズム」と呼称されることが多い。この事例は、国際的規範形成と新たな開発政策の方向づくりにおける「グローバル市民社会」の役割を考える上でも興味深い事例であるので、以下で詳細に検討してみることにしたい。

革新的資金調達メカニズム問題が登場したのは 2002 年 3 月に開かれた国連「開発資金に関する国際会議」（モンテレー会議）からといってよい。そこでは、2015 年までの MDGs（ミレニアム開発目標）達成のために必要な開発資金をいかに調達するかが議論され、先進各国が GNI の 0.7％の ODA を拠出するという目標達成の重要性とともに、革新的なメカニズムを通じて開発のための追加的資金を調達することの必要性が議論された。その後も、MDGs 達成のための開発資金として、当面 ODA だけでは十分ではないという認識から、それを補完する資金調達方法として革新的資金調達メカニズムが脚光を浴びている。

20) IDA and IMF (2002), "Review of the Poverty Reduction Strategy Paper (PRSP) Approach: Early Experience with Interim PRSPs and Full PRSPs," March. 等。

表7-3　革新的資金調達メカニズムに関する議論の概要

	概　要	主要推進国、参加国	実現度
航空券国際連帯税	航空券に課税するもので、その資金は途上国の医薬品購入に使われる	フランスが主導し2006年に初めて実現、ブラジル、チリ、ニジェール、韓国など11カ国が続いて実施	11カ国が導入を決定し、国際医薬品購入ファシリティはUNITAIDを運営主体としてすでに実現
国際金融ファシリティ	将来のODA予算を先行投資して、途上国での予防接種のための資金に重点配分するもの	英国が主導し、フランス・スペインなど合計5カ国が賛同し、2006年に開始	英国が中心となり、GAVI（予防接種とワクチンのための世界同盟）を運営主体としてすでに実現
通貨取引税	グローバルな通貨取引に課税するもの。伝統的なトービン税から、近年の通貨取引開発税（CTDL）まで、いくつかの議論がある	フランス、ベルギーなど欧州諸国で議論、欧州のいくつかのNGOが熱心に推進	形を変えて金融取引税として、ドイツ、フランス、ベルギーなどユーロ圏の11の国で導入が予定されたが実現に至らず

（注）筆者作成。

　「革新的資金調達メカニズム」とは何かについて国際社会で厳密な定義がなされているわけではないが、こうした議論に熱心な主要国とNGOで構成される「開発資金のための連帯税に関するリーディング・グループ（Leading Group on Solidarity Levies to Fund Development)[21]」やOECD／DACでなされている議論に基づくと、次のようなことが共通項である。すなわち、伝統的な既存の開発のための資金であるODAに対して、それだけでは開発資金が不足するために、それ以外の「他の革新的な新しい方法で」「開発のための」「追加的な安定した予測可能な」資金を「国際的協調の枠組みの中で」調達しようするものを「革新的資金調達メカニズム」と称して議論しているということができる。

　2003年以来、こうした革新的資金調達メカニズムの議論や具体化の試みが急速に進展し、今日ではすでに実現されているもの（航空券連帯税や国際金融ファシリティ等）も登場している一方で、今後の導入に向けて議論が進められているもの（通貨取引税等）も少なくない。その意味で、「革新的資金調達メカニズム」には、様々な種類のものがあり、いくつかの異なるカテゴリーに分類しておくことが有用である。

　すでに具体化されたものとして、2006年7月からフランスが導入した航空

---

21)　2006年2月末に、フランス政府が主導して開催された「国際連帯税に関する国際会議」で設立された、国際連帯税に関心をもつ国・国際機関等をメンバーとする政策協議グループ。半年ごとに議長国が交代するシステムがとられている。http://www.leadinggroup.org/rubrique20.html

券連帯税がある。これは航空券に課税するもので、その資金は UNITAID を運営主体として途上国の医薬品購入のための資金に使われる。フランスが主導して 2006 年にはじめて実現し、チリ、ニジェール、韓国など 11 カ国が続いて導入を決定した（2010 年 6 月末時点）[22]。

　次いで、すでに開始された IFM として、英国が主唱して創設された国際金融ファシリティ（International Financial Facility: IFF）がある。これは資金の使途として、主要疾病の予防接種に使われているため、IFFIm（予防接種のための国際金融ファシリティ）と呼ばれており、将来の ODA 予算を先行投資して、途上国での予防接種のための資金に重点配分するものである。2006 年に英国が主導し開始され、フランス・スペインなどが賛同している。GAVI（予防接種とワクチンのための世界同盟）を運営主体として実施されている。

　また、革新的資金メカニズムの例として古くからある構想に、通貨取引税がある。通貨取引税とは、もともとは 1972 年に提唱されたトービン税がその原型である[23]。その後多くの研究が行われ、フランスのランドー報告書で開発資金調達の一つの方策として通貨取引開発税（Currency Transaction Development Levy: CTDL）が取り上げられ、フランス、ベルギーではこうした通貨取引の対する課税が議会で承認されたが、いずれも欧州連合全体がこれに合意することがその前提とされており、その時点では実現はしていない。その後、2012 年にはいって、ユーロ危機の最中で、形を変えて金融取引税（Financial Transaction Tax: FTT）としてその実現が合意され、2014 年に導入が予定されたが、具体化は必ずしも進んでいない（後述する「テーマ研究 II」参照）。

　開発のための革新的資金調達メカニズムの議論を主導したのは、主としてフランスや英国などの欧州諸国である。特にフランスは国際連帯税の導入に熱心であり、その背景として、アフリカを中心とする途上国の開発に歴史的に関心を有していることに加え、米国主導の自由主義的な国際経済の枠組みに対抗して、より社会的な公正と富の再分配を意識した国際開発支援の枠組みづくりを目指す、すなわちグローバル化した国際経済をより効果的に規制するという政治的な理念も強く影響していると考えられる。

---

22) フランスのほか、韓国、コートジボワール、コンゴ、セネガル、チリ、ナミビア、ニジェール、フランス、ブルキナファソ、ブルンジ、マダガスカル、モーリシャス、の合計 12 カ国。

23) トービン税については例えば次を参照。ブルノ・ジュタン（2006）『トービン税入門』社会評論社。

　英国は、1997 年に労働党政権が登場して以来、途上国開発への関与を深め、その資金拡大のための「革新的」アイディアの一つとして IFF を考え出した。国内的にはブレア首相に対抗したゴードン・ブラウンの政治的イニシアティブが大きく、ブラウンが財務大臣であった時期に英国の IFF は財務省を中心にその企画やメカニズムづくりが行われ、他方、DFID（国際開発省）が IFFIm の実施の中核を担った。

　欧州諸国はこうした議論に共同歩調をとって参加し、特にドイツやベルギー・ノルウェーといった諸国はフランスとの協力関係が緊密である。また旧フランス植民地のいくつかの国を仲間に加え、米国主導の国際経済秩序に反発するブラジルなどの新興ドナーとの連携も強めていった。

　他方で、米国は、市場での介入を排除した自由な競争を重視する立場から、こうした国際連帯税の議論から距離を置いてきた。またオーストラリア・ニュージーランド・日本といった米国との関係の強い国々も概して慎重な姿勢をとってきた。

　米国には専門家・有識者の中で革新的資金調達メカニズムに賛同しているものもおり、とりわけ高名で影響力のあるのが J. サックスと J. スティグリッツである。サックスはその著書でも、途上国の貧しい人々の保健衛生状況の改善のためにより多くの資金を拠出することの必要性と重要性を強く訴えており、サックスの議論は、各国の航空券連帯税や IFF の導入の動きやその資金を途上国の保健衛生分野に投入する枠組みの形成に少なからぬ影響を与えたように見受けられる [24]。また、スティグリッツはトービン税のような国際金融取引を何らかの形で規制する仕組みの必要性について議論しており、通貨取引開発税の議論にやはり少なからぬ影響を与えている [25]。

　日本は従来、新たな国際連帯税の議論に対して必ずしも積極的な姿勢を示してきたとは言い難いが、ODA 予算の拡大が困難な状況や欧州における革新的資金調達メカニズムに関する取組みの進展を踏まえ、2008 年 2 月、「開発資金のための連帯税に関するリーディング・グループ」の活動・議論に高い関心を有する超党派の国会議員により「国際連帯税創設を求める議員達盟」が設立さ

---

[24]　ジェフリー・サックス（鈴木主税・野中邦子訳）（2006）『貧困の終焉─2025 年までに世界を変える』早川書房。(Jefrey Sacks (2005), *The end of poverty: how we can make it happen in our lifetime.*)

[25]　スティグリッツ（2006）。

れ活動を開始するに至った[26]。こうした国内外の動きを受け、2008年9月、日本政府はリーディング・グループの正式参加国となることを決定し、今後、参加国として同グループ内の議論に貢献することが期待されている。また、市民社会での取組みも高まりをみせており、2009年4月に「国際連帯税を推進する市民の会（アシスト）」が設立され、2011年には「グローバル連帯税フォーラム」を立ち上げている。

4　テーマ研究Ⅰ—「航空券連帯税」の実現

革新的資金調達メカニズムのうち、航空券連帯税は近年導入する国がある程度広まった。その国際的な拡散メカニズムを以下で考察してみよう[27]。

(1)　航空券連帯税の概要

航空券連帯税とは、より具体的には「グローバル化の恩恵を受けている飛行機の利用客（豊かな人々）に課税し、その税収をHIV／AIDS、マラリア、結核という三大感染症に苦しんでいる貧しい人々の治療向上のために創設されたUNITAIDの資金源にするという税制」のことである。

航空券連帯税は、航空券に適用される従価税（価格の変動で税額も変わる課税方式）である。「連帯税」という名称付けには二つの理由がある。一つは、政府開発援助（ODA）を補完する連帯の精神のもと課せられる特別な税であること、そして二つ目は、各国政府が単独ではなく連帯で行動することにより効果が高まる特別な税であること、である。

航空券連帯税は、2003年に発表されたランドー報告書の内容に基づき、当時フランス大統領であったシラクが2004年に初めて提案したものであった[28]。その後、研究や修正を重ね、2006年2月末開催された革新的開発資金

---

26)　国際連帯税創設を求める議員連盟(2008)『国際連帯税創設を求める議員連盟—設立趣意書』。
27)　本節は、筆者が担当・執筆した、外務省委託研究（国際開発高等教育機構受託）『革新的資金調達メカニズムに関する概要調査』（2009年3月）の一部をもとに書き直して記述したものである。
28)　2004年12月、フランス大統領府が発表した報告書で、開発のため革新的資金調達の様々な可能性とその留意点について、ピエール・ランドーを主査として総勢19名のアドバイザー・グループを組織して取りまとめたもの。その可能性の一つとして航空券連帯税について多くの議論をしているが、安定的かつ予測可能な開発資金源としての様々な可能性を検討している。

表 7-4　主要導入国の航空券連帯税の具体的な導入方法と予想収入 (2011 年時点)

国	国内・地域内のフライト (エコノミー／ビジネス／ファースト)	国際フライト (エコノミー／ビジネス／ファースト)	予想収入 (年)
チリ	0	US$ 2/2/2	US$ 5-6 M
韓国	0	Won1000/1000/1000 (約 US$1)	US$ 15 M
フランス	€ 1/10/10	€ 4/40/40	€ 160-170 M
ブルンジ	€ 1/5/5	€ 1/5/5	n.a.
象牙海岸	0	€ 3/7/14	US$ 1.5 M
ガボン	€ 0/2/2	€ 0/2/2	n.a.
マダガスカル	0	€ 1/2/2	n.a.
モーリシャス	0	€ 1/2/2	US$ 1 M
ニジェール	€ 0.76/3/3	€ 3.8/15/15	n.a.

(出所) The Leading Group on Solidarity Levies to Fund Development, *Why is there a need for an air ticket solidarity levy?*, March 2009. をもとに、他の関連資料情報 (外務省「国際開発連帯税に関する検討」2011 年 11 月) に基づき、追加修正 (ブラジル・キプロス・ヨルダンを削除、等)。

メカニズムに関するパリ会議において、「開発資金のための連帯税に関するリーディング・グループ」が発足する至った[29]。また、これは 2005 年 9 月ニューヨークの国連本部で、79 カ国が署名した「革新的開発資金源に関する宣言」の流れを汲むものであった。

　フランス政府内ではフランス外務省が革新的資金調達メカニズムについての議論を主導してきたが、財務省とは密接な協議をし、航空券連帯税の創設にあたっても外務省と財務省間のタスクフォースが設置され、その内容や制度設計にあたって共同で議論を進めた。また NGO の声も強く反映されている。典型的なのは、航空券連帯税創設にあたって発言力をもった NGO である ATTAC (市民運動のための金融取引課税連合) であり、ランドー報告書作成に関わった政府外メンバーの一人はこのメンバーであった[30]。

　国際課税は議論の多い概念であるが、「連帯」を宣言することで、各国は個別でもまたともにも行動できる。最初にフランスが 2006 年から航空券連帯税の徴収を開始したが、そのあとに続いた各国の航空券連帯税の課税の仕方は各

---

http://www.diplomatie.gouv.fr/en/IMG/pdf/LandauENG1.pdf

29)　基礎となったのは、2004 年 1 月に、ブラジルのルーラ大統領のイニシアティブによりブラジル・フランス・チリによって結成された革新的資金メカニズムに関する専門家グループ (通称ルーラ・グループ) である。

30)　ATTAC は 1998 年に設立されたフランスに本拠をもつ NGO で、国際連帯税の導入に向けた活動をしている。フランスにおける航空券連帯税の導入に影響を及ぼしたとされる。

212

国それぞれに異なっている。ちなみに、各国の航空券連帯税の具体的な導入方法と予想収入は、表7-4のようになっている。

　航空券連帯税を導入した国の数は、「リーディング・グループ」資料によれば、12カ国が実施（2010年6月時点）、導入の意図表明をした国が合計28カ国（2008年の「コナクリ宣言」）とされている。「規範カスケード」のプロセスは、想定よりはゆっくりとしたスピードではあり、その後、導入国が劇的に増えたわけではない点を考慮すると、国際社会全体の国際規範としては「閾値」を超えるには至らなかったとの解釈が可能かもしれないが、今日でも存続し一定の役割を果たしている。

(2)　実現を促進した要因

　航空券連帯税は、次にあげるいくつかの理由で、実現可能性を高める工夫がなされた[31]。すなわち、①導入手続きの柔軟性であり、先進国、新興経済国、途上国など、どんな国でも、またいつでも参加できる。また、航空券を購入する際に支払う税額は、目的地とクラスに応じて柔軟に設定することが可能である。②航空機を利用する人々は一般的に貧しくはなく、航空券連帯税として加わった少額の支払いに支障はない。③航空券連帯税は課税の方法としては導入しやすく、ほとんどの国や地域で課税のための基盤が整っている。④航空券連帯税は航空会社にとって不利な経済効果をもたらすほどの影響はない。

　他方、航空券連帯税への批判は、基本的に次の二方向から発せられてきた。すなわち、①旅行や観光へ懸念される悪影響のために異議を唱える航空会社や観光に依存する国々であり、実際、国際航空運送協会（IATA）や航空貿易連合は、各国に対し航空券連帯税を導入しないよう説得した。また、航空会社は、すでに燃料価格や環境に関わる各種税を徴収しており、乗客に対しさらなる負担をかけたくない。②国家ではない（non-sovereign）組織が納税者（例えば乗客）の同意なしに税を課すこと（すなわち忍び寄る国際課税）に、主義として反感をもつ課税反対論者もいる。結果的には、上記のような反対論者はいたが、導入に向けて本質的に乗り越えられない反対ではなかった。

　他方、フランスが航空券連帯税を導入するにあたって、円滑な導入に向け

31）　田中徹二（2007）「国際連帯税ならびにUNITAIDをめぐる動向と課題」『公共研究』3(4)、117-143頁、より。

て、政策決定から実施に至るプロセスでそれなりの工夫をしたことも見逃せない。

第一に、政治的決定から税の導入までの時間は、およそ1年とかなり短いことである。フランスの航空券連帯税導入の政治的決定は2005年夏であり、それが実現したのは2006年7月である。他国のケースをみると、韓国が航空券連帯税の導入を決定したのが2006年夏で、その具体化は2007年10月であった。

第二に、航空券連帯税導入にあたって、きわめて多くの関連主体がそこに関わったことである。フランスの場合、政府首脳（シラク大統領［当時］）の政治的決断が最も重要であるが、議論に関わった関連主体として、外務省、財務省、交通運輸省、航空会社、観光産業、（資金の配分について）保健省、議会、NGO等である。

第三に、既存の税と差別化し、新たな予測可能な持続的資金源とするために、通常の税とは異なる仕組みを考案したことである。すなわち、UNITAIDという第三者である国際機関に資金を流す形をとったこと、また、議会の承認をとり新たな法律のもとで実施する形をとった。

第四に、航空券連帯税導入にあたって、その実現を政治的に容易にするために、意図的にできるだけ単純な方法がとられた。すなわち、航空券というすでに空港税といった形で各国が何からの課税をしている仕組みの中で、追加的に一律の単純なルールで、かつできるだけ軽微な負担にとどめることによってマイナスの経済的影響が生じることを抑え、国民および議会の理解、国際社会の理解を得やすいような努力がなされた。

以上のようなプロセスを経て、パイロット的にフランスが実施し、それによって旅行客から大きな不満が出たり、あるいは旅客の減少といった負の影響が出ないことを具体的に示すことによって、他国の同様な国際連帯税の導入につなげていった。国際的な導入プロセスの中では、その導入の具体的実施方式は各国によって異なる。国により航空券への課税額もそれぞれ異なっている。また、航空券連帯税導入にあたっての法律づくりのやり方も各国によって様々である。

フランスの場合は、MDGs達成のための、特に保健分野への資金として追加的な税が導入され、その資金配分にあたってUNITAIDとの間で具体的な合

意協定が締結された。ニジェールの場合は、航空券に対するある種の空港税として徴収する法律がつくられ、集められた資金は国家予算に配分され、その追加的資金は、航空券連帯税として UNITAID に拠出されることが法律で決められている。韓国の場合は、法律によって新たな「負担金」が創設され、その資金は「国際的貧困と戦うための資金（国際貧困撲滅負担金）」として配分（UNITAID と他のアフリカの疾病対策事業がおよそ半々）され、その監督のための委員会が法律によって設立された。

　航空券連帯税が、単なる追加的な税制（例えば空港税への上乗せ）ではなく「革新的資金調達メカニズム」であるのは、その資金の使い方と実施体制に関して、国庫への追加的収入源としてではなく UNITAID という第三者の国際機関にそれを委ねたことにある。フランスおよび同様に航空券連帯税を導入した国は UNITAID の理事メンバーの一人として、その使い方をモニターしチェックする立場にあるが、自国の自由になる資金として追徴しているわけではない。

(3)　UNITAID（ユニットエイド）

　航空券連帯税は、国際医療品購入ファシリティ（International Drug Purchase Facility：IDPF）である UNITAID に資金供給する。IDPF とは、貧困国の貧しい人々の手が届きしかも製造会社の利益も出る程度の価格で、医薬品を購入する取決めを行うシステムである。UNITAID は、フランスとブラジルがもちかけ、チリ、ノルウェー、英国が加わり、2006 年に創設され、2014 年時点で 29 カ国（とゲイツ財団）が参加、2020 年には日本も参加した。

　UNITAID は、貧困国で入手困難な価格ゆえに医薬品の提供や利用が不十分である問題に対応するため創設され、HIV／エイズ、マラリア、結核の 3 大感染症を専門に取り扱い、途上国で多発するこれらの感染症の治療・診断・予防のための品質保証された医薬品が世界で最も貧しい人々の手に届き、活用されるように市場を形成することを目的として、2006 年に設立された国際組織である。解決が有望でかつ小規模でニッチな市場の医薬品に注力し、大量販売によって利幅は小さくとも市場での競争力を確保し低価格化を実現している。

　ただし、UNITAID は資金提供メカニズムであり事業実施機関ではない。UNITAID の事務局は、スイスのジュネーブにある世界保健機関（WHO）本部

図 7-1　**UNITAIDとグローバル・ファンドの年間支援額の推移** (単位：百万米ドル)

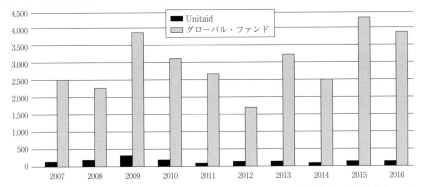

(注) データはUNITAID年次報告書 (2012, 2016) およびグローバル・ファンド年次報告書 (森晶寿「グローバル・タックス収入の支出の効果」上村雄彦編 (2019) 150頁より)。

の中に拠点を置き、WHOから完全に独立してはおらずWHOの一部として運営管理されている。また、UNITAIDは直接国々と対応するのではなく、この分野で活動する他の機関、例えば、世界銀行、WHO、グローバル・ファンド（世界エイズ・結核・マラリア対策基金）、UNAIDSなどと協調し、特に英国政府からの拠出やビル＆メリンダ・ゲイツ財団（Bill and Melinda Gates Foundation）等からの資金拠出も得ている。「航空券連帯税」はUNITAIDの歳入を予見可能なものにすることにつながり、パートナー機関との共同調達に関する提携と製薬会社との価格交渉を有利に進めることを可能にした。

　なお、類似の活動を行っている機関として、GAVIアライアンスやグローバル・ファンドがある。今日では、グローバル・ファンドは活動趣旨に賛同する多くの国や団体からの資金を得て、活動資金を拡大している一方、UNITAIDの活動資金は航空券連帯税からの資金が中心となっており、資金的には限定的である（図7-1）。

5　テーマ研究II─「通貨取引税」構想

(1)　通貨取引税とは何か

　通貨取引に関わる国際的な税の議論は、歴史的には1970年代にジェームス・トービンによって提唱されたトービン税にまで遡る。1994年のメキシコ通貨危機以降、その税収を途上国の債務解消などにあてることを想定して発展

したトービン税構想は世界の注目を集めたが、各国が同時に導入しなければ効果が出ないという難点から、別の構想が模索されていた。

その後、フランスのランドー報告書で国際連帯税の様々な可能性が検討される中で、開発資金調達の一つの方策として通貨取引開発税（CTDL）が取り上げられた。実際に、2001年11月にはフランスで、2004年7月にはベルギーで、通貨取引に対する課税が議会で承認されたが、いずれも欧州連合全体がこれに合意することがその前提とされていた。

通貨取引に関わる国際連帯税の構想は、大きく分けて三つの種類があると考えられる。一つは伝統的なトービン税である。二つ目は、必ずしも開発目的とは限らないが、国際的な通貨取引を何らかの形で規制すると同時に、そこに何らかの税を課し、その資金を必ずしも開発目的に限定せず、何らかの目的のために使おうとするものである。三つ目は、開発目的のための通貨取引税である。以下、順にその構想の概略をまとめておくことにしよう。

まず、いわゆる「トービン税」とはジェームス・トービンにより1972年に提唱されたもので、為替相場を安定させることを目的に為替取引に対して課税するというものである。この構想が出された背景には、それまでのブレトンウッズ体制が崩壊し固定相場制に代わって変動相場制になったことがあり、民間金融資本の投機的移動を抑制し為替相場を安定させ、それによって各国の経済政策の自立性を取り戻すことが主たる目的とされた。しかし、このトービン案は、実現困難であるとか、世界経済にかえってマイナスの影響を与えるといった反対論が根強くあり、長らく無視され続けてきた。

その後、世界の為替取引額は、当初トービン案が出された1970年代に比べて今日では格段に巨大化した。為替取引は本来は貿易と投資のための仕組みであったが、投機資金の占めるウェイトは格段に高まり、為替相場は経済のファンダメンタルズを反映するというよりは投機家の思惑によって大きく変動するようになった。1990年代後半には、アジア、ロシア、中南米など世界各地で為替投機資金の変動を主たる原因とする金融危機が多発するに至って、投機によってもたらされる通貨金融危機を何らかの形で規制する必要性が議論されるようになり、トービン案はあらためて注目されるようになった。言い換えれば、「通貨取引税」は、無秩序な金融投機への有効な対抗手段としてその賛同者を増やし、あるいは南北格差の拡大を是正するための革新的資金調達手段と

しての可能性が検討されるようになった。

　こうした新たな通貨取引税の例として、ドイツのパウエル・シュバーンが提唱したような、通常の為替取引には低水準の税率を適用し、一定規模以上の過度な変動をもたらす可能性のある取引に禁止的水準の税を課すという二段階課税方式が提案された。2002 年の「世界社会フォーラム」[32] で、ヘイッキ・パトメキらが「グローバル通貨取引税条約草案」を提案したが、そこでは、平常時の税率として 0.025％から 0.1％程度、非常時に 80％という税率が構想されている [33]。いずれにせよ、通貨取引税がもし実現した場合には、かなりの規模の金額を徴収できるため、その金額がどのくらいになるかという様々な試算がなされている。

　他方で、上記のような「通貨取引税」を、必ずしも国際金融システムにおける投機抑制を主たる目的とするのではなく、むしろ国際金融システムから巨大な収益をあげている金融機関や投機家から税を徴収し、その資金を開発に向けるという観点からの議論が進展してきている。その代表的なものが、2004 年にフランスのシラク大統領に対する諮問機関報告書として出されたランドー報告書である。それは、航空券連帯税の実現に向けて大きな影響力をもった報告書として有名であるが、開発資金を調達するための資金調達のメカニズムの様々な可能性についても取り上げており、「通貨取引開発税（CTDL）」は、その一つの有力な案として提示されていた。ちなみにランドー報告書では、通貨取引に対する税率として 0.01％を提示していた。

(2)　通貨取引税の技術的・政治的障害

　通貨取引開発税は、特定の為替取引に低率で課税することを想定するもので、当初は 0.1％程度の税率で課税し、得られた税収を途上国の開発支援に利用する構想が検討されていた。しかし、為替取引の金額の膨大さと、その取引に対するネガティブな影響を極力少なくするという考慮から、現在では 0.005％の超低率で課税するという議論が主流である。0.005％というごくごく

---

32)　「世界社会フォーラム」は、そもそも 2001 年にスイスのダボスで世界経済フォーラムが開催されることに対抗して組織されたもので、このフォーラムを呼びかけたのは、フランスを本拠とする ATTAC（市民運動のための金融取引課税連合）というネットワーク組織である。

33)　Hepkki Patomaki (2001), *Democratising Globalisation: The Leverage of the Tobin Tax*, Zed Books.

薄い税率でも 200 億ドル強の税収が可能となるとされる[34]。

　全世界で行われる特定通貨に関する外貨売買取引を捕捉し課税することが技術的に可能かどうかについても検討されており、実際、長らく通貨取引税は技術的に徴収が難しく実現困難という議論がされてきた。しかし今日では、為替取引は高度に情報化され、コンピューターと通信インフラを通じて取引がなされるようになったため、逆に電子的に捕捉可能性が高まっているという議論がなされている[35]。

　それによれば、当該特定通貨を発行する国の中央銀行に報告される外貨売買取引に係るスイフト・メッセージ（電子取引情報）から課税対象額を捕捉することは可能とされる。ただし、この方式だと国内あるいは地域内（例えば EU 域内ではすでに補足可能な体制があるといわれる[36]）で監督権が及ぶ領域では捕捉可能であるが、他国あるいは域外での取引に関しては、他国ないしその地域の金融当局（および銀行）が協力しないと把握が難しい。また、特定国における特定通貨に係る取引に対してのみ課税する場合、当該特定通貨に係る取引が当該特定国から流出してしまう危険性がある。

　欧州、とりわけフランスやベルギーは、以前よりこうした通貨取引開発税に前向きであり、フランスは 2001 年に、ベルギーは 2004 年に議会でその実現に向けた決議がなされているが、他国の導入がその実現化の前提となっている。欧州通貨であるユーロの取引にこうした課税をするには、欧州連合の主要な加盟国がすべて賛同する必要があり、ユーロでの通貨取引税導入には、政治的な困難が伴うとされてきた。

　他方、単一通貨への通貨取引税導入はそれ自体不可能ではなく、例えばポンド（英国）の場合は、単独での通貨（ポンド）取引税の導入は技術的には可能で、また政治的にも単独での導入が可能であるため、実際にスターリング地域での通貨取引開発税導入の議論もある[37]。ただし、特定通貨に対する課税が先

34)　Rodney Schmidt (2007), *The currency transaction tax: rate and revenue estimates*, The North-South Institute (Canada), October.
35)　「『国際連帯税』東京シンポジウム 2008—日本での実現を目指して」専門家会合（2008 年 11 月 22 日、於：青山学院大学青山キャンパス総研ビル 9 階会議室）。上村雄彦（2009）、226 頁。
36)　Bruno Jetin & Lieven Denys (2005), *Ready for implementation: technical and legal aspects of a currency transaction tax and its implementation in the EU*, WEED (World Economy, Ecology, and development), November.
37)　例えば、次の文書。Stephan Spratt (2006), *A Sterling Solution: Implementing a stamp duty on*

行すると、その通貨に対する市場の選好が弱まる（嫌われる）インセンティブ
も働くと想定されることから、政治的には、やはり多通貨で同時に導入するこ
とが期待され、こうした点が難しい政治的な課題である。

　欧州のNGOの中には、英国のStamp Out Povertyのように、南北の貧富の
格差是正のための資金として、通貨取引に課税し、その資金を途上国の貧しい
人々のために再分配すべきであるとする議論を展開してきた団体も少なくな
い[38]。この主張は、その目的からいって当初のトービン税とは質的に異なるも
のであるといえる。しかし、途上国の貧困層の生活改善のための資金を、通貨
取引で利益を得ている大手の銀行等から国際連帯税として徴収すべきだとの主
張は、近年、欧州では同調者を増やしつつある。例えば、英国のStamp Out
Povertyは、欧州では他に、ドイツのWEED、フランスのCordinationSUD、
ベルギーのElevenElevenElevenなどとのNGOのネットワークを有し、通貨
取引開発税を含む国際連帯税について共同歩調をとってきた。

(3)　EUの「金融取引税」構想

　とりわけ2008年後半以来の国際的金融危機の中で、国際金融取引の規制の
必要性の認識と議論が高まり、そうした中で次第にその導入を求める政治的圧
力は高まっていた。そうした中で、開発資金調達を主目的にするのではく、金
融システムの安定とそのための資金の必要性から、金融取引税（FTT）導入の
議論が急速に高まった。2011年のウォール街での街頭デモの一部も金融取引
税導入を要求していた。

　そうした債務危機のさなかで、欧州では金融取引税導入の動きが急速に進ん
だ。2010年に欧州委員会で「グローバル金融取引税」「EU金融活動税」案が
検討され、2011年9月に、EUだけでも先行してユーロ圏での金融取引から広
く薄く徴税するという提案がなされた。背景には、市民運動の高まり、仏・独
首脳による政治的なトップダウン、EC委員長（バローゾ、当時）のイニシア
ティブなどがあったとされる。ただし、EUの「強化された協力」手続きによ

---

sterling to finance international development, Stamp Out Poverty, September.

38)　Stamp Out Povertyは2005年に設立された、英国に本拠を置く、途上国の貧困対策のため
　の国際連帯税の導入に向けた活動をしているNGO。近年は「Climate Damage Tax」や「Rob-
　in Hood Tax」を提唱している。後者は「金融取引税」の一種で、銀行に金融取引に際して税
　負担を求めるもの。

り、導入のためには欧州議会・EU 理事会で加盟国のうち最低 9 カ国の同意が
必要とされた。

　主要国の中では、もともとフランスのサルコジ大統領（当時）はその導入に
熱心であったが、ドイツのメルケル首相（当時）も、ユーロの安定化のための
基金の必要性から賛成に回り、2012 年 6 月には、欧州債務問題への対応を協
議する中で、ドイツがフランス、スペイン、イタリアとの 4 者会談で、金融取
引税について提案した。税収による資金を欧州安定化メカニズムに使うという
もので、これがないとユーロ圏の救済基金が形成されない情勢にあった。6 月
にはドイツの与野党が金融取引税の導入で合意、8 月にはフランスも導入を決
めた。

　2012 年中には、上記の 4 カ国に加え、ベルギー、オーストリア、ギリシャ、
ポルトガル、スロベニア、スロバキア、エストニアの合計 11 カ国が参加に同
意した[39]。EU は 2013 年 2 月、EU 加盟 27 カ国への適用を想定した具体的な
課税案を提示したが、それによれば、株式・債券の追加税率を 0.1％に設定す
るもので、将来的には年間 300－350 億ユーロの税収を見込んでいた。EU 法
として成立するには参加各国の承認が必要で、他のすべての加盟国も今後協議
に同席し、金融取引税への参加を選択する権利があるとされた[40]。

　ただし、その後の動きは順調にはいかなかった。その後の審議・検討は停滞
し、細かい争点を先送りし、総論では賛成するものの各論では反対意見が出さ
れて実施は先送りにされた。その背景には金融業界の反対のロビー活動もあっ
たとされ、また英国やスウェーデンなどが強く反対したとされる。2021 年の
導入を目指すとされたが[41]、2016 年 6 月には英国の EU 離脱が国民投票で決定
的となり、実際には 2020 年 1 月に離脱が完了するが、それまで英国が果たし
ていた欧州の金融センターとしての役割をめぐってフランスとドイツの利害の
対立も顕在化した。こうした事態の推移の中で、EU の金融取引税の構想は、
断続的に議論はされるものの実際の導入はなされないまま今日に至っている。

---

39)　この時期の「金融取引税」をめぐる欧州の政治過程については、次の文献を参照。津田久美
　　子「グローバル・タックスの政治過程」上村雄彦編（2019）。

40)　Bloomberg.co.jp (2013/2/15),"EU Proposes 11 nation Transaction Tax with Global Reach."
　　みずほ総合研究所（三谷明彦）「欧州における金融取引税の導入」『みずほインサイト』2013
　　年 2 月 22 日。

41)　Reuters 2019.12.22「欧州が計画する金融取引税」

　上記の金融取引税による税収は、主としてユーロの安定化基金や各国の金融セクターの安定化のための資金として使われることが想定されており、必ずしも途上国の開発資金供給だけが目的ではない。しかし、フランスのオランド大統領（当時）はこの資金を世界の貧困やエイズ対策にも使用すると言明し、近年ではマクロン大統領が、この構想を EU の統合強化策として重視し、税収をアフリカの開発資金にあてることを主張したが、金融取引税を特定財源化することを疑問視する声もあり、また資金の自由移動を志向するグローバル資本は強く反対していた。

　金融取引税導入に向けた 2010 年から 2013 年頃までのこうした変化は、「規範カスケード」のプロセスが急速に進み規範形成の「閾値」を超えつつある段階にあると考えられたが、結局、その「閾値」を超えるまでには至らなかったといえるかもしれない。また、金融取引税導入の主たる背景要因は深刻化した欧州債務危機であり、通貨取引開発税導入を求めてきた NGO が主張するような、途上国開発に対する意識の高まりが理由とはいえず、また、市民ネットワークが大きな役割を果たしたともいえない。

　しかし、EU という超国家組織を中核に進んできた点は重要であり、金融取引税導入に至るプロセスはまだ道半ばとはいえ、長年議論されてきた通貨取引税の実現化プロセスの一つとして、きわめて興味深い事例といえよう。

第 7 章の論点

(1)　「市民社会」が国境を越えて連帯し「国際規範」を形成した例として、「対人地雷禁止条約」「クラスター爆弾禁止条約」「債務帳消し運動」の例が紹介されているが、これら以外にも、そのような事例があるか？　開発援助の分野以外でもかまわないので、その内容・経緯などを取り上げてみよ。

(2)　国家の枠組みを越えて、地球規模で新たな税制を制定する取組み（グローバル・タックス）として、どのような具体的な事例が考えられるか。すでに具体化されてあるもの、今後検討されるべきものなどを取り上げて説明せよ。

第7章の主要参考文献

・足立研幾（2004）『オタワプロセス―対人地雷禁止レジームの形成』有信堂。

・足立研幾（2015）『国際政治と規範―国際社会の発展と兵器使用をめぐる規範の変容』有信堂。

・上村雄彦（2009）『グローバル・タックスの可能性―持続可能な福祉社会のガヴァナンスをめざして』（ミネルヴァ人文・社会科学叢書154）ミネルヴァ書房。

・上村雄彦編（2019）『グローバル・タックスの理論と実践―主権国家体制の限界を超えて』日本評論社。

・エドワーズ、マイケル（堀内一史訳）（2008）『「市民社会」とは何か―21世紀のより善い世界を求めて』麗澤大学出版会。（Michael Edwards (2004), Civil Society (1st edition), Polity Press. 最新版 (4th edition) は2019年）

・オーバーマイヤー、バスティアン、フレデリック・オーバーマイヤー（姫田多佳子訳）（2016）『パナマ文書』角川書店。（Bastian Obermayer & Frederik Obermaier (2016), *Panama Papers: Breaking the Story of How the Rich and Powerful Hide Their Money*, Oneworld Publications (U.K.)）

・カルドー、メアリー（山本武彦ほか訳）（2007）『グローバル市民社会論―戦争へのひとつの回答』法政大学出版会。（Mary Kaldor (2003), *Global Civil Society: An Answer to War*, Polity Press.）

・功刀達朗・毛利勝彦編（2006）『国際NGOが世界を変える―地球市民社会の黎明』東信堂。

・国際開発高等教育機構（FASID）編（2010）『開発への新しい資金の流れ』（開発援助動向シリーズ6）、FASID。

・スティグリッツ、ジョセフ・E.（楡井浩一訳）（2006）『世界に格差をバラ撒いたグローバリズムを正す』徳間書店。（Joseph E. Stiglitz (2006), *Making Globalization Work*, W. W. Norton & Company.）

・高柳彰夫（2014）『グローバル市民社会と援助効果―CSO/NGOのアドボカシーと規範づくり』法律文化社。

・目加田説子（2009）『行動する市民が世界を変えた―クラスター爆弾禁止運動とグローバルNGOパワー』毎日新聞社。

・毛利聡子（2011）『NGOから見る国際関係―グローバル市民社会への視座』法律文化社。

・諸富徹（2020）『グローバル・タックス―国境を超える課税権力』岩波新書。

あとがき

　「国際開発協力レジーム」と称して本書が取り扱っている分野・領域・ア
ジェンダはかなり広く、これは近年「国際公共政策」と呼ばれている分野であ
り、本書がこうした「国際公共政策」に関連したテキストとして使えることを
意図してのことでもある。「国際公共政策」とは、地球規模の諸問題に対して
解決や制御を試みるための処方箋を探求する政策分野であり、「国際公共財」
や「地球公共財」の提供のための手段や政策管理のための国際行政に関連する
学問である。
　近年、多くの大学や大学院でこうした国際公共政策に関連するコースや講座
が開設されてきた。筆者自身の経験でも、これまで大学院レベルでは、一橋大
学・国際公共政策研究科、青山学院大学・国際政治経済研究科グローバルガバ
ナンス・コース、神戸大学・国際協力研究科、東京大学・総合文化研究科、明
治大学・ガバナンス研究科などの大学院レベルの講義を担当した。大学の学部
レベルでも、国際的な活動に関連する基礎的教養としての必要性あるいは人気
は高く、筆者の本務校の専修大学・経済学部国際経済学科をはじめ、ICU（国
際基督教大学）・教養学部や聖心女子大学・教養学部などでも関連科目を担当す
る機会があった。
　また、国際的には国際公共政策に関連する大学院や学部の関連コースはもと
もと人気があり、特に米国では、国際的に活動するための必須のコースとして
重要性と人気は高く、筆者自身、米国のハーバード大学国際問題センターやモ
ントレー国際政策研究所などで、こうした分野の研究に関わってきた経験があ
る。さらに、2023 年 4 月から 2024 年 3 月末までの 1 年間、米国ワシントン
DC のジョンズホプキンス大学 SAIS（高等国際研究学院）で在外研究調査を進め
る機会を得ることができ、大学の講義や大学行政の雑務を離れることによって

できた時間を利用して、長年の懸案であった本書の改訂版の執筆を進めた。

　本書の内容は、ここ数年の間に筆者がこうしたいくつかの大学・大学院で実施した関連科目での講義やゼミの講義資料や関連テーマの論文をもとに、整理・執筆したものである。また、各章の「テーマ研究」は、これまでの様々な共同研究や委託調査を通じてまとめた論文や報告書がベースとなっているが、いずれも本書の趣旨に沿って大幅に書き直したものである。

　本書のいずれのテーマも現在進行中の政策課題であり、新しい動きが次々と登場している領域でもある。前書の『国際協力のレジーム分析―制度・規範の生成と過程』を刊行した2013年からから10年以上がたち、国際開発をめぐる状況も大きく変化してきている。特に2015年のSDGsの成立や、2013年に表明された「一帯一路構想」に象徴される中国の台頭が国際開発に与えた影響はきわめて大きい。本書で「第6章　台頭するドナーとしての中国と国際規範」を新たに追加したのは、こうした変化を踏まえたものである。

　一方で、この間に生じた大きな変化の一つは日本経済の凋落である。中国は2010年に日本のGDPを抜いて世界第2位の経済大国となり、2022年には日本のおよそ4倍の規模にまで拡大した。日本の名目GDPが世界全体に占める割合は、2000年には約15%であったのが2022年には4.2%となる一方、中国の比率は2000年には約4%であったのが2022年には17.7%となり、日中の世界におけるプレゼンスはこの20年間で完全に逆転した。こうした日本経済の急速な凋落は、国際開発における日本の役割・貢献の低下や日本人の国際認識・意識の内向き化につながってきたことも否定できない。

　「国際公共政策」に対する若い人たちの関心や知識は、関連する大学での講座や大学院研究科の増大もあって、この20年間に大幅に拡大したと思われるが、若い世代のそうした知識や関心を生かせる場や機会が将来に渡って今後とも確保できるどうかが課題である。日本経済の地位が低下する状況の中で、日本の資金量や技術的な優位を売り物にする時代は次第に過去のものとなりつつある。

　しかし、それゆえにこそ、日本にとって、国際社会との連携や国際的課題に外国人と一緒になって活動することの重要性と必要性が増しているといえるのではないだろうか。本書が取り扱っている「国際開発協力レジーム」の様々な課題や関連テーマを学ぶ意義は、むしろ以前にも増してその重要性を拡大して

いるのではないだろうか。

　個々の関連テーマについての専門的な文献は和文・英文共に山のように世間にあふれているが、こうしたテーマに関する包括的なテキストとして使用可能な類書は必ずしも多いわけではない。本書は、現時点での整理・概説としてもまだ不十分な面はあろうが、国際開発協力の国際的枠組みを学ぼうとする学生のみならず、国際社会との連携の中で活動している、あるいはそうした仕事を目指す人々にとって、多少なりとも役に立つことを願うものである。

　また、最後になるが、本書の約10年ぶりの更新版の出版を快諾して頂いた有信堂と出版に至るまでの大変な作業を請け負って下さった有信堂編集部の市原祐子さんに、この場を借りて感謝の言葉を申し上げておきたい。

　2024年3月
　　在外研究中の米国ワシントンDC近郊のバージニアの自宅にて

索　引

228

230

234

著者紹介

稲田　十一（いなだ・じゅういち）

1956年	広島県生まれ
1980年	東京大学教養学部国際関係論専門課程卒業
	東京大学大学院社会学研究科（国際学修士）
	東京大学大学院総合文化研究科博士課程単位取得退学
職　歴	野村総合研究所、日本国際問題研究所、山梨大学助教授、ハーバード大学国際問題セン
ター、世界銀行政策調査局および業務政策局、ジョンズホプキンス大学高等国際研
究学院、を経て
現　在	専修大学経済学部教授

主要著作

『「一帯一路」を検証する——国際開発援助体制への中国のインパクト』（単著、明石書店、2024年）

『社会調査からみる途上国開発——アジア6カ国の社会変容の実像』（単著、明石書店、2017年）

『国際協力——その新しい潮流（第3版）』（共著、有斐閣、2016年。）

『紛争後の復興開発を考える——アンゴラと内戦・資源・国家統合・中国・地雷』（単著、創成社、2014年）

『国際協力のレジーム分析——制度・規範の生成とその過程』（単著、有信堂、2013年）

『開発と平和——脆弱国家支援論』（編著、有斐閣、2009年）

国際開発協力レジーム論——制度・規範とその政治過程

2024年6月27日　　初 版　第1刷発行　　　　　　　　〔検印省略〕

著者ⓒ稲田 十一／発行者　髙橋 明義　　　　　　　　印刷／製本　日之出印刷

東京都文京区本郷 1-8-1　振替　00160-8-141750
〒113-0033　TEL　(03) 3813-4511
FAX　(03) 3813-4514
http://www.yushindo.co.jp/
ISBN978-4-8420-5588-6

発 行 所
株式
会社　有信堂高文社
Printed in Japan

国際開発協力レジーム論——制度・規範とその政治過程　稲田十一著　二八〇〇円

国連開発援助の変容と国際政治——UNDPの40年　大平剛著　四〇〇〇円

レジーム間相互作用とグローバル・ガヴァナンス——通常兵器ガヴァナンスの発展と変容　足立研幾著　二六〇〇円

国際政治と規範——国際社会の発展と兵器使用をめぐる規範の変容　足立研幾著　三〇〇〇円

移行期正義と和解——規範の多系的伝播・受容過程　クロス京子著　四八〇〇円

制度改革の政治経済学——なぜ情報通信セクターと金融セクターは異なる道をたどったか？　和田洋典著　七三〇〇円

輸出管理——制度と実践　浅田正彦編　七八〇〇円

安全保障化の国際政治——理論と現実　小田桐確編　五五〇〇円

アジアの平和とガバナンス　広島市立大学広島平和研究所編　三〇〇〇円

民族自決の果てに——マイノリティをめぐる国際安全保障　吉川元著　三〇〇〇円

ナショナリズム論——社会構成主義的再考　原百年著　二九〇〇円

国際関係学——地球社会を理解するために【第3版補訂版】　滝田賢治・大芝亮・都留康子編　三三〇〇円

★表示価格は本体価格（税別）

有信堂刊